目 录

曾荫权家族

平民的光荣与梦想

◎ 窦应泰 著

谨 以 此 书 献 给 香 港 回 归 十 周 年

团结出版社

图书在版编目(CIP)数据

曾荫权家族:平民的光荣与梦想/窦应泰著. —北京:团结出版社,2007.3
ISBN 978 - 7 - 80214 - 278 - 7

Ⅰ.曾…　Ⅱ.窦…　Ⅲ.①曾荫权－家族－史料②曾荫权－生平事迹　Ⅳ.K820.9
K827 = 7

中国版本图书馆 CIP 数据核字(2007)第 026837 号

出　版:团结出版社
　　　　(北京市东城区东皇城根南街 84 号　邮编:100006)
电　话:(010)65133603　65238766　85113874(发行部)
　　　　(010)65228880　65244790(总编室)
　　　　(010)65244792　65126372(编辑部)
网　址:http://www.tjpress.com
Emall:123456@ tjpress.com(出版社)　65228880@ tjpress.com(投稿)
　　　　65133603@ tjpress.com(购书)　65244790@ tjpress.com(投诉)
经　销:全国新华书店
印　刷:三河市东方印刷厂
装　订:三河中门辛装订厂

开　本:170×230　毫米　1/16
印　张:16.25(含彩插 5 印张)
字　数:250 千字
印　数:11000 册
版　次:2007 年 4 月　第一版
印　次:2007 年 4 月　第一次印刷

书　号:ISBN 978 - 7 - 80214 - 278 - 7/K·410
定　价:32.80 元(平)
　　　　(如有印装差错,请与本社联系)

目录

目录

A 卷：祭祖与家世

●曾荫权是曾子的第74代孙。可是，数十年来他始终没有机会重返祖国内地寻根觅祖。1997年香港回归祖国以后，曾荫权终于回到山东嘉祥县故里，得以一瞻曾子的祖居风貌。

●曾如骏是曾荫权的曾祖父，他纵有经天纬地之才，但却一生不得其志；曾福可为曾荫权的祖父，乃为南海九江一带手艺精良的一流木匠，后移居香港经商，他虽为有志之士，然而在英国统治下终未得以施展才华；曾云是曾荫权的生父，他早年当过兵，也做过英国人的警长，他在贫寒困境之中精心抚育六个儿女长大成才，亦不枉为曾子的第73代子孙。

曾氏家族图

（曾荫权为曾子第 74 世孙）

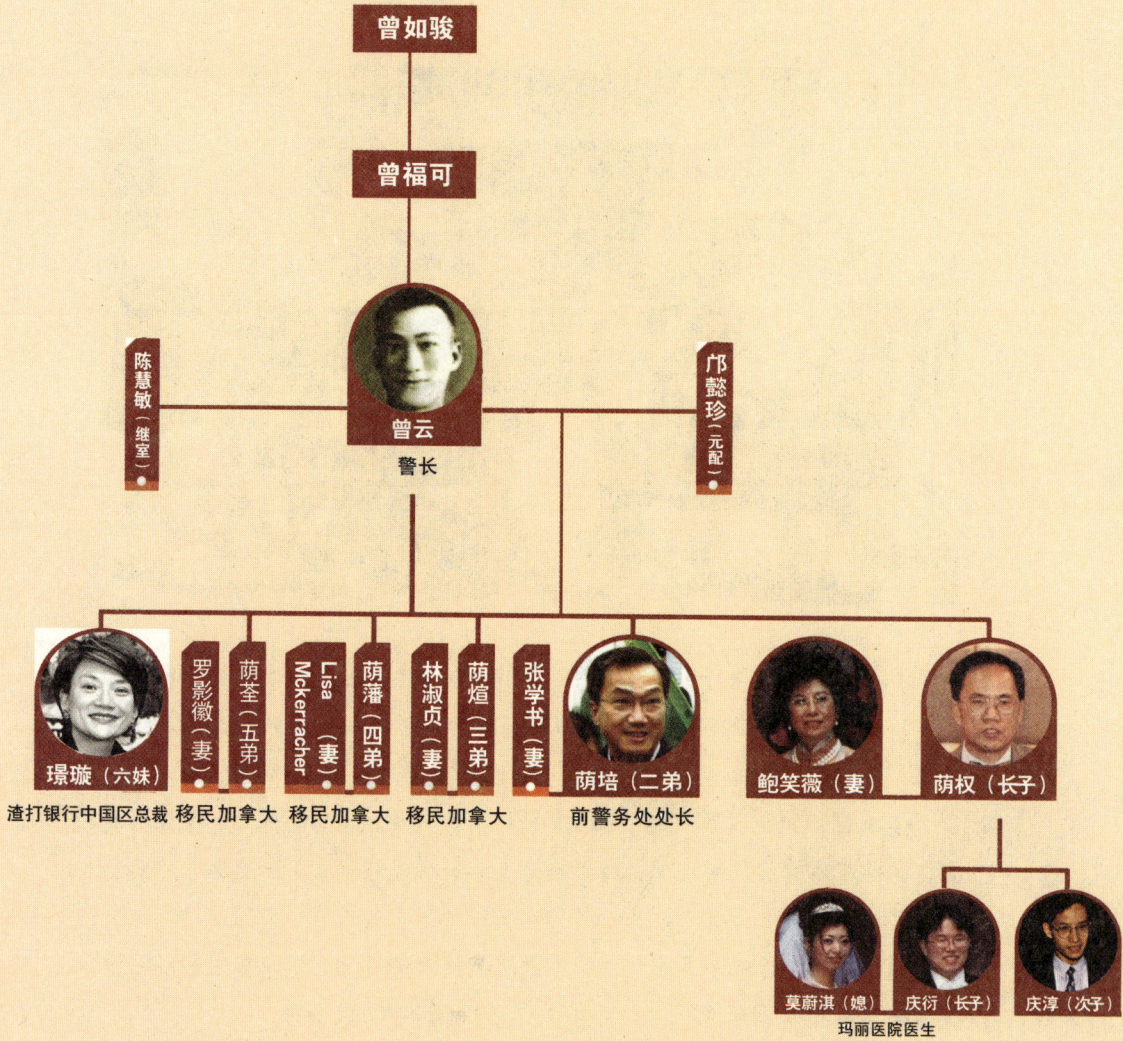

曾如骏

曾福可

陈慧敏（继室） ── 曾云
警长
── 邝懿珍（元配）

璟璇（六妹）
渣打银行中国区总裁

罗影徽（妻） ｜ 荟荃（五弟）
移民加拿大

Lisa Mckerracher（妻） ｜ 荟藩（四弟）
移民加拿大

林淑贞（妻） ｜ 荟煊（三弟）
移民加拿大

张学书（妻）

荟培（二弟）
前警务处处长

鲍笑薇（妻） ｜ 荟权（长子）

莫蔚淇（媳）
玛丽医院医生

庆衍（长子）

庆淳（次子）

香港特区行政长官曾荫权。

国家主席胡锦涛在北京会见前来述职的香港特区行政长官曾荫权。

国家主席胡锦涛与曾荫权在人民大会堂休息厅交谈。

前国家主席江泽民在亚太经合会议上与时任香港财政司的曾荫权在一起。

温家宝总理与曾荫权亲切交谈。

温家宝总理在北京向新就任的香港特首
曾荫权展示国务院任命。

人大常委会委员长吴邦国和曾荫权在香港。

曾荫权在香港欢迎全国政协主席贾庆林一行。

曾荫权在香港欢迎国家副主席曾庆红一行到港。

曾荫权在香港会见新加坡资政李光耀。

曾荫权访问美国时与国务卿赖斯会面。

曾荫权在伦敦会见英国现任首相布莱尔。

曾荫权与美国前国务卿鲍威尔在香港茶叙。

2005 年董建华就任全国政协副主席后，曾荫权偕夫人曾鲍笑薇在港宴请董建华和夫人。

2006 年曾鲍笑薇母亲在澳门去世时，澳门特首何厚铧亲自前往灵堂，与前来治丧的香港特首曾荫权会面。

曾荫权与他的特区主要官员们在一起，展望香港的未来。

曾荫权面对记者畅谈"一国两制"的大好形势。

夫人最知道做特首的辛劳，等待合影的时候还在关照夫君。

曾荫权人气颇旺，每到一地视察，都会受到公众的热烈欢迎。

曾荫权与夫人曾鲍笑薇多年琴
瑟和鸣，相濡以沫。

曾荫权与夫人曾鲍笑薇出席香港各界欢迎浸大校长的盛大酒会。

曾荫权接见香港书画界名流饶宗颐先生。

曾荫权、曾鲍笑薇和人大常委会副委员长许嘉璐、香港著名企业家李嘉诚等人出席饶宗颐画展。

曾荫权热爱体育运动，支持霍英东的儿子霍震霆（前右2）在香港组织体育界庆祝国庆宴会。

中华人民共和国57周年国庆日夜晚，曾荫权出席由中联办主任高祀仁（右5）举行的庆祝酒会。

曾荫权夫妇合影于礼宾府门前。

曾荫权夫妇与两个儿子，其乐融融的幸福之家。

曾荫权夫人在官邸的
小溪畔。

曾荫权住过的
财政司官邸和政务
司官邸一角。

曾荫权到祖国内地寻根觅祖。

曾荫权和夫人及儿子在山东曾子故里。

曾家兄妹于曾氏宗祠前合影留念。

在香港曾荫权官邸保存的曾氏族谱。

曾荫权的故乡广东省南海县新基村。

童年时的曾荫权和父亲曾云。

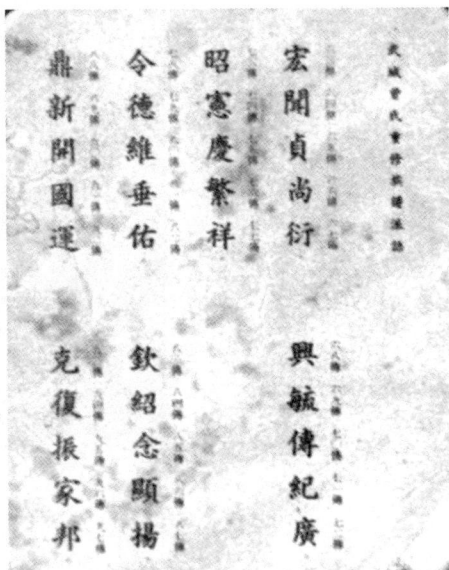

南海县新基村保存完好的曾氏族谱，上面记载着曾氏第74代后裔曾荫权应属"宪"字辈。

族谱内容：

		宏闻贞尚衍	武城曾氏重修族谱派语
鼎新开国运	令德维垂佑	昭宪庆繁祥	
克复振家邦	钦绍念显扬	兴毓传纪广	

1997年曾云在香港病逝时，曾荫权、曾荫培及家人在丧礼上。

第一章　曾荫权三次寻根

□　曾荫权喜欢保持低调，这是他从政多年养成的习惯。这次他利用休假之便，决定带妻儿回山东寻根觅祖，原是他酝酿多年的计划。

□　在碧泉涌动的涌泉井前，曾荫权无言地伫立良久。他耳边还响着那漂亮女解说员脆亮的声音："曾子说过：'慎终追远，民德归厚矣。'这位哲人的意思就是：人不能忘本，对祖先忆念不忘，全民道德归于醇厚……"

□　也就是曾荫权偕妻亲往南海新基村寻根的当天，小小渔村轰动了。此前在这里居住的村民们并不知道曾氏家族原来出了一位大人物，而且这看来普通而实则有着非凡经历的曾氏后裔，竟然就是香港特区的新任财政司司长。

1.　曾子第 74 代孙

山东泉城，在 2004 年 8 月到来之时，进入了一年一度的雨季。

这一天，济南城里又飘起了霏霏雨丝，那如烟似雾的雨雾把孔子和曾子的故里装扮得越加清新、秀美。在大明湖畔手擎各色雨伞的游客中间，出现了三位远从香港而来的游客身影。他们中的一位就是香港特区政府的新任政务司司长曾荫权，这位 1997 年香港回归时就任特区政府首任财政司长的特区精英，是第一次飞回山东——这么多年来始终萦绕在他心里的齐鲁故地。曾荫权依稀记得他 5 岁的时候，第一次从父亲曾云口中听到这样的话："荫权，你知道曾子是谁吗？"

"曾子？不知道。"当时尚未启蒙的幼童曾荫权第一次听到这个名字。

"你知道山东有个孔子吗？"

"孔子？不知道。"他仍然困惑摇头。

曾云说："孔子和曾子，都是咱们山东人啊，他们都是中国历史上的先哲巨匠，是了不起的人物。所以，你能降生在咱曾家，也是天生的荣耀啊！"

"啊？"曾荫权哪里听得懂父亲颇具深意的感叹之言，他眨着茫然的眼睛，一时不知如何回应父亲的询问。他只是喃喃地问："孔子，曾子……他们和咱有关系吗？"

"孩子，关系大了。"曾云见视若掌上明珠的长子对他的话并不理解，有些急切地说："孔子是中国的圣人，而曾子呢，他就是孔圣人的亲传弟子，也是当时和孔子齐名的思想家。你现在还小，还不能对你说清曾子是什么人。不过我可以告诉你，曾子的思想精髓无所不包。他就是咱们曾家的祖先啊。"

"祖先?"

"祖先就是咱曾家的老祖宗!"说起古代的曾子,曾云那消瘦的脸庞上忽然现出从没有过的荣耀。他把未谙世事的儿子紧紧搂在怀里,滔滔不绝地讲起在中国历史上占有一席之地的曾子,他把曾子许多故事讲得绘声绘色。听得曾荫权入神入迷,忽然,曾云把话锋一转,说:"荫权,你知道我为什么给你取名荫权吗?荫,就有借助祖宗余荫之意;而权字呢,当然不是单纯希望你谋取什么个人权利,而是为咱们自己的祖宗,自己的国家谋取当家做主的权利啊!"

"爸爸,这里也是曾子的故乡吗?"曾荫权忽然冒出一句没头没尾的话来。孩子的话虽有些可笑,但曾云仍然点头称是:"香港当然也是,因为咱们中国的土地很大很大。不过,曾子的故乡在山东,你知道吗,山东也是咱的故里呀!"

"什么是故里?"

"故里就是祖宗和曾氏血源的发源之地。"曾云把一本厚厚的线装书拿给他看。翻开薄薄的纸页,曾荫权发现扉页上有一幅身穿长袍、手托书卷的修髯老者的画像,脸上现出超然世外的微笑,仿佛笑看天下万物生灵。曾云告诉怀里的爱子说:"他就是咱曾家的祖先——曾子。我这辈子也许没有机会了,可我相信你是有机会重回故里,朝拜咱曾氏家族老祖先的。如果真有那么一天,孩子,我希望你无论如何都要回山东。因为你是曾子的第74代孙啊!"

"74代孙?"

"对,一点儿不差,你就是曾子的第74代孙!"曾云以肯定的语气再次重复这句话,让曾荫权眨着亮晶晶的眼睛凝神冥想了许久。尽管曾荫权那时还无法进入老父期许寻根问祖的境界,然而毕竟是他对曾家祖先的初次领悟。而父亲这句话几乎影响了曾荫权大半个人生,后来当他进入港英政权当公务员,一步步踏入港府领导核心时,曾荫权始终在脑际深处不敢忘记父亲在他幼小心灵留下的印象:山东……济宁……嘉祥县……有一位在中国历史上占有一席之地的曾子!

2. 南迁的族人又回来了

如今,沧海桑田,历史在经历漫长的曲折之后,终于发生了让曾荫权振奋的巨变。1997年7月1日,香港顺利回归中国以后,曾荫权就时时在为实现一个梦想而努力——"一定要回山东老家寻根祭祖"!

"爸爸,咱们老家不是在广东南海吗?"随行的儿子曾庆淳对山东之行充满神往,但他仍然无法把南海新基村与陌生的嘉祥县联系起来。

"南海是咱的老家,可是,济宁的嘉祥县却是咱曾家的根啊!"曾荫权对儿子的询问并不意外，他知道由于庆淳从小生在香港，长大后又去国外留学，故乡的概念难免有些陌生和淡薄了。

"嘉祥县？"曾庆淳第一次听说这个地名。从香港随父母来山东之时，他误以为济南就是曾家的宗源故里了，没想到又出来一个"嘉祥县"。

"是的，孩子，爸爸小的时候，你祖父就已经多次告诉我了，如果说新基村是咱曾家的发迹之地，那么济宁嘉祥县就是咱曾氏家族的百代之根了。"在济南下榻的宾馆里，曾荫权取出一本纸页发黄的线装书，一页页翻开。曾庆淳见那是一部记载《嘉祥县》历史的"志书"。曾庆淳发现父亲看得仔细，重要段落甚至还用粗蓝铅笔加以圈点，红笔圈阅的段落是："嘉祥县位于山东省济宁市西部，属黄河冲积平原。东临济宁市任城区，南接金乡县，西靠菏泽市的巨野县和郓城县，北依梁山县，东北隔梁济运河与汶上县相望。县城坐落于县境中部，县政府驻嘉祥镇。这是一个人杰地灵的地方。春秋时期的圣人曾子就出生在这里……"

"荫权，到了嘉祥肯定比济南更感到亲切！"这次怂恿曾荫权来山东的是妻子曾鲍笑薇。这位出生在澳门的才女，与曾荫权有所不同的是，她早在此前已经多次飞回国内旅行了。曾鲍笑薇先后去过广西和广东，从小就喜欢音乐书法的她，把这次山东之旅看成是她们全家一次最重要的旅行。尽管曾荫权此次回山东是私人旅行，飞抵济南之前不准备惊动地方领导，可是，他们轻装简从的归乡祭祖，仍然惊动了内地新闻媒体。一些记者是在无意中发现了人群中的曾荫权。于是镁光灯频频闪亮，几乎从济南机场一直追到他们下榻的宾馆。

"爸，妈，还是家乡好。"曾荫权这次带着刚从伦敦毕业的儿子曾庆淳一起来到济南。这个在英国靠自己本事考取双学位的青年，是头一次随父母来祖国内地旅行。山东的山山水水，远比司空见惯的异国风光更让他神往。他随父母所到之处，山东人的亲切友好，都让曾庆淳为之动容。

曾荫权喜欢保持低调，这是他从政多年养成的习惯。这次他利用休假之便，带妻儿回山东寻根觅祖，原是他酝酿多年的计划。当他们一家三口飞往内地的时候，曾荫权就想起父亲在世时的多次叮嘱："荫权，这辈子我肯定回不得嘉祥县了，可你一定要回去。因为那里有咱曾家的老祖先啊！"

次日他们在济南游览。中午休息时，曾荫权还在和儿子讲述故里的逸事。曾庆淳询问说："爸爸，既然山东嘉祥是咱曾氏的故里，为什么后来又迁到广东去了？"

"如果你想了解这段历史，说来话长了。"曾荫权从随身行李箱中拿出一本小册子。那是一份从内地寄到香港的珍贵资料，好像是曾氏家族研究学会定期出版的专辑。近年来让曾荫权为之高兴的是，祖国内地关于曾子及其家族的研究工作，已经逐步走上了正轨。尤其是一些史学家和文学家对《曾氏家族》和《曾氏家族族谱》的研究探讨，可谓硕果累累。曾荫权告诉儿子："历史上曾参的子嗣南迁共有三次之多。第一次是在西汉末年，咱们曾氏的第 15 代后裔是从山东武城因避战争之乱才逃到吉安的；第二次是北宋时期，曾氏第 44 代子嗣迁徙到闽西的上杭，当时也是因为政治动荡不得不远避偏远的福建；曾氏家族的第三次南迁，据我了解，可能是南宋时期。"

"哦？"从小喜欢读英文的曾庆淳，没有想到身为香港政务官的父亲，居然对祖国内地的历史有如此精深的了解。曾荫权继续告诉他："正是由于北宋和南宋两次规模较大的南迁，才让咱们曾氏家族从山东省转移到南方各省的广大地区。到了后来，曾氏家族的子嗣们从山东曲阜繁衍到福建、广东、广西，台湾，甚至在东南亚各国也都有咱曾家的人啊！我们一家能到香港开花结果，其实就是历史上三次大迁徙带来的结果啊！"

曾庆淳听得入迷，刚从香港来山东时，他原本抱定饱览大好河山的初衷而来，没想到一路上父亲给他讲的历史故事，越发吸引了他觅根寻祖的强烈愿望："爸，这么说，如果没有历史上曾氏族人的三次迁徙，也许咱曾家后人如今还在山东生活，是吗？"

"是的，孩子。"

"可是，曾家的后人当年为什么要南迁呢？"曾庆淳喜欢追根问底。

当天夜里，曾荫权投宿在济南一家宾馆里。想到马上即可一瞻曾子故居，曾荫权的心情万分激动。由于兴奋，他几乎睡意全无。在宾馆幽幽的灯影下，曾荫权披衣夜读。为了前去嘉祥祭祖，有关部门为他提供的故里资料十分丰富，让这个前半生在香港驰骋的特区高官，有机会重温曾氏祖先悠远的历史。曾荫权从史书中得知，自己引为至圣的曾参（曾子）殁去以后，曾氏家族曾经有过几次从山东南迁的悲壮历史，这些记载于史册上的动人故事，尤让曾荫权读之动情。一部资料记载这样的史实："曾参的 15 代裔孙曾据，为西汉谏议大夫，功封关内侯，因对抗王莽篡汉，拒不受相，为免陷害，携家并率族人一千余，于西汉始建国二年，由山东武城迁江右庐陵郡吉阳乡开基，裔孙繁衍江南甚众，吉阳乡成为江南曾氏的一大发祥地。……丞公三房曾略（宗圣 34 代），8 传裔致尧，北宋太宗时进士，江西南丰人，其次子易知 13 传有广渊、广新昆仲，同迁粤东兴宁县，长居九龙岗，次居龙归洞；致尧五子易占，占 9 传曾女兴梁，由赣入闽，在宁化短暂居住后，又直下汀江中游，迁入闽西上杭县十二铺水南里开基创业之后，裔孙又有分迁粤东镇平及闽中福州府的……"

3. 雨中的祭祀

翌日，天色微明，济南又飘起了细密如麻的雨丝。

经过四个小时的紧张车程，中午时分，曾荫权一家终于来到了翘望已久的嘉祥县城。"荫权，嘉祥县历史悠远，早在新石器时代就有人聚居了。西周时期隶属兖州，到了春秋时属鲁国的武城，战国时期它又属于齐国，而在秦朝时嘉祥又属薛郡的爰戚县。"曾荫权时至今天还清楚地记得，父亲在世时给他多次讲过山东嘉祥的历史。从那时开始，在曾荫权脑际中就留有一个三国时期魏国兖州山阳郡巨野县的模糊印象。他迄今仍然无法理解战火纷飞，群雄逐鹿的兵家必争之地，居然就是当年大哲人曾子的故乡！而今，当曾荫权踏上这片既陌生又稔熟的土地时，他胸臆间激荡着无比兴奋的潮水。

细雨濛濛之中，远山如黛。嘉祥县城对远方归来的游子来说，俨然是一幅古朴雄浑的水墨画。这时，无声飘落的濛濛雨丝，忽然转成倾盆大雨。曾荫权和妻儿们在雨中走进了曾庙——当年祖先曾参讲学的地方！

他看到曾氏的祖庙建筑宏伟，层层殿阁，座座回廊，他在雨中向曾庙深处走去，这是一座占地2.6万平方米的恢弘古建筑群。庙前有座高大的曾氏宗圣坊，庙内到处可见郁郁葱葱的"曾子松"。古木森然，院宅幽深，回廊曲折，雕梁画栋。红柱巍峨的宗圣殿内香烟缭绕，供奉着一尊高大的曾参像，供各方游客祭祀。古庙高约两层，虽然经历战火兵燹和"文革"冲击，但殿内高大穹隆上的明代彩画仍然完好无损，栩栩如昨。曾荫权发现殿前悬挂的雍正题字"道传一贯"亦为真迹。一位陪同参访的县政协委员向曾荫权介绍说："曾子的历史可以追溯到2510年前，相传曾氏一直在山东安居乐业，直至北宋时代黄河之水泛滥，曾家的部分子孙才迁居南方。"他又对曾荫权说："天下所有姓曾的，都是曾子的后人。咱们曾氏家族古来就是以顶、新、开、国、运、昭、宪、庆、藩、祥为各辈排列的，曾先生依例应属宪字辈。"曾荫权听到这些，越加感到此次山东祭祖不虚此行！

滂沱大雨，越下越大。曾荫权置身在一片古松环绕，绿阴匝地的幽雅环境中。曾鲍笑薇手举花伞，追随在丈夫身边。她和曾荫权一样，都沉浸在千里寻根的意境之中。山东之行不同于她此前追随丈夫的多次国外度假，在这里有一种难以言喻的归宿感。

曾荫权面对曾庙那古色古香的建筑，仿佛又回到了阔别的家。如果说曾子从前在他的印象中只是一个虚无缥缈的圣人，那么如今当他走进这著名古代思想家的出生之地时，才深切感到曾子人格之伟大！曾庙与孔子的曲阜故里相距咫尺，山东素有人杰地灵之美誉。而今曾荫权来到嘉祥，终于领略了山东"一山二圣人"的风土人情。

置身在曾子庙里，曾荫权感受的是浓浓的乡情。他沿着曾庙绿阴环绕的曲径向供奉伟大圣人神像的主殿走去。一路上他观览了万历年间的碑亭和乾隆皇帝亲笔题写悼文的石碑，曾氏祖先的生平都可一览无余。

涌泉井旁围满了游客。曾荫权一行悄悄来到井前，他不想因自己的到来打断女解说员在人群中的解说。解说员的声音在雨中清晰飘来："在古代的传说中，涌泉井就是荫庇曾氏后代当大官、做大商家的福井。曾氏家族后裔精英辈出，不但历史上有曾国藩，现在香港还有曾荫权和曾宪梓，他们都是杰出的曾氏后人。例如著名爱国商人曾宪梓，他每隔几年就要回到嘉祥县来祭祖……"

当游客们散去后，曾荫权才走近涌泉井。这时倾盆大雨已经渐渐变小了。在碧泉涌动的涌泉井前，曾荫权无言地伫立良久。他耳边还响着女解说员脆亮的声音："曾子说过：'慎终追远，民德归厚矣。'这位哲人的意思就是：人不能忘本，对祖先忆念不忘，全民道德归于醇厚。我相信香港的曾荫权有一天也会回到曾庙来祭祖的。"解说员话音刚落，游客中便有人响应："曾荫权一定会回来的！"

曾荫权禁不住热泪盈眶，他回想起自己所走过的路，他是一个在香港九龙偏街僻巷跑出来的"卖药仔"，而他能在英国人掌握权柄的港府中脱颖而出，并一跃成为引人注目的港府高官，并不是英国人的奇迹，而是中国人的奇迹！而他——这曾子的第 74 代孙，不仅继承了先人的血脉，而且还要继承光大先人的德行！

"荫权，你怎么落泪了？"曾鲍笑薇的声音打断了曾荫权的沉思。她知道丈夫是个善于动感情的男人。尽管他从政多年，甚至在港府中担任要职期间也常常会给外界以"铁面强人"的印象，然而只有与他朝夕相处的妻子才真正理解他。曾荫权在港府做事，政坛的不成文规矩，迫使他必须处处体现出铁腕的风格；然而了解曾荫权内心世界的曾鲍笑薇，却知道他原是一位灵魂深处有着极浓情感的男人。

现在当她发现丈夫在涌泉井前垂首落泪的时候，知道他心底正涌动着如同泉中之水一样的激情。她担心曾荫权在众目睽睽面前失态，所以急忙提醒他。

"哦，谢谢你，笑薇。"曾荫权急忙拭去泪水，脸上现出了灿烂的笑容。刚才他好像做了一个梦，那是一个甜美的梦，那是他在祖宗怀抱中做的一个温馨之梦。数十年间他在香港、在伦敦、在世界各地生活或旅行，都没有在济宁嘉祥县曾子庙中停留的短暂时光更让他幸福安恬。虽然他从前在为官仕途中获得过无数次荣耀，却从没有像现在这样，亲临曾子故里更感到光荣。因为这里才是他引为自豪的起点！

"爸爸，前面就是曾子墓了，您看，有那么多人都在曾子墓献花呢！"儿子曾庆淳忽然从前边的青石甬路上向他走来。

"哦哦，好好！"曾荫权信手接过儿子捧着的一个由百合、茉莉及郁金香组成的精美花篮，这才看见前方不远那座保存完好的曾子墓。墓穴前有一方巨大的石碑，上面是后人镂刻的"曾子墓"三字。而在墓前的青石基座上，供果杂陈，香烟缭绕。数十年来他生活在香港，没有想到曾子故里的墓碑竟然保存完好，即便经历过"文革"浩劫，作为中国历史文化圣人的曾子墓，依然完好如昔。想到父亲曾云对他的多次叮嘱，现在曾荫权终于如愿以偿了。他和妻子恭敬地把那只大花篮献在曾子墓前，恭敬地鞠躬。

在拜祭曾庙以后，曾荫权又和妻儿前往松柏参差的曾林。这时，大雨已霁，当曾荫权一行沿着松柏夹道的青石路，来到鳞次栉比的石林前时，久违的阳光终于从云隙中悄悄绽露出了灿烂的光影。

4. 两次南海之行

曾荫权的寻根祭祖并非始于 2004 年的山东之行。

早在 1997 年香港回归不久，从小出生在香港的曾荫权的心就已经飞回了祖国内地。当年 7 月 1 日夜里，香港大雨滂沱。在临海的会展中心大厦内他亲眼看见五星红旗在星条旗从旗杆上降下后缓缓升起，当《义勇军进行曲》激昂奏起的时候，他心底泛起的思乡之情，比以往任何时候都要强烈。没有什么人比曾荫权更能体会到那庄严时刻的来之不易，因为他是一个亲身品尝到在英国统治下创业如何艰辛的当事者。尽管他在英治期间也曾出任过各种职务，诸如：港府二级行政主任、沙田区政务专员、贸易副署长、库务司、行政署长、财政司副司长、贸易署署长、财政司司长等要职，可是，在曾荫权眼中，这些在港督领导下的行政职务，都没有中华人民共和国香港特别行政区的财政司长更让他动心动情。因为他现在就任的财政司司长，是国务院正式任命的。如今他开始为自己的国家服务了。

就在香港回归祖国不久，曾荫权决定亲往南海探亲寻根了。

"我的家在南海！南海是我们曾氏家族的根啊！"曾荫权在就任特区财政司长的第二天，当记者在会展大厅里见到欣喜异常的曾荫权时，他就向记者表达了他渴望早一天前往广东省南海县九江镇探亲的愿望。记者从曾荫权的口气中能品味出这位特区新高官发自内心的自豪和荣耀。

在一个秋高气爽的上午，曾荫权真的回到广东南海了！

位于佛山市南海区的九江镇，是一个靠近珠江出海口的古镇。这里素以生产白酒闻名，九江双蒸是广东独树一帜的名牌白酒。惟一显得气派的是池塘边上的曾家祠堂，祠堂虽小，却显示了曾姓族人在新基村的深厚渊源。这小小渔村群山环绕，绿水潺潺。全村只有 37 户人家，人口不足 150 人。来到这座偏僻小村的路上，曾荫权和妻子曾鲍笑薇备受周折，他们乘车在坎坷难行的泥泞小路上颠簸了一小时，才来到四周遍布池塘的新基村。

曾荫权站在临水的村街上，环顾着祖父曾福可当年出生的小村，心中充满了从没有过的激情。家乡确实偏僻而落后，和香港——这座国际大都市简直不能同日而语。在车如流水马如龙的香港，曾荫权永远无法领略新基村特有的风光。鳞次栉比的红砖瓦屋，显然和父亲曾云印象中的破陋渔村形成了强烈的反差。小村到处可见养鱼的池塘，碧绿的池水倒映着蓝天，有些先富起来的村民建起了三层四层小洋楼。他发现每户村民房前都挂着桂花鱼、鲈鱼晒成的鱼干。曾云生前曾经多次对他说："荫权，到任何时候都不能忘记故土，你曾祖父小时候就在那里靠打鱼度日。你祖父虽然很早就离开了新基村，可他老人家至死也没有忘记那个渔村，他叮嘱我将来一定要回去看一看，我是几年前才回去一次，新基村好啊！"

曾荫权没见过他的祖父。

此前香港报章关于曾荫权的曾祖父和祖父的介绍甚少。曾荫权继任香港特区政务司长以后，香港传媒虽然把曾氏家族一度当作热点新闻加以报道，然而有关他曾祖父的内容也是凤毛麟角。只知其曾祖父名叫曾如骏，一个版本是南海新基村老实本分的渔民。民国年间就在这座远离城市的临海小村里捕鱼维生，家境一直不宽裕；当年的曾氏家族，在小小新基村是个大户人家，人丁兴旺的时候，几乎可占新基村半数。即便在历经半个世纪风雨之后，新基村内的曾氏后裔也有数十家之多。在新基村内现在仍然保留曾氏祠堂旧址，便可见证当年的曾氏家族在此曾是如何鼎盛和荣耀！

另一个说法是，曾如骏虽出生在南海县新基村，可他从小就读过私塾，他天资聪敏，对《四书》、《五经》有过目不忘的才能。所以在民国年间曾到广东某地执教鞭。其子曾福可后来前往香港经商，据说就和曾如骏当年离开新基村到外创业不无关系。然而关于其曾祖父曾如骏和祖父曾福可的历史，始终没有知情者做进一步披露。

不过，有一点是可以肯定的：曾福可惟一的子嗣，就是后来进入香港警界并服务多年的曾云！

现在曾荫权回到祖辈的故土——南海九江镇的新基村来，他才感到前辈生活的艰难。当他和妻子来到村中那座墙壁已露出陈旧的墙砖，门漆斑驳的"曾氏宗祠"门前时，他的心中有一种强烈的冲动。"英国人貌似强大，实则他们并不强大；他们虽然统治着香港，却并不能证明他们可以永远征服香港。因为当年英国人不是靠他们的德义，而是依靠他们的坚船利炮强夺的中国领土。"曾荫权的耳畔传来一个苍老但坚韧的声音，那是他父亲曾云进入暮年岁月对儿子发出的感叹。老人还对他说："不要小看贫穷落后的新基村，那个小渔村虽然偏僻落后，可是人杰地灵。那个小村里的村民们淳朴而有志气。在我看来，没有什么比人有志气更值得自豪的了！荫权，凡是从新基村走出来的人，都是有志气的。我希望你有一天给咱们新基村增光！"

曾荫权和曾鲍笑薇双双伫立在"曾氏宗祠"的门前，让村民为他们拍下一幅幅照片。在他的身后，虽然残旧但却记载着曾氏数十代人生生息息、勤恳劳作、世代繁衍历史的"祠堂"门侧，贴着两条鲜红的楹联。左书："世代源流远，"右写："宗枝奕叶长"，横批是"藤桂兰芳"。曾荫权不知这幅对仗齐整的楹联出于何人之手，不过他从心里承认，已经由当初祖父在世时几十人的小渔村，发展为百余户的新基村，就是曾氏世代兴盛的生动缩影！

曾荫权偕妻亲往南海新基村寻根的当天，小小渔村轰动了。此前在这里居住的村民们并不知道曾氏家族原来出了一位大人物，而且这个看来普通而实则有着非凡经历的曾氏后裔，原来竟是香港特区的新任财政司司长。也正是从那一天开始，平时无人问津的偏僻的新基村，忽然变得热闹起来。"曾氏宗祠"那座旧屋的门前，也不时会有新闻记者的身影出没。记者们希望从这里挖到一些鲜为人知的旧闻逸事，特别是关于曾荫权以及曾氏家族的历史，以供那些希望了解曾荫权人生经历的读者阅读。然而记者们往往抱着极大的兴趣而来，得到的新闻资料却寥寥无几。有些曾氏族人对记者这样说："曾荫权在这里虽然没有什么故事，可是，你们只要看到他的现在，也就会知道曾氏家族的人都是了不起的人了。"

香港《东周刊》一位年轻记者也循踪而至。据他说："南海县政府将要为曾荫权的家乡尽一点儿心意。虽然有一些古迹专家前来视察，但村内的牌坊、对联等早已在'文革'时被毁，连祠堂内墙壁画亦被风雨蚀食得面目全非。当地政府大抵只为曾荫权的家乡修葺祠堂，并为通往小村的泥路重铺路面。对这小村来说，十万元并非一个小数目，有村民表示，新基村现在惟一的大马路的石路，已经是十年前由村民筹集资金六万元兴建的。如今地方政府如此重视，为他们铺路架桥，令他们高兴。"

"香港记者在新基村见到了曾氏现健在的杨柏老人，他已经 85 岁。系曾荫权的堂叔，也是村里的'百事通'。据他介绍，曾荫权确是孔子的大弟子——曾子的第 74 代子孙。至于远在山东的曾氏家族，为什么会迁徙广东省，杨柏老人说：约在一千六百多年前，曾氏有一部分人由山东来到江西的南雄居住。当时南雄有一位官员的妻子红杏出墙，恋上了曾氏当时居在那里的一男子。事败后，该官员大怒，下令要杀掉全村曾氏村民，以泄其恨。于是，犯事的曾氏便带着四个儿子连夜出逃。从南雄珠玑巷坐竹排顺流而下，到九江的绍冲拱桥。这就是现在的九江镇五星南乡登陆……"

《东周刊》记者从杨柏老人口中听说的曾氏后人南迁的原因，显然与曾荫权在山东相关史料上得知的南迁情况南辕北辙。这位香港记者继续写道："自此以后，曾氏家族便在新基村落地生根，而曾荫权便是他们在九江第二十五世的子孙。根据族谱所指，曾荫权应该属于'宪'字辈。而他的父亲曾云则属于'昭'字辈。不过，由于他们并不是在农村中出生，所以并未有跟族谱起名。'曾家现在分五房人，分别是：世缘、和逸、镇南。另外两个就无名分。'杨柏表示自己属于'和逸房'，曾荫权属'世缘房'，亲戚关系拉得很远。"

记者继续写道："杨柏说：当年抗战时，很多'世缘房'的人都饿死了，所以这一房人，人数特别少，而且辈分亦比较高。而他们这一房人的祖坟，位于西樵山的山顶，由于太过偏僻，而且路很难走，所以曾荫权的父亲曾云都没有亲身去拜祭过。至于现存者，除了曾荫权一家之外，村内只剩下一户'世缘房'的后人。

"今年已经 78 岁的罗雪群，便是惟一和曾荫权'同房'的'世缘'辈人了。辈属曾荫权堂嫂的她，对于曾荫权能成为香港的行政官员感到很高兴。当年曾云回港之后，曾与罗雪群有数封书信往来，她说现在信件都已经遗失。但她和村民最期望这位堂弟荣升特首，能衣锦还乡祭祖并探望乡亲父老。"

2001年一个艳阳高照的秋日上午，新基村——位于南海县最南端的平静小村再次沸腾起来。这一天，在从九江镇到新基村的公路上，驶来大大小小八九辆轿车。这是自镇政府出资为新基村修建水泥路以来从没有过的隆重场面。如此之多的轿车驶进池塘栉比的小村，说明来访者非同寻常。

原来是曾荫权第二次回乡祭祖。这时的曾荫权已经晋升为香港特别行政区的政务司长。在香港回归后不久，曾荫权接连两次返回故里祭祖，表明他对新基村非同一般的挂念。他记得第一次来时，村中"曾氏祠堂"孤零零矗立在村中一角，他和妻子进祠堂拜祭曾氏祖宗过后，又依家乡旧习饮了一杯香醇的"家乡水"。那杯家乡水的滋味时至今天仍在他口中留有余香。

这次曾荫权再次归乡祭祖，随行的亲友有二十多人，除在香港供职的二弟曾荫培和弟媳张学书外，还有来自海内外的同胞兄弟。其中旅居加拿大的三弟曾荫煊和弟媳林淑贞、四弟曾荫藩和外籍弟媳 LISA MCKERACHER，是曾氏家族前来祭祖队伍中非常引人注目的人物；还有五弟曾荫荃和他的妻子罗影微，在香港渣打银行供职的高级白领曾璇，以及其他亲友，组成了浩浩荡荡的车队。当他们驶进新基村时，早已闻讯而至的村民们对他们的到来报以热烈的掌声。

新基村民风淳朴。村民们欢迎曾荫权和其他曾家后人的归来，并不是因曾荫权已经荣任香港高官，而是把他们一行人当成了曾氏家族的成员。他们也并没有为了迎接曾荫权而在"曾氏祠堂"内外张灯结彩。祠堂依然保持着原来的旧貌。宽敞明亮的大厅里，正面墙壁上供奉着曾氏祖先，平静的祠堂内外给再次归来的曾荫权如回家中的亲昵感。乡亲们献上的热茶米酒，在大厅里散发着浓郁的香味。在曾氏祠堂里，曾荫权和他的弟弟们见到保存完好的《曾氏家谱》。其中"昭宪庆繁祥"五字中的宪字，即为曾荫权的排行。村长向曾荫权介绍说："依照这个族谱，你是当之无愧的曾家第74代子孙，我们为你能给咱们曾氏家族带来新的荣耀而高兴。"

祠堂里顿时响起一阵热烈的掌声。

当曾荫权一行人完成了祭祖的隆重仪式之后，他们在村民们的引领之下，去寻找当年祖父曾福可曾经居住过的旧居。出现在大家面前的曾家旧宅，早已因为岁月的蹉跎和风雨的侵蚀而不复存在。旧居的原址，如今被人栽上了一丛碧绿的篁竹。那丛丛修竹在微风中发出飒飒的轻响，仿佛在向终于归乡的曾氏后裔们诉说着那悠远岁月的沧桑。

2005年春天，南海万花竞放，一派盎然的生机。三月里，曾荫权成为香港特区特首候选人的消息随春风传遍故乡。这时，《香港商报》记者再次来到新基村采访。然后对曾荫权两年前率曾氏家人的佛山祭祖之旅，作如下生动的报道："曾荫权自动当选香港特首候任人，对香港市民来说，是一个大新闻，坊间沸沸扬扬。不过，消息暂未波及曾荫权的故乡——广东南海。曾荫权的祖父曾经生活过的佛山市南海区九江镇新基村，昨日寂静如故，令大批兴致勃勃赶来的记者们多少有些'失望'。但按辈分得称曾荫权为'叔公'的村长曾若飞诚恳地对记者说，全村人都替他高兴，也为村里能出这样一个大人物感到骄傲。听说来了大批记者，刚刚'洗脚上田'的新基村村长曾若飞，赶紧来到了曾氏宗祠前。浑身黝黑的他，在摄像机及照相机的镜头前，仍然保持原来的本色——穿着拖鞋，围着大裤衩，即使是穿短袖 T 恤，仍然把袖子挽到了肩膀上。面对此景，一群兴致勃勃赶来的记者，显得有些失望，不断地怂恿曾若飞：'赶紧找些村民来收看电视'，'快去买些鞭炮来'，'为什么不张罗庆祝一下。'曾若飞显然是个厚道人，面对热情甚高的记者，不断进行'自我批评'：'对不起，村民们都出去喂鱼了，回不来，让你们失望了。'

"村长曾若飞告诉记者，这几天已经有前后不下 20 多名记者前来采访。在被问及对曾荫权将当选香港新的特首有何感想时，他一概表示：'全村人都替他高兴，也为村里能出这样一个大人物感到骄傲。'曾若飞还主动带记者游遍村内与曾荫权家有关的'景点'，如曾氏祖父当年开挖的鱼塘，曾氏先辈曾居住过但目前已无建筑物的宅基地，曾氏当年摸虾捉鱼的池塘等。曾若飞特别告诉记者，早前香港有一家媒体到村里采访后，竟然写了一篇内容为'新基村的村民对曾荫权没有好感，因为曾荫权升官发财后，对家乡和乡亲表现冷淡、漠不关心'的不实报道，令村民大为不满。因此，当他得知'这几天估计有很多记者要来采访'后，他这几天基本就没离开过村子，希望好好澄清一下。

"曾若飞称，新基村共有 37 户约 147 人，多以养鱼为主业。近年随着经济的发展及国家为农民减负的政策陆续出台，村民的生活已有极大改善——近几年村里人均月收入都超过千元人民币，虽然说不上富裕，但大家都已经满足。而乡亲们也不奢望曾荫权特意为家乡做点什么，只是希望他以后能常回家乡走走，最好能在村里逗留多一点时间，让大家可以有更多的交流、沟通。

"曾荫权家乡有一本历史悠久的《曾氏宗族族谱》一事广为人知，不少媒体曾绞尽脑汁希望一睹其庐山真面目，然而却始终未能如愿。昨日，经不起记者的一再'纠缠'，曾若飞村长终于满足了记者的'愿望'，首度向外展示了这本'神秘'的族谱。这本名为《曾逐郊祖族谱》的曾氏族谱是 2002 年 4 月由曾氏后人重新编印的版本。在族谱上，赫然列着曾荫权及其弟弟曾荫培的大名。从族谱记载的内容看，族谱最早由曾逐郊的九世孙曾昌裕于明朝正德皇帝五年春季起编，而曾荫权是曾逐郊的第 23 代传人。另从族谱可看出，曾荫权兄弟在村内的辈分极高——为目前新基村内仍在世的曾氏族人中的最高辈分，连村长曾若飞也得称他为'叔公'。曾若飞告诉记者，曾荫权兄弟在族谱内的名字，是由族人填上去的，还未得到他们的亲自确认，不过其父曾云先生的名字是本人亲自填上的。曾若飞表示，希望曾荫权有时间的话，能够早日回乡完成确认族谱的最后一道工序。

"记者稍后驱车来到曾荫权位于'广东省佛山市南海区九江镇龙迥新基村'的家乡。

曾的家乡环境非常优美，虽然村子面积不大，但整个布局错落有致，间中点缀着一个个鱼塘、一株株大榕树，令人顿时感觉心旷神怡。甫入村口，是一座颇有'历史'感的银灰色砖结构小屋，上书'曾氏宗祠'四个大字。从外观上看，'曾氏宗祠'略显破旧——墙面上的墙雕及壁画随着时光的流逝，面目已模糊不清……据记者了解，近25年来，曾荫权本人及其父亲、兄弟等，先后三次回到新基村归乡认祖。有意思的是，其中有两次，都是发生在曾荫权刚升官后，不知这次荣升新的特首后，是否会在近日再次衣锦还乡。

"村内85岁的老伯曾棣扬介绍，曾家第一次回乡认祖是在上世纪80年代初。当时，阔别家乡几十年的曾荫权父亲曾云首次回乡，就请新基村的6个同辈兄弟，在当时九江镇最好的饭馆设宴。扬伯回忆说，当时那一顿吃得相当破费，花了70多元，上桌的全是酿鲮鱼、酿茄子、酿辣椒、豆豉蒸塘鱼等家乡菜。继父亲回乡认祖后，1997年11月，刚刚出任香港特区政府第一任财政司司长的曾荫权，在南海市领导的陪同下，轻车简从回到新基村，逗留了一个多小时。这一次，曾荫权留下的'一段佳话'是，当时村里人准备了很多瓶装矿泉水、饮料等招待他，可曾荫权却跑到村民家中，喝了一口村民泡的茶，并留下一句'名言'：'第一次回家乡，当然要喝一口家乡水'。

"2001年5月，曾荫权刚当上政务司司长后不久，即在当地政府领导陪同下，由警车开道来到了故乡新基村。陪同曾荫权返乡的还有他的夫人、弟弟、弟妹、孩子等一行二十多人。据了解，这次曾荫权在新基村停留了约两个小时，拜祭了曾氏宗祠，并将特意从香港带过来的西饼，分给乡亲们品尝。曾荫权离开新基村不久，往日默默无闻的小渔村，从此成为引人注目的焦点。国内外许多媒体的记者纷至沓来，他们都想在新基村找寻曾荫权发迹的蛛丝马迹。南海县这才知道香港特区新特首曾荫权，其祖籍竟是所辖的无名小村……"

第二章　曾荫权的曾祖、祖父和父亲

□　晚清年间，曾如骏在新基村度过了他的少年和青年，心胸博大、意志高远的曾如骏精通诗书，本想成为人上之人，然而终因其家庭条件所限，失去了进羊城求得功名的机会，自然曾如骏企望也像那些可以进京考取功名的举人秀才一样，时刻寄予一跃龙门之望，甚至还渴望成为皇榜上有名的状元。

□　父亲新殁，母亲和妻子挽留住无时不想前往广州的曾福可。出生在水乡新基村的曾福可，自然也喜欢这里的山山水水。特别是那些碧绿的池塘，还有那些塘中的游鱼，都让曾福可流连忘返。

□　曾云显然已想了许久，这时终于向父母表白心迹："是的，我要参军是为了抗击日本人的侵略。我是一个中国人，怎么能眼看着日本鬼子在我们中国的土地上如此横行呢？"

5. 《族谱》和白云山古墓

曾氏族谱首次向传媒公开。

这件事发生在 2005 年春天，当时香港传媒正盛传政务司长曾荫权即将接任董建华先生的特区行政长官一职。这一新闻震动了寂静的水乡山村——南海新基村。当各地记者为采访曾氏家族而远道赶到这里时，新基村的村长首次捧出曾氏族谱与传媒见面。香港《大公报》的记者因此证实了曾荫权是曾氏第 74 世子孙的坊间传闻，同时也发现这个族谱中可以证实曾荫权是当年曾氏南迁后裔的第 24 世子孙。

曾荫权成为公众人物之前，这份曾氏族谱始终被村委会藏之密室，从不示人。它被视为新基村的至宝，因为这部写有密密麻麻字迹的《族谱》上记载着新基村起起落落的历史，还有曾氏家族历史变迁的记录。这部纸面泛黄的《曾氏族谱》让各路记者大开眼界，但它并不是曾氏最早的"族谱"，而是后人们在解放后新抄录的《曾氏族谱》。

香港《大公报》的记者还了解到："这份曾氏族谱原本并没有曾荫权的名字，因为自从曾荫权的父母移居香港后，就与家乡失去联络，所以族谱只有曾荫权父亲曾云的名字，而没有曾荫权一辈的名字，只是后来曾云回乡后，大家才知道曾荫权这辈的情况，才一一将曾荫权兄弟及后辈补上。"记者还发现这份《曾氏族谱》有两份序言，分别出自明清两代，表明这部《族谱》历经沧桑，并在历史上曾经先后两次修订，每一次修改都有重要的曾氏族人为之撰写序言。根据《族谱》的记载，曾荫权确应属于"宪"字辈，由此可见曾荫权的父亲曾云，到了香港以后并没有按辈分为曾家兄妹们取名。

记者报道：新基村长向记者们公开《曾氏族谱》以后，又带着记者们观看曾荫权家族的产业"葫芦鱼塘"。现在鱼塘已由其他村民承包养殖淡水鱼，而村里也一直不知道这个鱼塘的来历，直至前几年曾荫权的父亲曾云在回乡探亲时，才凭记忆指证这口似葫芦的鱼塘为曾家的祖业。据悉，村民们向记者透露，外界报道曾荫权曾三次回家乡，其实曾荫权已经四次回家乡拜祠堂，有一次，曾荫权谁都没有惊动，悄悄来，又悄悄离去，所以外界并不知道他的回乡行动。

曾荫权的远代曾祖，肯定是当年山东境内迁徙到广东的曾参后裔。

但是，关于曾荫权的近代曾祖，近年来已疏于考证。所幸 2006 年 8 月广东省的考古工作者，在经过长达几年的努力之后，终于在白云山地区发现了一座保存完好的古墓。而这座深藏在地下若干岁月的宋代墓穴，就是曾参第 48 代孙的墓葬。这座古墓的重见天日，昭示着多年来众说不一的曾子后裔南迁的史实终于得到了历史性的定论。而包括曾荫权和所有广东境内的曾氏族人，都会从这座古墓中寻觅到自己的祖先的蛛丝马迹。

中新社当年 8 月 17 日在广州发出的通稿题为《广州发现曾荫权先祖墓》。该文写道：

"记者今天从有关部门获悉，最近广州文史工作者又在白云山发现了一座保持完好的宋代古墓'金钟堂'——孔子的学生曾子48代孙曾泉之古墓。而曾泉则派衍出当今珠三角鼎盛的曾氏后裔，包括第二任香港特首曾荫权。白云山是广州的名山，近年来经广州文物工作者的努力探究发现，白云山不仅是广州的风景名胜区，自古以来还是名人葬身之所，白云山蕴涵着很多极有价值的古墓葬，如御书阁、苏家山等。该古墓位于广州白云山北麓磨刀坑尾半山腰，由花岗石砌结，设内、中、外三坛，各坛左右立两个相对的石狮子护卫，中坛左右立四子名讳碑石文，顶用花岗石刻上'清芬如在'、'磐石犹存'八个大字，其墓现保存完好，是广州市内保存极为少数的宋代古墓之一。

"据中山大学古文献专业博士梁永基介绍，曾泉字德蕃，为曾子第48代孙，随父定居南海县城甜水巷，诰赠朝议大夫，派衍现今珠三角曾氏后裔五十余村庄，数十万人口，名人辈出。据《明清进士录》统计明清两代考中进士二十三名，举人不计其数。近代以陕西巡抚、四川总督香山曾望颜（1790～1870），广州学海堂学长、著名学者南海曾钊（1793～1854）为著。至今族人远徙海南、广西、江西等，乃至港澳台和欧美等海外各地。散居香港就有万余族众，其后裔子孙更是名人辈出，74代孙——香港第二任特首曾荫权更一门多杰，弟曾荫培前任香港警务处处长、妹曾璟璇现任英国渣打银行中国区总裁。有文博专家称，古墓是实物史书，它留给现代人许多古代的实物和信息，对了解历史和当时的社会、文化有很大的作用。它既是物质的文化遗产，又是非物质文化遗产的载体，如中国最近申报的非物质文化遗产清明节，就是要通过拜祭古墓来体现的，因此有必要加强保护名人古墓……"

这条新闻在香港引起震动。

6. 曾如骏（曾荫权曾祖父的传说）

曾荫权的曾祖父曾如骏，是晚清时期新基村绝无仅有的举人。

在曾如骏的上几代人，都是新基村老实忠厚的渔民。世代都以捕鱼维持生计。到了曾如骏这辈上，才得以到九江镇的私塾求学。曾如骏从小天资聪颖，幼年时即能读阅《唐诗》，有无师自通和过目成诵的超人才气。在新基村中的几十户渔民之中，可谓超人一等的佼佼者。曾如骏到了9岁时去九江镇求学，一直到13岁时学成归乡，这时候其父本想让他继续到广州去读洋学堂，怎奈曾氏家庭生活在小小渔村之中，生计不畅，没有钱财把曾如骏一直送到大都市继续深造。

晚清年间，曾如骏在新基村度过了他的少年和青年时代，心胸博大，志向高远的曾如骏精通诗书，本想成为人上之人，然而终因其家庭条件所限，失去了进羊城求得功名的机会。自然曾如骏也企望像那些可以进京考取功名的举人秀才一样，时刻寄予一跃龙门之望，可是却始终未能如愿。怀才不遇的曾如骏最后只能听从父命，也像许多没有文化的渔民子弟一样，在小小新基村里结婚生子，依靠村中的池塘湖泊，打鱼糊口。

曾如骏毕竟不同于那些从小出生在新基村里的普通人。他有满腹经纶，才气过人，哪肯久居偏僻的渔村。民国年间，23 岁时曾如骏曾独自前往他梦中的广州，寄希望于去那里教书维生。然而他到了羊城一看，几乎到处是洋人开办的英语学校，哪里有他想像中的书馆和家塾？后来他在广州好不容易觅得一处中国人开办的书馆，经主持者验证曾如骏果然有教书育人的才能，这才破例地收他当见习教师。

曾如骏性格耿芥，只任职半年，便因过于执行教务而得罪了一位富家子弟。书馆主持不得不解聘了他。教书抱负不得施展的曾如骏一气之下，又回到了久违的渔村。这时他的爱子曾福可已经出世，自视清高且又不甘忍受寂寞的曾如骏，只好在渔村委曲求全，到了 30 岁时才来到九江镇上开书馆。这时的曾如骏几乎把他的全部希望都寄予在教书上，他希望把自己的学识无私奉献给乡梓。然而曾如骏却没有想到，在九江镇的书馆里，他会遭到一个名叫魏连龙的地痞欺压。而他本来很有希望的教师生涯，也因这魏姓地痞的从中作梗半途而废。

曾、魏两人的矛盾起因是书馆的选址。曾如骏初来九江镇办学时，看中了镇中街一方僻静的废园。可是他没有想到就在书馆将要开工兴建的时候，魏连龙竟然也要在此园建宅，曾如骏当然不肯同意，坚持要在这座已经向园主交了定金的地面上建两栋书馆。可是曾如骏却做梦也没有想到，敢于和他争风做对的魏连龙，在九江镇有一股恶势力在暗中支持。初时曾如骏自恃他办学为民，服务乡梓，本应受到地方官吏的全力支持，所以并没有把魏连龙一伙人放在眼里。可是他哪里知道魏连龙是一个专门巴结乡绅，横行作恶的恶棍。魏连龙看中那座已经卖给曾如骏的废园，原为开设一家赌场，聚众赌博，大发横财；而曾如骏则为教书育人，自然深受九江镇开明人士的广泛支持。后来有人把魏连龙恃势强逼曾如骏让出书馆土地的恶行举报到镇府衙门。镇府慑于民众声威，最后不得不劝止了魏连龙。

然而曾如骏并不深知魏连龙与镇府的关系。这个魏连龙平日极喜欢与镇府官吏结交，他见一个从新基村来的渔民子弟竟然抢了他的风头，暗中怀恨不已，时时准备报复。自曾如骏在九江镇上开书馆以来，五年时间，魏连龙无时不在暗中向镇官进谗加害。终于为曾如骏招来一场大祸。

起因是曾如骏教书中的一道命题作文。魏连龙假借曾如骏的文题有暗讽朝廷之意，举报到镇府。于是镇府借此因由，查封了书馆，同时又将性情耿直的曾如骏收监入狱。所幸曾如骏在九江执教多得民间声誉，许多开明士绅纷纷站出来向镇府进言，极力为一身正气、两袖清风的曾如骏辩诬，这才免了他的囚禁之罪。

经此沉重打击，正值壮年的曾如骏仿佛一夜之间苍老了 10 岁。重新回到新基村的曾如骏，万念俱灰，惟一没有丧失的愿望就是希望他视若掌上明珠的爱子曾福可早成大才。这时的曾福可已经长大成人，亦像其父一样身材魁梧，相貌堂堂。由于九江一伙恶势力的欺压，曾如骏期望爱子进广州求学的愿望化成了泡影。为了生计考虑，曾如骏不得不让儿子学木匠。在当时的新基村里，由于渔民下海捕鱼的风险较大，加之各家渔民每年都要请木匠修船，所以曾如骏违心同意爱子以学木匠维持生计。

"福可，虽然你的木匠手艺在这里堪称一流，可是，这并非父亲所愿。"曾如骏40岁那年开始生病，浑身瘫软，卧床不起。忽然有一天，曾如骏把儿子召到床榻前，对他说："你不必以手艺过人而沾沾自喜。你毕竟是书馆先生的后人，在咱们曾家几代人中，始终没有出人头地的英才，我希望在我这辈上有所改变，怎奈命运不济，尚未出山即遭恶人作梗。现在我已经没有希望了，福可，我的希望都寄托在你的身上。所以，我想你还是到广州去吧？"

"让我去广州当木匠吗？"曾福可早在几年前就办了婚事。妻子也是渔村里的一位少女，生得漂亮而贤惠。曾福可孤身一人在新基村附近招揽生意，做起了木匠活，这次他听说父亲有事和他商量，才匆忙赶了回来。听了曾如骏的一番话，曾福可愕然睁大了眼睛，一时没有明白卧床不起的父亲为何出此惊人之语。

"你去了广州，当然可以以手艺混饭吃，在大都市里也需要有手艺精湛的木匠啊！"青年时曾经到过广州的曾如骏，进入中年时仍然念念不忘羊城诸多益处。他叮嘱床前的儿子说，"古人说：人往高处走。咱们曾家如果不能脱离这世代捕鱼为生的小村，就不会发迹。而你当初学了木匠的手艺，就注定咱们曾家可以从此脱离世代捕鱼的困苦。因为木匠手艺是可以通行天下的。"

曾福可对于陌生的广州没有丝毫兴趣。不过他见老父眼睛里闪烁着一线希冀之光，他不忍拂逆他的好意，只说："爹，我已经在新基村打开了局面，既然都是做木匠活，为什么一定要到人地生疏的广州去呢？"

"不，孩子，你不懂。"不料不甘让曾家的子孙生活在偏僻渔村里的曾如骏，固执地摇着手说："我是见过世面的人，虽然你走到哪里都做木匠，可是在广州和新基村大不相同。若想让咱曾家人从此改变处境，你必须要走出去。当然，你到了广州也可以经商啊，因为那里是商人的天下嘛！"

"您让我经商？"曾福可听了父亲的话，更加茫然不解了。他不明白自己的手艺已经很不错了，为何父亲却让他到广州改学经商。

曾如骏紧紧抓住儿子的手，说："如果你当木匠只能吃普通人的剩饭时，倒不如改改主意，另谋一方属于自己的天地了。福可，如果在你这辈子上仍然不能逃脱苦力的境地，那就是我死也不能闭眼睛的憾事啊！你还是听我的话吧，即便你暂时还不懂我的良苦用心，那么，再过几年以后，你就会明白我的话是有道理的了！孩子，你走吧，走得越快越早越好！"

"您放心吧，我走，我马上就到广州去。"曾福可虽然还无法理解老父的用意，可是他已经知道拂逆父亲的意思是绝对不行的。他郑重地点了头，信誓旦旦地说："广州就是一个火坑我也去跳了！"

就这样，25岁的曾福可便在这一年的中秋过后，只身前往陌生的广州去谋生了。

7. 曾福可（曾荫权祖父的故事）

1919年秋天，曾福可第一次来到广州。

广州让从新基村走出来的青年木匠曾福可感到新奇。他在九江镇方圆百里是有名的木匠，经他手修补的旧船，可以抵得上一艘新下水的渔船；新基村有人操办婚事，一般都要摆上米酒佳肴，请来手艺精湛的曾福可，因为他打造的家具，不但经年累月的耐用，而且他做功精妙，雕刻出来的花纹古朴典雅，俨然仿古的工艺品。因此在九江一带提起曾家木匠的名字，几乎无人不赞许。

如今当曾福可来到羊城谋生时，他才感到自己的木匠手艺寻找不到用武之地。在广州他先去找寻补船的地方，可是当他见到珠江两岸的船厂，几乎都被英国人所占据时，他的心冷了。因为这里的造船厂远不是九江一带的小船坞。而一艘艘在珠江岸边尚未建造成型的大船，一般都是铁底铁面，即便有木匠穿行其间，也都是为这偌大的船只加补船底垫板而已。洋人们在江岸边的烈日下监工，铁匠和木匠如同随意遭受驱使的奴隶。

"你听着，在这里用不着你的手艺，只要你按着监工的吩咐，把木板子钉在船桅上就行了！"曾福可经乡人的引荐，终于在一家英国人开办的船厂里当了"配工"。所谓"配工"就是随时可以辞退的小工。他的任务是每天把锯好的船垫板，从工棚里背上船仓。这其实只把他当成了力工，每天根本用不着使用斧锯；后来，有人向洋人介绍曾福可这是大材小用，他在九江一带是有名的木匠。这才引起英国船厂经理的注意，不过，仍然只用曾福可做些钉船板的粗活而已。几个月下来，曾福可感到从小在新基村里学练的一套手艺，在广州的大船厂里根本就派不上用场。

1920年夏天的一个夜晚，曾福可刚刚睡熟，忽然听到有邮差在工棚外面没好声地叫他的名字："曾福可电报，加急电报，从佛山电报局来的加急电报啊！"

原来是老父病危！

正忙于为英国老板建造一艘新船的中国力工们，为赶进度，已经几天几夜没睡好觉了。加之船厂里的伙食不佳，曾福可正在患肠炎。他做梦也没有想到就在这种时候，父亲竟然病危。虽然他从家里出来的时候，父亲已经卧病在床两年之久了。

英国船厂老板听说在船厂里当大工的曾福可在铁船将要下海的关键时候，请假回家奔丧，哪里肯放他回去。怎奈对父亲一往情深的曾福可宁可得罪洋老板也要归乡尽孝。他任凭英国老板如何劝阻，仍然坚持放下手里的木活回家，气得英国老板一怒之下以解聘为由向他施压。

"不行，你就是把我的工钱都扣下，我也要回家看父亲啊！"曾福可气得浑身发抖，最后在一批工友的苦苦相求下，英国老板只给了他少许工钱，就把这个在关键时刻"拆台"的工匠师傅打发走了。

所幸，曾福可星夜赶回新基村时，老父曾如骏尚在弥留之际。一对父子在病榻前的灯影下重逢了，清醒过来的曾如骏把外出多时的爱子打量许久，终于从心里发出一声赞许的叹息："好啊，孩子，你没有辜负我的重望，总算在外边闯天下了……"

"可是，孩儿没有实现您老人家当初让我到广州的宏图大志。在那里，我的木匠手艺根本就派不上用场啊！"曾福可想起这段时间在洋人船厂打工的经历，不禁愁肠百结。

"手艺……派不上用场？"曾如骏那充满希冀的目光忽然变得伤感。早年他也有亲往羊城求取生存之道的经历，老人也清楚在那里谋生的艰辛。不过当他眼前现浮出九江镇上魏连龙的丑恶嘴脸时，他便咬紧牙关对儿子说："孩子，没关系，即便你的手艺暂时派不上用场，也不必失望，因为你还年轻呀。只要你把根真正扎在广州，相信你迟早有一天会发迹的……"

曾福可茫然地点了点头，但是他没有说话。他知道父亲在这个世上最后的心愿，就是盼他彻底离开南海的新基村，彻底离开九江镇统辖的地区，远走高飞地为曾氏家族另闯一方天地。他不肯把自己只身在外谋生的种种困苦，在父亲重病的时候说出来，那样父亲就会含着眼泪上路了。

"孩子，如果木匠手艺在广州不吃香，你还可以想想其他办法。"曾如骏毕竟是久经风霜的乡间才俊。他从儿子那憔悴的面容和欲言又止的神情中，已经窥探到他内心充满的苦楚。老人说："福可，你还记得当初去广州打工时我对你说的话吗？实在不行，你还可以经商吗？"

"经商？"曾福可的眼睛蓦然一亮。

"是啊，经商，经商也是一条路。"曾如骏紧紧抓住儿子的双手，眼里含着泪叮嘱他说："我为什么劝你改行学经商呢？就因为我到过广州，知道那座都市什么行业吃得开，什么行业可以改换门庭旧貌。如果手艺不能很好地为自己讨一碗饭吃，我看你就不妨改改行吧？"

"爹爹，您的话我记住了！"曾福可望着气若游丝的老父亲，情知他无法拒绝老父临终前的嘱咐。尽管那时在曾福可的心里，对于将来如何经商和是否经商，尚未有任何设想。

隔日，曾如骏撒手西归。曾福可和家人安葬了曾如骏，他的心里沉甸甸的，父亲生前留给他的仅仅是一个遥不可及的路标，而他如何才能在物欲横流的都市里寻觅到一条可供自己行走的路，还完全不得而知。

父亲新殁，母亲和妻子挽留住无时不想前往广州的曾福可。出生在水乡新基村的曾福可，自然也喜欢这里的山山水水。特别是那些碧绿的池塘，还有那些塘中的游鱼，都让曾福可流连忘返。为了老母的挽留，曾福可曾经想收收外出的心，继续在新基村务农，为了能尽快改变家庭困境，曾福可还包下了村里的鱼塘。这个被当地村民称为葫芦塘的池塘，很让曾福可煞费苦心。他多么希望依靠这鱼塘养鱼能改变家庭困窘的现状，然而经过半年的经营，许多鱼苗竟然不明原因地死掉了，这样一来，留在新基村无望，曾福可又想起了一度让他伤心又时时让他留恋的广州。最后，曾福可说服了母亲和妻子，决定仍然再返羊城。

初时，曾福可仍在广州以打零工谋生。有一天他到珠江边上观看赛龙舟。这是一年一度的龙舟大赛活动，据江边的百姓说，这种民间赛事就和香港的赛马活动一样，已有多年历史了。而参加赛龙舟活动，极需有体力的青年人参加。他也被选进了赛龙舟的行列中去。他作为广州城里的一支龙舟队成员，在珠江参与赛事的时候，不但赛事有趣，可以受到沿岸民众的欢呼喝彩，而且每天三餐都有鱼有虾。这种赛龙舟活动，对于曾福可来说，简直就是难得的幸事。

当年春季的龙舟大赛结束时，曾福可由于划桨勇猛，获得了一个公众推举的奖项。得了一匹布和几斗米，这让困境中的曾福可万分高兴。不久端午佳节到了，广州和附近县城组成的十几支赛龙舟队伍，应邀前往香港参加一年一度的赛龙舟。曾福可由于前次赛舟获得嘉奖，自然也在去香港参赛的队列之中。

曾福可是平生第一次到香港。20 世纪 20 年代的香港虽然经济并不繁荣，但仍然让从小山村走来的他感到商机无限。在他滞留香港期间，最让曾福可高兴的是，香港需要木匠。当然并不是他从前熟悉的修船造船，也不是普通百姓家里需要修理破旧家具，而是一批批从东南亚各国运进码头的红杉木和红桧树，让懂得木料特性的曾福可心动。

"如果在这里经营马来西亚的杉木，很可能赚一笔钱。"曾福可回到九江新基村，对妻子谈起将来如何谋生的计划，提到他有前往香港经营木材生意的愿望。

"经营木材可是脱离了你的木匠手艺呀！"妻子是百依百从的广东女子，对在广州等大都市闯荡的丈夫，凡事当然是表示支持。不过她提醒曾福可说："人家都说只要你有木匠手艺，就一辈子有饭吃。"

曾福可又想起父亲临终对他的指点，开导妻子说："手艺在乡间也许吃得开，可是如果到广州卖手艺，可就不值钱了。再说，我爹临死前给我指明的路，我总是要走下去的。他老人家对我说，手艺实在吃不开时，不妨就做生意。所以我现在决定到香港去经营木材！"

妻子见他决心已定，索性不再劝他，只说："到香港做生意是件好事，可是，做生意是要有本钱的呀，你有那么多本钱从国外运进杉木吗?"

曾福可确有经商的头脑。此前他已经对如何在香港经营木材，有过较为详细的考虑。这时如数家珍般地说给妻子听:"资金我早已考虑好了，我自己当然没有那么大本钱，我可以先和有钱人合伙经营。等我渐渐有了资本，再独立经营。至于红杉木的销路，在香港本地就有市场。我已经在香港做了调查，也和几个志同道合的木材商人探讨过，他们之所以同意和我这没有本钱的人结伙，重要的原因是我懂木材的性能。这当然和我从前在九江学木匠手艺有关。其实说到底，也是在出卖我从前学过的手艺啊!"

香港和广州虽然近在咫尺，可毕竟是英国人统治的天下。曾福可初来香港，想做的杉木生意并没有如愿，因为那些木材生意人对从南海来的曾福可还不很放心。曾福可也不心急，便在香港岛的中环附近一条名叫雪厂街的僻巷里，开设了一家小店，取名"万耀荣家具铺"，当时这条小街店铺鳞次栉比，古玩店、玉器店、藤器店和象牙店等招牌醒目，曾福可发现这些店铺多经营高档货品，唯独缺少一家出售仿古家具的店铺。而他精湛的木匠手艺，促使他决心靠手艺一搏。如果他打造的红木家具出手得利，就是改换处境的起死回生之机。于是他就利用手上仅有的本钱，经营起"万耀荣"来。没想到生意并不景气。就在这时候，前些时答应和曾福可一起经营杉木的两个香港商人，同意请慧眼独具的曾福可入股，共同经营东南亚的杉木。

曾福可和人结伙做生意，因他肯于出力，做事又十分谨慎，所以很得生意伙伴的青睐。几年时间下来，杉木生意接连做成几笔，每一次几乎都因为曾福可的眼力，才免受马来西亚木材商的欺骗。生意做好了，刚来香港捞世界的曾福可腰包也渐渐鼓了起来。这时他回了一次南海新基村。这时他的老母亲也已做古，他带着妻子来到香港安家。

曾福可安家香港以后，先做一段杉木生意，后因合伙经营生意不利，几年后他再次在香港中环附近的雪厂街重开"万耀荣"家具店铺，直至日本军队侵占香港时关闭。

8. 曾云（曾荫权父亲的经历）

曾福可把家从南海搬到香港后不久，妻子便为他产下一子，曾福可为这降生的儿子取名:曾云。曾云的降生给这个从南海迁徙到香港的普通经商人家带来了从没有过的欢欣。曾福可夫妇把让曾氏家庭在香港振兴的希望寄托在这个相貌英俊，聪颖睿智的儿子身上。

本来，曾福可希望曾云能像他故去的祖父那样，在香港求学深造，并且能发生鱼龙之变。然而那时的香港所有学堂，几乎均以英语为主课。华文学堂寥若晨星。即便偶尔在某一座学校里间杂几节华文课，也是一种可有可无的点缀。曾福可喜欢的是华文，父亲曾如骏生前对他潜移默化的影响，让曾福可对祖宗留下的文字十分看重，所以当曾云8岁时本来应该上学读书，由于曾福可对英人开办的学校持有明显的反感，因此一拖再拖，直到曾云 10 岁时才进入一所英人教会学校求学。没想到曾云也像他的父亲一样，对英文有一种本能的反感，所以在校读书的两年，对于英语根本学不进。到了第三年级，曾云再也不想继续学下去了，那时由于父亲在雪厂街开办的商铺不景气，曾云便决意休学在家，协助父亲经商。曾福可见儿子无意于学业，又由于当时家境不宽裕，也就没有继续敦促曾云求学。

1941 年秋天，从前平静的香港忽然被战争的阴云所笼罩。那时的曾云已经出落成身材魁梧的小伙子了。此前几年间，当曾云从报上不断看到日本军队攻陷广州、侵占上海的消息时，他已经意识到战火随时都可能燃烧到英国人统治的香港。曾云从那时开始就再也无意跟随父亲看守他们在雪厂街上那家小店了，因为他已经看到香港也有落入日军手中的危险。果然不出他所料，到了 1941 年冬天，东南亚的形势日危，12 月 8 日是一个晴朗的冬天，维多利亚海湾还像以往那样平静。曾云跟随父亲前去湾仔一家英国绅士家送家具，当他们从湾仔返回中环的时候，突然听路人叫喊："打仗了！日本人要攻占香港了！"大街上许多惊惶失措的市民在奔逃。曾福可急忙扯着曾云就跑："快快，日本人就要打进来了！"当天大批日本飞机飞至香港上空，投下了一枚枚罪恶的炸弹，香港九龙全岛立刻被淹没在战火之中。

"咱们还是回南海老家吧？"当日本人侵占了整个香港和九龙以后，曾福可发现往日尚能维持的"万耀荣"商铺也难以为继了，当他看见满街都是手持刺刀钢枪的东洋鬼子和猎猎飘闪的太阳旗时，对妻子和曾云提出返回九江新基村的意见。妻子听了自然一百个赞同。可是，曾福可和妻子都没想到，平时做事谨慎的儿子曾云，居然在战火纷飞的紧张时刻站出来反对。他说："爹，回内地已经不可能了，现在国难当头，咱们即便回到新基村也无法逃脱日本鬼子的魔掌，倒不如和鬼子们拼一个死活，就是死了，也比活着痛快！"

曾福可和妻子听了，愕然一惊，直到这时他们才发现儿子已经长大了。曾云虽然在校学习的时间不长，但他却能读英文报纸，报上的新闻早在他心里激起了对侵略者的万丈仇恨。现在当他听说父母想在这种时候回南海时，马上站出来反对。

曾福可那时也已经听说自从日本鬼子侵占香港以后，派兵封锁了港九通往内地的所有交通要道。通往桂林和上海的轮船也实施了严格的控票。曾福可感到儿子的意见是正确的，因为即便他们能侥幸逃出香港，回到广东也同样在日本侵略者的铁蹄之下生存，便同意了儿子的意见。

不料时隔不久，也就是 1942 年春天，曾云又向父母提出一个大胆的要求："爹娘，我再也不能在香港眼看着日本人横行霸道了，我想回去！"曾福可吓了一跳，睁大眼睛望着气得脸面铁青的儿子问："你不是说在战争时期不能回广东吗？现在为什么又说回内地呢？"

曾云理直气壮地说："战争打起来时我反对回内地，是不想当为人不耻的逃避者。现在我想回内地，是为了参军抗日啊！"

"什么，你想参军?"父母一起抓住曾云的手，一时无法理解他的这一决定。

曾云显然已经想了许久，这时终于向父母表白心迹："是的，我要参军是为了抗击日本人的侵略。我是一个中国人，怎么能眼看着日本鬼子如此在我们中国的土地上横行呢?"曾福可那时已经对经商失去了信心，而返回南海故里又无法逾越日本宪兵设下的重重障碍。年老多病的他做梦也没有想到自己惟一的儿子，竟然要在炮火纷飞的年月，挺身前去参军，和凶恶的日本军队作战。

"去吧，孩子，你还是去吧!"曾福可当时已卧病在床，他和妻子苦苦地想了一夜，到翌日凌晨，老人终于和妻子下了决心。他们认为与其让有志气有血性的曾云继续留在敌寇当道的香港，不如让他实现自己为国尽忠的理想。于是曾福可把儿子召到床前，心意已决地说："难得你有这个大胆的志向，人活百岁也是死。既然你想参军，你就参军好了! 我和你妈都不能拦你!"

曾云在隔日即渡过九龙水域，翻山越岭前往内地，终于实现了参军抗日的愿望。曾福可和妻子在香港家里，每天都悬望着一走无音讯的爱子。一直到1943年夏天，阔别年余的曾云才回到了他们的面前。这时的曾云浑身征尘，脸色严峻。他在军队里多次参加战斗，这次他返回香港，是由于在与日寇的一次作战中他负了伤。

曾福可这时的病情已经很重。当他知道儿子要在香港养伤的时候，决计为曾云办一件大事。那就是张罗尽快让儿子完婚。早在曾云前往内地参军之前，就有一位贤惠清秀的广东姑娘看中了行事果决、心地善良的曾云，她的名字叫邝懿珍。在曾云参军抗日的两年时间里，邝懿珍也和曾云的父母一样时时牵挂着他。如今邝懿珍见曾云大难不死回到了香港，当然也希望尽早与他结为秦晋之好。就在这一年的中秋，曾云在香港的陋宅里举行了简单的婚礼。曾云婚后不久，病体缠绵的老父曾福可在港病故。在经历了大悲之后，曾云又迎来了一喜，第二年他和邝懿珍的爱子曾荫权降生了!

数十年后，当曾荫权成为香港传媒的新闻焦点时，媒体才会对曾云有这样的评价："因为曾氏家境据说不俗。曾荫权父亲曾云曾经参与抗日战争，编队及军阶不详，到香港后加入警队，当差三十年，退休前为警署警长……"

曾云最难熬的日本人强占香港的年代终于结束。1945年日本侵略者举起白旗宣告投降以后，历经沧桑的香港又回到英国人的手里。满目疮痍的香港百废待兴。最让曾云痛苦的是，老母在这万民同庆的日子里，竟然谢世西归。曾云不想继续走父亲的经商老路，参过军打过仗的他，理念上的改变让他体会到手中握有枪杆的重要性。曾云决定变卖雪厂街旧铺里的所有财物，然后前往香港的皇家警察署报名，希望能成为一名警察。

曾云的这一决定出乎妻子邝懿珍意料之外。她无法理解有经商条件的曾云，忽然在人生关键时刻做出这样的抉择。曾云对妻子说："懿珍，咱们在英国人的天下生活，如果我们不能进入他们的势力范围，就要始终处于受制于人的被动。我并不是喜欢当警察，而是因为当了警察，至少可以让我们少受一点窝囊气！"

"对，你说得有道理。"邝懿珍又何尝没有人在屋檐下的受制感觉。经过认真的思考，她同意丈夫避开父亲的经商之道而改行当警察的决定。

曾云在英国皇家警署的严格考试中，竟然如愿以偿地顺利通过。因为他的机敏和处事谨慎，很快就在他供职的铜锣湾警署站稳了脚跟。不过曾云虽然穿上警察的制服，可他并不是英国人所希望的那种俯首帖耳的警棍。曾云永远是一个正直老实的华人，即便在英国警官面前，他也永远保持固有的不卑不亢。正由于曾云如此低调为人，所以他虽在警署中勤恳供职，却始终得不到升迁。英国人不肯重用提携曾云的理由是他读的书甚少，没有学历，而实则是因曾云不想成为英国人的附庸和奴仆。这样几年下来，曾云由外勤忽然变成专为警署管理警服的内勤。让曾云备感欣慰的是，警察署分给他一处宿舍，这便是香港荷里活道上的警察宿舍。尽管宿舍面积很小，狭窄又光线阴暗，可他毕竟有了自己的存身之地！

1950 年以后，曾云的生活状况仍属于贫寒一族，诚如香港记者描写的那样："曾荫权的父亲曾云是当时港英政府治下一名警察，薪水微薄而子女众多，加上还抚养三个侄儿，尽管有妻子车尼龙袋帮补，儿子在预科期间到夜校任教帮衬学杂费，曾云仍旧仅可养家糊口而无力供子女深造，于是贫寒人家常常出现的一幕也出现在曾家：长子或长女放弃学业充当弟妹们向上的梯阶。"

曾云在香港的警察生涯，还可从另一记者的描述中一见端倪：早年"身为警务人员的曾父，当年驻守沙头角，每周只在休息日回家一次，不能经常见面。曾父于是要求曾荫权写周记，好让他了解儿子的生活，且会一起阅读，趁机讲解做人的道理……"

曾云做梦也没有想到，经过他几十年艰苦努力，他和结发妻子邝懿珍含辛茹苦抚养的三个亲生子女（曾荫权、曾荫培和女儿曾璟璇）、三个同样在困境下精心抚育的侄儿（曾荫煊、曾荫潘和曾荫荃），一个个都长大成才。特别是长子曾荫权居然从一个不为人所知的药品推销员，一跃成为了港府的公务员，以至被公推为香港特区的行政长官要职。

曾云在香港怀念南海故土，已是数十年的未竟凤愿。虽然广东佛山南海县近在咫尺，然而曾云多年来始终没能如愿。他记得自己是在父亲健在的时候，跟随曾福可先后两次返回南海县新基村。曾云记得那还是抗战前夕，他只有十几岁的时候。曾云在全国解放后曾经有几次返回新基村祭祖的机会，然而又都被他无奈地放弃了。主要原因是家庭生计困难。路费虽然不是很多，可是曾云很难轻易花这笔钱去做这些与抚育子女无关的事。一直等到上世纪的 80 年代，中英两国政府就 1997 年香港回归大事在北京进行谈判期间，曾云作为香港警官负责陪同港府主要官员前往北京。于是他利用去京之便，顺道返回广东家乡进行了一次探访。这是曾云自解放前离开新基村后的第一次归来，也是他生前最后一次归乡祭祖。曾云回到新基村时，意外发现当年祖父曾如骏在世时建起的旧宅已经变成了一片绿葱葱的竹林！

曾荫权和曾荫培先后成为香港高官以后，作为乃父的曾云并没有因此而忘记节俭度日。小时养成的习惯让曾云在儿女成才后仍然恪守曾氏家风，他多年在狭窄警察宿舍里生活，一直没有属于自己的物产。一直到1978年，所有子女都已经离开了他的家，曾云才有机会用他多年的积蓄买了一幢房产。这所房子位于香港麦当奴道64号碧云楼的低层单位，面积约1600平方尺。当时曾云所以买房，是由于他在退休后毕竟不能永远居住在原太原街上的香港警署宿舍。这幢房产1997年3月曾云去世以后，先由曾云续娶的妻子陈慧敏继承。同年7月，香港正经历物业高峰期，各处楼价炽热，陈慧敏遂以高达965万港元，将物业售予一家公司。以账面获利计算，曾家卖出物业所得的利润，是当初买入时的10倍。

可是，曾荫权对于父亲生前喜欢的这所房产，始终不甘心让他归于物业所有。因为这所房子里保留着曾荫权美好的回忆。多年在香港政府供职的曾荫权，忽然决定把他继母陈慧敏已经出手的旧宅买下来，作为永远的纪念。父亲病殁前后，由于工作的关系，曾荫权长期居住在政府宿舍或行政官员的官邸里，本来他根本就没有必要出资为自己另购房地产。然而到了1998年9月，曾荫权决定斥资将老父亲位于香港中区半山麦当奴道的曾家旧居重新买回来，以实现纪念父亲的一种心愿。

2005年曾荫权就任香港特区行政长官以后，曾经在报上撰文，怀念他故去多年的父亲曾云。他在文中忆述与父亲的相处之道，希望为人子女者，要欣赏父母对己的关怀。曾荫权在文章中，忆述儿时与父亲曾云的相处点滴。他指出，父亲是标准严父，小时候虽然经常被父亲体罚，但他总觉父亲只是口硬、手硬，但却心软。

曾荫权并表示，希望今天的父母，珍惜与子女相聚的时刻。他同时亦希望子女，能够欣赏父母对自己的关怀。他表示："一句你们可能觉得啰嗦的关心话、一碗你们认为难喝的老火汤，正代表了父母对你们的关怀！"

B 卷：曾荫权

●曾荫权，系曾子(春秋末年人，继孔子之后儒家学派的重要代表人物)的后裔，是曾氏家族"宪"字辈，为著名思想家曾子的第74代孙。香港华仁书院预科毕业、辉瑞药行西药推销员出身。后为港府公务员长达40年。2005年出任香港特别行政区行政长官时，海外传媒对曾荫权的评价是："与出身海运世家的董建华不同，曾荫权没有显贵阶层的背景。他是警察的儿子，中学一毕业就进入政府机关做文职工作。曾荫权有风度，社交广，是虔诚的天主教徒，受过教会学校教育，每周做礼拜，还喜欢打五颜六色的领结；香港18万公务员是他的坚强后盾。香港大学3月的民意调查显示，民众对他的支持率超过百分之六十。"

曾经走过从药品推销员到公务员坎坷之路的曾荫权。

小学读书时的曾荫权。　　在香港华仁书院读书时的曾荫权。　　做药品推销员的经历令人刻骨铭心。

做了 40 年公务员的曾荫权。

曾荫权与英籍官员共同主持记者会。

初为人父之时，脸上难免露出欣慰的微笑。

把暮年老父曾云请进公务员的官邸，是曾荫权从政后的一大心愿。

80 年代中期，曾荫权一家在政府宿舍过年。

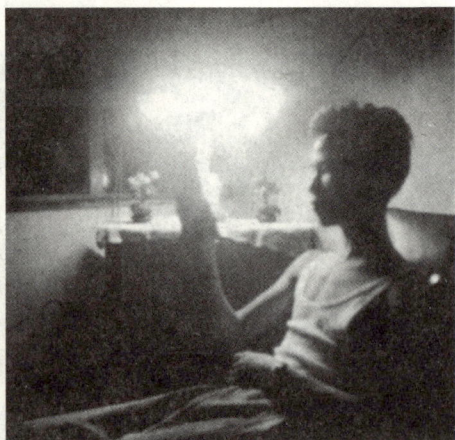

在警察宿舍中挑灯夜读的曾荫权。

曾特首出席商界会议笑口常开。

曾荫权很少有时间去认真对待这样丰盛的酒宴。

平民出身的香港特首喜欢与普通香港市民聊天。

就任公务员初期，曾荫权亦曾为平民化的
家居生活所陶醉。

即便身负要任，身边同仁的大事小情曾荫权仍然喜欢积极参与。

曾荫权和夫人出席同仁子弟的婚礼。

曾荫权虽然对香港赛马无暇问津，但仍要拨冗为赛马会开锣。

曾特首与演艺界明星一同参加公益活动。

对体育情有独钟的香港特首，以能亲自为足球甲组联赛开球为乐。

曾荫权善于当众剖白心迹，他认为对香港市民理应坦诚相待。

当非典在香港肆虐之时，曾荫权亲自上街巡查。

出任特首以后，市民的菜篮子也成了他关心的重点。

平民出身的曾荫权入主特区政府后，与他麾下的官员相处和谐。

曾荫权在香港中环特区总部门前的两幅照片，他在紧张工作之余有时还对记者高声谈笑。

对中国传统文化怀有至深情感的曾特首，
节日里喜欢穿唐装。

在公众场合他喜欢西装配领结，这是曾荫权多年的习惯。

在官方场合遇上女记者，曾特首也会应付自如。

曾荫权和夫人于父亲节去华仁书院教堂作弥撒。

为了赶时间，午餐是在街上的餐馆吃的。

曾特首忙到晚上，才经夫人提醒再次在街头用餐。

曾荫权和夫人花前合影。

曾氏伉俪和内地群众在一起。

曾氏夫妇出席酒会。

曾荫权在内地参访。

在山东访问时恰逢雨季。

特首夫妇喜欢和孩子们在一起。

到各地走访时迎接他们的总会有
艳丽的鲜花。

曾荫权的办公室里，高高悬挂着妻子为他书写的条幅。

曾荫权和夫人在港出席酒会时，有时会穿上唐装。

曾荫权与国家副主席曾庆红在香港主持迪士尼盛大开幕仪式。

第一章　童年·少年

　　□　曾荫权每次来到柏架山下，望着母亲坟墓前的发黄蒿草，他都在心里暗暗地发誓："阿妈你放心吧，我会发奋读书的。有一天我会让你在九泉下看到我是个有志气的孩子！我绝不会给曾家丢脸的！"

　　□　让曾云感到欣慰的是，曾荫权在中学的英语成绩出人意料的优秀。在华仁书院曾荫权的英语成绩让同学们吃惊。他的英文水平甚至超过那些英国商人的子女，特别是他口语之娴熟，几乎让英文老师也自愧不如。

　　□　"您让我也信……天主教？"曾荫权大吃一惊。在他心里从没有信教的思想准备。因此他对穆嘉田在不征得他同意就做这样的决定有些不满。

1. 苦水里泡大的孩子

　　1944年10月7日，香港下起入秋以来的第一场大雨。

　　这时在玛莉娅产院的产房里，忽然传来一声婴儿的啼哭。产妇名叫邝懿珍，她本来从小也有大学梦，然而几年前因生活所迫她过早地嫁人。所幸丈夫曾云是天性善良的好人。这个在雨天降生的男孩，就是后来成为香港财政、政务司长的曾荫权！

　　出生香港寒门之家的曾荫权，祖籍广东省佛山市南海区九江镇回龙新基村。曾荫权性格坚毅，这也许与他小时候生活在贫寒的家庭里不无关系。母亲邝懿珍生下他不久，又为他添了一个弟弟，父亲给二弟取名为曾荫培。后来，母亲又满足父亲希望有一个女孩的夙愿，这就是曾荫权的小妹曾璟璇，她也在动荡的40年代降生了。这五口之家生活虽然不富裕，倒也在陋舍贫宅之中，其乐融融。谁知天有不测风云，就在曾荫权已经懂事，开始进慈幼小学读书的时候，他心爱的母亲竟然染病而殁。这让苦难中的曾荫权猝然遭到了沉重的一击！

　　当时，尽管曾荫权已经记事，可是母亲的早逝仍然让他难以理解。统治香港的日本鬼子早已随着日本天皇的战败诏书灰溜溜地逃离了港岛，父亲也再次返回了警察署穿起了黑色的警装。然而一家五口人依靠父亲一人微薄的薪水，仍然难以解决温饱。这样邝懿珍就只好一边带孩子，一边协助曾云维持家庭生计。邝懿珍学会了当缝纫工，她每天起早到市区一家缝纫工厂，去给人当计件工，开始时邝懿珍只做缝扣子、钉领钩这样的小手工活儿，收入甚少，后来她学会了上机器，在被服厂里蹬上了缝纫机。这种苦活儿虽然薪水多赚了不少，然而没有休息时间，有时候她夜里还要在家里加班，当曾荫权和弟弟妹妹们已经进入梦乡的时候，还会隐隐听到母亲用一双沉重的脚蹬缝纫机的"咔咔"声。后来，母亲终于在贫困交加的生活状态下染上重病！

母亲病重以后，曾荫权一下子变得沉默寡言了。不多时他的母亲就撒手尘寰。他每天放学以后，都要一个人悄悄来到柏架山下那块临水的墓地，望着邝懿珍那座位于海边乱坟丛中不引人注目的孤坟，心里在流血。没有谁比他对母亲的感情更深了。只有他理解母亲为什么会这样匆促地离开了他和弟弟妹妹，曾荫权知道那是生活艰辛的担子压得她喘不过气来。曾荫权每次来到柏架山下，望着母亲坟墓前的发黄蒿草，都在心里暗暗地发誓："阿妈你放心吧，我会发奋读书的。有一天我会让你在九泉下看到我是个有志气的孩子！我绝不会给曾家丢脸的！"

事过多年以后，曾荫权的少年，正如香港一家传媒撰写的《藤条"打"出今日成就》一文中所描述的那样：

"曾荫权两兄弟接受香港中文大学新闻系实习刊物《大学线》专访时，忆述童年往事，现代教育所不容的'藤条'式教子方法，竟是当警察的父亲曾云培养出两兄弟处事认真、性格谨慎、在官场平步青云的独步单方。买错面包、买到隔夜豆腐要打，调皮捣蛋要打，累弟妹受伤更要狠打。曾荫权称，由于父亲要求特高，童年每星期至少被父亲打一次；曾荫培亦不例外，一次玩耍令弟弟撞破头，回家后被父亲大刑伺候，被狠狠揍了一生最厉害的一次，令曾荫培至今记忆犹新。曾荫权小时居于湾仔，一家四口（其余弟妹未出世时）更要挤在同一张床睡觉，又因舅母早逝，父母不但要抚养他们三兄妹，亦要抚养三个表兄弟。

"虽然经常挨打，但却未损曾荫权两兄弟对父亲的爱。曾荫权在采访中表示，不同年代道德观亦不同，曾荫权表示不会体罚儿子，但却认同严格的训练，对他今日塑造出坚毅性格影响最大。1997 年曾云辞世，曾荫权以十倍价钱（800 万元），购回父亲居住 20 年的旧居以纪念，父子情深可见一斑……"

湾仔太原街那间处于幢幢高楼巨厦中间的小屋，在曾荫权长到 10 岁的时候，忽然在他眼里变矮了。他感到不可思议的是，香港湾仔万厦鳞次，千楼栉比。然而当他看到父亲曾云那高大魁梧的身影出现在那条狭窄的楼群棚户区中间的小路上时，曾荫权就从心里产生了一种强烈的不平感。他不明白像父亲这样忠于职守的警官，每天甚至连家也顾不上的人，为什么收入那样微薄？一个有着十几年警官资历的人，为什么一个人带着三个孩子每天屈居在湾仔太原街繁华闹市区的贫民群中！

2. 初进华仁书院

时光已是 1958 年，曾荫权 14 岁了！

他考进香港一家有名的中学——华仁书院。这座学校在九龙，距离他们当时的居住地荷里活道很远。但是由于这所中学是英国耶稣教会主办，且又是中英文合教性质，入学的学业费有一半是社会救济，因此曾云决定把几个孩子都送到这里去求学。

曾荫权知道父亲和母亲从小就鼓励他学习中文，他本人也喜欢中文，然而由于始终生活在英语的环境里，加之即便偶尔他能听到一些人在讲华语，大多都是一些难懂的广东话，所以直到他走进华仁书院的课堂，对中文作文的考试仍然不能过关。这就难怪他的班主任老师——那个有一双幽深碧眼、满头灰黄色头发的老师穆嘉田，每次在教室外面见到曾荫权的时候，都会以严厉的语气质问他了。

"穆老师，我……"曾荫权不敢与穆嘉田严厉的眼睛对视，他害怕老师那威严的目光。他对自己已经走过的求学之路，始终充满着难言的困惑。曾荫权不知道为什么总会受穆嘉田的当众指责，也不知自己在母亲死后多次前往柏架山坟墓暗暗发下的誓言，为什么迟迟不能兑现？曾荫权自感羞愧的是，在学校课堂上一次又一次的笔试中他大多都名落榜尾。他因为总是考试不及格，甚至成了同学中受人鄙视的"肥佬"！

当初曾荫权对自己是否有继续读完七年中学课程的决心，一度发生过可怕的动摇。因为曾荫权自从6岁进入慈幼小学读书的那一天起，他的功课就不景气。有的时候他数学和中文会考零分。父亲听说他想辍学，就气得用藤条抽打他；母亲见他这样苦恼和自疚，就苦苦地劝他："孩子，你上学太早，所以考得不如意也在情理之中。你千万不要这样自责，只要你咬紧牙关挺一挺，就没有过不去的火焰山！"

由于父母都不忍让他辍学，于是在8岁那年曾荫权又转到距太原街很远的育才小学继续就读。不料曾荫权还是不能在学业上如愿。有几次他甚至不想继续上学了，好在母亲在世，邝懿珍情愿每天打零工挣钱，也坚决要自己心爱的儿子一定把小学读完。也是在母亲的坚持下，后来曾荫权进入了圣贞德英语小学。小学读完以后，曾云又把他送到了九龙的华仁书院，在这里由于离家很远，所有的学生必须住校。他的弟弟和妹妹这时也进了小学。他的父亲曾云肩上的担子更重了。

让曾云后来感到欣慰的是，曾荫权在中学的英语成绩出人意料的优秀。在华仁书院里曾荫权的英语成绩让同学们吃惊。他的英文水平甚至可以超过那些英国商人的子女，特别是他的口语之娴熟纯正，几乎让教课的英文老师也自愧不如。

"你的英文当然无可挑剔。不过，你是中国人的后代，不会写华文是绝对不行的。"曾荫权记得父亲在接到穆嘉田老师发给他的一封信后，才感到事情远比曾荫权读小学时严重。曾云在责怪自己忙于公务而无暇照顾子女的同时，也震惊地发现自己的长子竟然连最重要的学问也疏忽了。曾云告诫儿子说："现在的香港虽然是英国人的天下，可是，迟早有一天，香港还要回到我们中国人自己的手里。到了那一天，你再去学国语，恐怕就来不及了。因此，穆先生对你的批评是难得的衷恳，荫权，你一定要听穆先生的话。"

曾荫权茫然地望着父亲，在他心里无论如何也难以接受板着一张冷面孔的穆先生。但是曾云却这样开导他说："孩子，你要知道穆先生他是爱尔兰人，一个外国人为什么不鼓励你以英文为主，反而一味劝你去学好中文呢？这就是穆先生的可贵之处，因为他知道一个青年人如果忘记了自己的母语，那么其他语种无论学得如何纯熟，也是不会受人称道的。"

"哦，我懂了！"曾荫权望着父亲那严峻的脸膛，第一次感到穆嘉田的可亲可爱。他明白如此尽心尽责地提醒自己重视中文母语的外国老师，是值得他从心里尊敬的长者。也就是从那天开始，曾荫权不再回避性格古怪、出语严厉的穆嘉田，而是主动接近。现在当曾荫权又见到穆嘉田那双严厉的眼睛时，他并没有反感，而是从衣袋里掏出一张写满中文的纸来，双手捧到穆嘉田面前说："老师，这是我第一次用中文抄的诗！不知我的字是否写得正确？"

穆嘉田颇感意外地打量着面前的中国青年。他显然已被曾荫权憨厚质朴的神态打动了，因为他从曾荫权的笑容里看到了一颗善良的心。

3. 爱尔兰恩师穆嘉田

1963年是曾荫权在华仁书院预科学习的第六个年头。

在曾荫权看来，在香港华仁书院预科求学期间，他最大的收获并不是学业，也不是在这所中学里崭露了他在英语、打网球、排话剧和弹钢琴等方面的才华。他从心里深感庆幸的是，在这所英国人办的学校里，他结识了一位引以为恩师的爱尔兰人——穆嘉田。曾荫权知道穆嘉田老师并没有给他以金钱的施舍，也不能从根本上解决他家境贫寒的实际困难。但是，他知道在自己与穆嘉田老师之间，好像有一种天然的共鸣。那是感情与灵魂的碰撞所产生出来的火花。只有曾荫权和穆嘉田在一起，他才感到快乐。

穆嘉田是一个性格古怪又沉默寡言的人。虽然穆嘉田在六年之中与曾荫权的对话不多，不过在曾荫权的眼里，穆嘉田的每个眼神，都会直视他封闭的心灵。当然，曾荫权感到穆嘉田对他的友爱，也并非体现在穆嘉田作为老师给予他的直接关爱超过了他身边的所有同学；而在于穆嘉田常常在他最困难的时候蓦然出现。穆嘉田在曾荫权的眼里，有时就像他那当警官的父亲。穆嘉田和曾云的相同之处，都是把他们对曾荫权的爱意巧妙地隐藏在他们各自冷峻的脸膛背后。笑容是不肯轻易露出来的。穆嘉田越是这样对待他，曾荫权越是感到他的亲切。

一天下午，穆嘉田把曾荫权带出华仁书院的大门。他们搭上一辆的士，沿着校门前那条狭窄的马路，一直向着港岛中环的方向驶去。曾荫权一时两眼茫然，他无法猜测出老师的心意，不清楚他要把自己带到哪儿去。不多时，那辆的士停在了中环威灵顿街和钵甸乍街交界的路口处。

"曾荫权，你到过这里吗？这就是香港最大的天主教堂，它是 1843 年由英国传教士建起的第一座教堂啊！"直到这时，曾荫权才发现路旁矗立着一幢巨大的黑色建筑，教堂的塔楼几乎超过了中环上那些高楼巨厦。特别是塔楼顶端的十字架，在曾荫权眼里就像一把骇人的利剑一般，直刺云天。他睁大困惑的眼睛，不解地凝视着穆嘉田高深莫测的眼睛，不知他为什么把自己带到这里来了。

"孩子，你别怕，教堂并没有什么可怕的。"穆嘉田第一次这样亲昵地拉住曾荫权的手，把他引进那座幽深寂静的教堂里去。这里与人流喧嚣的中环大街形成了十分鲜明的对照。曾荫权看到教堂那高大的屋顶穹隆下，高悬着一盏盏玻璃灯，而下面则是数不清的坐席。穆嘉田指着那空荡荡的坐席对他说："在香港信天主教的人很多，这其中不仅是一些老人，也有相当数量的学生开始信教。我就是从小学时起在英国信的教啊，为什么我要信教呢？就因为我少年时期也有着和你同样的生活经历，性格上也有缺陷和不足。为了弥补我灵魂上的缺陷，在我 15 岁的时候，母亲把我带进了伦敦的一家教堂。也就是从那时起，我懂得当一个人在性格上出现了缺陷的时候，最好的医治办法，就是在宗教信仰里寻求灵魂的洗礼。曾荫权，你明白我把你带到这里的缘故了吧？"

"您让我也信……天主教？"曾荫权大吃一惊。在他心里从没有信教的思想准备。因此他对穆嘉田在不征得他同意就做这样的决定有些不满。

"你不要反感，因为这是医治你心灵创伤最好的途径。"穆嘉田已经看出曾荫权对这座大教堂有些不适应。他心里十分理解曾荫权，一个从小生活在警察家庭的孩子，除了进入华仁书院以后接受书本上的教育之外，几乎不可能与外界有更多地接触。因为曾家的贫寒，曾荫权的课余生活非常单调。即便去电影院里看一场电影，也会受到购票费用的限制。面对着教育面如此狭窄的窘境，现在穆嘉田想给这个性格偏执的青年开辟一个新的思想领域。在他看来这是给予曾荫权切实帮助的最佳途径。

"不不，老师，我对天主教还不太懂，在我的头脑里甚至连一席之地也没有，最好还是让我再想一想吧？"事情来得太突然，让曾荫权无法接受，他马上把自己的真实想法说了出来。但是穆嘉田并没有因为他的反感和执拗而发火，更没有改变初衷。他让曾荫权坐在那大厅一隅的坐席上，温和地开导他说："孩子，人总是应该有信仰的。只有有了信仰，他的生活才会更有意义。"在以后的日子中，曾荫权开始尝试着接触天主教。有时他还会在课余和女友一起去中环那幢大教堂里听神父讲经。渐渐地他开始入迷，而且随着信教他的心境也渐趋平和。后来，他几乎每天都要一个人去教堂里做一下祈祷。这种情况一直坚持到他走上政治舞台，数十年来一直没有间断过。

第二章　与理想失之交臂

□　曾荫权参加了大学考试。他果然在报考的时候，在志愿一栏大胆地填写了"香港大学建筑工程系"！曾荫权心里清楚地知道，这样的专业在当时的中学生中，无疑是热门专业。

□　曾云又何尝不希望长子走进他美慕已久的香港大学继续深造，可是当他想起家中的五个孩子，又心有余而力不足地摇了摇头。

□　自从他与美慕已久的香港大学失之交臂后，贫困家境促使他尽早到社会上谋职。开始时他希望寻找一个体面又轻松的职业，然而他父亲没有这个能力。

4. 大学之梦

1964年早春，维多利亚海湾笼罩在一片氤氲的朝雾中。

又一个黎明，来到了香江之畔。曾荫权迎着晨雾，一大早就来到他须臾不想离开的地方——一片浓密绿阴中的华仁书院。七年的时间眨眼之际过去了，这所百年校园仍然还像他刚来就读时那样，在一片飘荡着花香的幽园里传来琅琅的读书声。他一个人来到图书馆的门前，回忆起刚进校门时的往事。在这座香港历史最悠久的天主教中学里，留下了曾荫权人生起步时的足迹。

曾荫权在这一年的夏天就要毕业了，他每天早晨照例要来到华仁书院的校园，越是临近毕业，越是感到这所天主教学院的可爱。即便对从前他并不在意的一排排经冬的紫荆树，此时也感到有一种难舍难分的亲切感。因为随着在校时光的一天天减少，毕业后是否还能进入大学求学还不得而知。此刻他和所有同学都有相同的心理，在即将开始的毕业考试和升学考试中，他的成绩究竟是否能达到投考大学的分数线，确实无法预料。怀着忐忑不安的心绪，曾荫权在一个清晨终于叩响了班主任老师穆嘉田的房门。

对于忽然主动上门的学生，刚刚做完早祷告的穆嘉田难免有些意外的惊喜。自从前次他们在中环那家天主教堂不欢而散以后，穆嘉田已经多日没有和忙于毕业考试的曾荫权单独接触了。作为老师，他知道不能强迫学生与自己有相同的信仰。今天清晨见到曾荫权主动上门，他心里很高兴。

"老师，我有些话想对您说，因为我自己拿不定主意。"曾荫权见老师仍然还像从前那样板着毫无表情的脸，只把心里想说的话吐出半句，下面的话竟然咽了回去。

"曾荫权，你是想说……天主教?!"穆嘉田意识到那次他执意把曾荫权带进大教堂，有些强迫学生入教的意思，因而此后他再也未提及此事。因为在他的理念中，即便对待再好的友人，在入教一事上也不能采取强迫的做法。因为这是有违天主教教规的，更何况是对待自己心爱的学生，他自知老师只能启发学生，而不应该在学生尚未理解之前执意为之。现在见到曾荫权主动前来，他急忙想解释清楚自己那天的意思。不料曾荫权却说："老师，我不是为天主教的事来的，因为我现在已经入了天主教的门了。每天我都会主动地进行祈祷！而且我可以真诚地向老师说，我现在已经发自内心地产生了信仰……"

穆嘉田欣然地点了点头，问道："既然如此，你找我又想说什么呢？"

曾荫权说："我想求教的是，即将开始的大学考试，我究竟应该选择哪一种专业和学校？"

"你不是早就对香港大学有兴趣吗？"

"香港大学是我一直羡慕的名校，可是，我对于是否能够考取，仍然信心不足。再说，我的成绩即便考那所名牌大学，也不会考取我所喜欢的专业吧？"

穆嘉田反问："你喜欢的专业究竟是什么？艺术吗？"

"艺术只能作为我的一种业余爱好，而不能作为终生坚持的事业。老师，我希望毕业以后搞实业。早年孙中山先生就主张以实业救国，我也想有一天从实业上寻求发展。"

"这很好，曾荫权，你是个男人，男人就应该做一番事业。"穆嘉田听了他的话，从心里感到曾荫权再也不是刚走进这座书院时的"肥佬"了。他已经在七年的学习中渐渐走向了成熟。

不久，曾荫权参加了大学考试。他果然在报考的时候，在志愿一栏大胆地填写了"香港大学建筑工程系"！曾荫权心里清楚地知道，这样的专业在当时香港中学生中，无疑是非常热门的专业。他也知道填写这一志愿的学生不止百千之众，而且这些考生大多都是香港各中学中学习成绩遥遥领先的佼佼者。而他如果没有穆嘉田老师的支持和鼓励，是绝不敢轻易写上这样的专业的。

5. 贫困面前，他选择了就业

1964年夏天的晚上，又是一个月华如水的恬静之夜。

曾荫权出现在学校的大礼堂内，他们毕业班的结业晚会就在这温馨的夏夜里举行。华灯碧彩，气氛温馨，校园里飘荡着一阵阵欢声笑语。在五彩缤纷的纸花和彩带组成的装饰物辉映下，打扮得花枝招展的女孩子载歌载舞地登台演出。曾荫权悄悄地坐在大礼堂的角落里，望着周围校友们的笑脸，心海一派茫然。忽然，全场响起了一阵热烈的掌声，曾荫权抬头看时，发现几个女学生众星捧月般地把一位黄发碧眼的老者，请上了舞台。那就是他在中学里最尊敬的师长穆嘉田。只见他坐在钢琴前面，手法娴熟地弹奏起一支曲子。心绪惘然的曾荫权忽然精神一振，他听出老师弹奏的是一曲旋律清新优美的曲子。"哦，原来是《平沙落雁》!"曾荫权记得老师多次给他弹奏过这首曲子，穆嘉田还告诉他说：《平沙落雁》乃是中国明代的名曲，系以音乐来描写沙滩上大雁起落景象的古曲。而穆嘉田之所以喜欢它并有意把中国的琵琶曲改成西洋的钢琴曲，就因为这支曲子恰好迎合了一个英国人的悲凉心境。现在当穆嘉田在学生毕业晚会上弹起此曲时，曾荫权简直想随着他的曲子大哭一场。

因为曾荫权心里太痛苦了。

本来他经过 7 年的预科学习，功课大为长进。他不但克服种种困难，学好了英语，而且又在穆嘉田的鼓励下，顺利地通过了中国文学、地理、历史、物理、化学的考试。当年穆嘉田在他中文作文考试不及格时愤然当众摔扔他的作业本的往事，几乎在他的脑海中定了格。当初曾荫权正是在穆嘉田的鞭策之下，才从丁班跳到乙班，再从乙班而发奋一跃到了甲班。而今眨眼之间几年的中学生活结束了，曾荫权也以他优异的成绩，在考取香港大学建筑工程系中名列前茅。可是，当他把香港大学的录取书双手捧到父亲面前的时候，大出曾荫权意外的是，曾云竟然紧锁双眉地发出一声叹息，抚摸着儿子的头发说："孩子，你的志气很了不起，可是，你看咱家现在的状况……"

曾荫权这才注意到父亲的脸色。在他面前，还是那十几平方米的警察宿舍，还是那张大床。自从家里添了三个弟弟以后，全家人依靠曾云一人的薪水支撑，确实已到难以为继的困窘地步。弟弟、妹妹们都已经上了小学和中学。四个弟弟和一个妹妹每学年的学费，几乎压得父亲直不起腰来。他的目光渐渐移向父亲那已经明显微驼的脊梁，还有他那过早现出斑斑华发的鬓角。一个警察署长每天在警署里有侦破不完的案件，而回到家里，还是要事事依靠他来支撑。曾荫权想到这里，忽然意识到了自己的处境，于是他悄悄收起了那张考试成绩单。

曾云忽然又动了恻隐之心，他知道儿子在华仁书院的后几年，学习成绩已经发生了根本的变化。特别是穆嘉田在毕业前夕的家长会后，主动找他谈的那番话，更让曾云感到左右为难。他当然希望长子曾荫权能投考大学，可是，他现在的薪水已经难以维持家计了。几个小孩子，在他看来至少也应该让他们读完中学，不然将来他们一旦到社会上去谋职，连中学文化都不具备的孩子，恐怕连一碗饭也混不上。而现在曾荫权作为大哥，他已经有了七年华仁书院的学历，作为一家之主，总不能因让长子上大学而苦了荫培和璟璇。再说，还有三个侄儿也生活在他的家里，曾云早已暗暗下定了决心：宁可让自己的儿子中途辍学，也决不会让三个没有母亲的侄儿读不上中学。然而，现在曾荫权毕竟已经考上了香港名校，作为父亲又如何忍心看着儿子的理想化为泡影呢？想到这里，曾云忽然说："你不要急，如果一定要上大学，再让我想想办法吧。"

不料，曾荫权这时已经在心里想好了主意，他决然地对曾云说："阿爸，我不想继续读大学了。"

"孩子，莫非你当真下了决心吗？"曾云又何尝不希望长子走进他羡慕已久的香港大学继续深造，可是当他想起其余的五个孩子，便心有余而力不足地摇了摇头，叹息一声，说：

"那么，你究竟打算做什么呢？"

"就业！"曾荫权已经成熟了，他没有在父亲面前露出丝毫抱怨与愤懑。

"你要做工？孩子，做工可不比读书，那可是要付出辛苦和血汗的呀！"当曾云发现身边的曾荫权毅然做出辍学的决定时，他心里反而产生了不安。因为他知道曾荫权从小就寄希望于考大学，而现在他已经考取了著名的香港大学，却又为家境所迫而放弃。他心里万分难过，一时难以下最后决心。但是，曾荫权却不容置疑地说："阿爸，我不怕付出辛苦，咱们家需要上学的并不是我，而是弟弟妹妹们，他们现在还小，而我是可以帮您挑起这个担子的人呀！"

6. 谋职，谈何容易？

1965 年的夏天，香港炎热多雨。

一阵沉闷的雷声响过，大雨忽然倾盆而下。一个浑身已被大雨淋得湿透的青年人，伫立在路边的梧桐树下，他就是放弃大学学业而过早步入社会的曾荫权。在大雨中行人骤然减少了许多，只有一些出租车还在乱箭似的疾雨中飞驰。曾荫权回头向刚才他卖过药品的那幢灰黑色大楼望去，那是位于新界沙田城门东沙田围路上的威尔斯亲王医院！这座英国人开办的医院，从前对于曾荫权来说是一个陌生的所在。即便小时候他母亲生病的时候，曾荫权也不敢轻易走进这座香港中文大学的教学医院，因为这里的门诊只对英国人开放，普通华裔人士就休想走进这个药价昂贵的所在。而今天他作为一个药品推销员，也就是香港人眼里不屑一顾的"卖药仔"，居然斗胆叩响了医院院长的房门。

"你一个'卖药仔'，怎么敢闯院长的办公室？"刚才他在幽深走廊里遭遇的一幕，此时仍然还在曾荫权的头脑中闪现。自从去年夏天他与羡慕已久的香港大学失之交臂以后，贫困的家境促使他尽早到社会上谋职。开始时他多么希望寻找一个体面而又轻松的职业，然而他的父亲没有这个能力，曾云对他说："孩子，你想像我一样进入警署当警察吗？我劝你算了吧，警察这碗饭吃得并不轻松。再说，我虽然是警长，可香港是英国人说了算的地方，绝不是我一句话就可以让你随心所欲的。"

"那么，我总该找一个适合我的职业吧？"曾荫权那时心里想的还是在华仁书院里学过的功课，特别是爱尔兰老师穆嘉田教会他的那些知识，如今为什么竟派不上用场？莫非花那么多钱攻读的学业，到头来竟然是竹篮打水一场空吗？如果早知道在香港谋职与学业无关，那么他为什么早不走上社会呢？何苦花费家里那么多钱，苦苦地追求某种如同海市蜃楼般的虚幻影子？而且家里的钱都是父母辛辛苦苦赚得的，特别是母亲临去世的前几年，每天晚上在那燥热的小屋里蹬缝纫机的咔咔声，此时就像挥之不去的噩梦一样在曾荫权的头脑中震响着。

曾云困惑地望着仍对前途充满希望的儿子，说："合适你的职业？孩子，你应该改换一个观念了，不是职业适合你，而是社会要求你必须随时适合于任何职业，包括你根本就不喜欢，甚至一点也不愿意做的职业，只有这样你才可能混得一口饭吃。这就叫适者生存啊！"

"适者生存？"曾荫权蓦然怔住了，他没有想到父亲竟然说出这样可怕的话来。而且为了寻找生机，他还必须放弃自己从前的梦想，心甘情愿地接受社会所能给予他的任何就业机会。看到眼前所面临的困窘危境，曾荫权从前在心里描画的诸多美好前景与新生活的种种蓝图，顷刻化成了云烟。

接下来的几天，曾荫权买了几张香港的报纸，每天拿在手里，即便上街寻职时坐在大巴士里，也目不转睛地盯住报尾那些五颜六色的招聘广告，他心中一个又一个美好的梦想，都随着报上那些初看时颇具吸引力的招聘启事的实地应聘而化作泡影。严酷的生活现实让曾荫权在频频碰壁之后变得精神麻木了，从前在华仁书院里心中设想的种种求职方案，被现实证明为都是些不着边际的痴心妄想。香港虽然巨厦林立、经济高速发展，然而这维多利亚海边的东方明珠，毕竟是一个弹丸之地。望着中环大街上那如蚁般穿梭往来的行人，曾荫权忽然感到自己的渺小和无能！那么多写有漂亮字眼的招聘广告，原来竟是意想不到的陷阱。什么五花八门的公司，什么饭店、酒店，什么游乐场和报馆，曾荫权几乎都去碰过运气。可是，一旦他和这些招聘者略一接触，只三言两语就把他出门时的美好想法碰得荡然无存。不是他不喜欢那种非人所为的职业，就是对方对他并不看好。总之一连跑了十几天，累得曾荫权精疲力竭，最后也没有寻得一个适合自己的职业。

"孩子，现在不是奢谈理想的时候。"一天晚上，父亲开亮了曾荫权床前的灯，他发现儿子其实根本就没有睡，而是睁大一双茫然的眼睛在黑暗里苦思苦想。曾云已经把儿子多日来的情况看在眼里，他虽然没有和儿子交流，但是他已经从曾荫权憔悴的神态中证实了自己的判断。现在曾云决心说出自己的打算，因为他再也不能让儿子继续这样漫无目的地奔波下去了。

"……"曾荫权望着来到床榻前的老父，发现这几天老人脸上的黑斑又多了，而花白的头发也让他为之吃惊，为什么在别人眼里如此威严魁伟的警察署警长，居然在自己这状如鸟笼的蜗居里会是如此疲惫和无奈呢？

"我想，孩子，生活在英国人的眼皮底下，就只能适者生存。任何理想都不要有了，还是实际一点为好。"曾云和儿子在灯光下以目光交流着彼此的心音。他认为自己的主意儿子在历经重重失意和打击之后，肯定会接受的，于是才说出他几天来设法为儿子谋求的生活出路："我看，如果没有其他更好的出路，还是到工厂去干吧？"

"进工厂？"曾荫权听了，浑身情不自禁地一抖，父亲的话对他来说俨然一声晴空的炸雷。因为在曾荫权的眼里，进工厂，特别是在英国人开办的工厂里做工，那么他从前在华仁书院学到的知识就全然白费了。那些中国工人在英国人工厂里的处境，曾荫权是有所了解的。他忽然从床上一骨碌爬坐起来，激动地盯住父亲的眼睛，紧紧追问："您说让我进工厂？进什么工厂？莫非让我去当苦力吗？如果那样，我为什么还去读华仁书院？为什么要把您和阿妈辛苦赚得的钱都扔进水里去？"

"孩子，你不要这样激动。即便进工厂做工，也不是不需要知识和文化。"面对儿子的冲动，曾云沉着地笑了一笑，说："因为让你进工厂，只是暂时的权宜之策。如果将来有机会，你还是可以另寻其他的前途。现在我有个朋友介绍，你可以进药厂，而且也不是要你去做苦力，而是一种轻松的活儿！"

"您让我进药厂？哪一家药厂？我能做些什么呢？我根本就不懂药品呀！"刚才还对父亲的意见持惊愕态度的曾荫权，此刻忽然双眼一亮。他仿佛在黑夜里忽然见到了光明。尽管他对药厂一无所知，甚至从来没有兴趣，然而多日来谋职所遭遇到的打击，已经让初入社会的曾荫权意识到父亲的主意，很可能就是他眼前最好的出路。他紧紧地抓住了曾云的双手，仿佛一个无所适从的溺水者，蓦然发现了一条可以让他逃脱困境苦海的绳索。

曾云见儿子的脸上露出了笑容，悬着的心才终于放了下来，说："告诉你，是一家有名的制药厂，辉瑞制药有限公司。你到那里上班，在当前就是最好的选择了，去了以后，你的职业是先做药品推销。这种工作虽然苦了一点，可是你可以接触真正的社会。孩子，推销药品不是轻松的职业吗？总比在工厂里打工制药好得多呀！"

"您是要我去当'卖药仔'？"曾荫权虽然对这份职业有了一点儿希冀，然而当他把华仁高材生的文凭与那些整天在大街上疲于奔命的药品推销员联系在一起时，他心里仍然有巨大的障碍。

曾云脸上的笑纹忽地收敛了，变得十分冷峻，说："'卖药仔'有什么不好呢？总比在家里无所事事强得多。孩子，任何好高骛远的所谓理想，都会在香港这畸形繁华的社会碰得头破血流。如果你不肯接受我的主意，那你就只好自己另寻前途了！"曾云说罢，不再多言，转身走开了。曾荫权关了灯，一个人在黑暗里苦苦思索着父亲的话，天色微明时他才睡下。又跑了几天，直到山穷水尽之时，他只好来到辉瑞制药有限公司上班了。

辉瑞药厂确实建筑宏伟。企业的管理者显然精通药品并熟知社会的需求，曾荫权有生以来第一次亲眼目睹了生产药品的全过程，一幢幢现代化的高大厂房与那些从伦敦和意大利引进的先进药品生产线，在曾荫权眼前展示着西方药类生产的现代化。从前他只见过一粒粒白色小药片，而不知这些药片背后隐藏着何等让经营者为之陶醉的可观利润。那些在先进机械旁紧张操作的英国人和在笨重选料厂出苦力的中国人，都让曾荫权切身体会到香港繁荣背后的阴暗面。特别让他惊愕和震撼的则是药品推销员所身负的重荷与责任。每天他都有英国经理交给他的任务，这种任务就是必须把一定数额的药品推销到香港和九龙的各家药房与医院。如果他推销得出去，便可以得到每日的计件工资。反之，如果完不成任务，就会遭到罚款甚至是停薪。

第三章 歧途上的峰回路转

□ 曾荫权气得脸色发白，攥紧了拳头，真想当胸打那雇员一拳，以解心头之恨。但是理智很快控制了他的冲动，就在退进电梯的一刹那，他还是忍不住对那个拼命推赶他的人厉声喝道："小丑，别忘了你也是中国人！……"

□ 曾荫权从华仁书院毕业后，生活的压力很大，尤其是进入辉瑞药品有限公司当推销员以后，他每天都奔走在为衣食生存挣扎的路上。

□ "卖药仔又怎么了？古今中外，出身贫寒者从政做官的人大有人在嘛。"穆嘉田望着从小就在他扶持下成长起来的曾荫权，心中充满着无限寄托。

7. 港九街头的"卖药仔"

雷声！大雨变成了霏霏小雨。一阵雨中凉风吹来，伫立在路边法国梧桐下的曾荫权，忽然感到一阵发冷。原来在刚才的大雨中，他已经全身淋透了。上衣紧紧贴在他瘦弱的身躯上，近一年的时间在曾荫权的身边就这样流逝了。他一无所成，"卖药仔"的艰难困苦，却已经深深地体会透彻。从前不熟悉的香港街道，经过近一年时间的奔波，他连香港岛上的每一条里弄都熟烂于心了。那些英国人开的药品公司和中国人开办的药房，曾荫权几乎每家都去过，他学会了看各种各样的脸孔，也学会了与各种市侩商贩们打交道。每种时髦的西药和进口药品，曾荫权都能信口说出它们的性能和价格，也学会了与商贩老板们在不伤面子的情况下砍价。而最让曾荫权头痛的是，那些散布在香港大街小巷里的私人药店老板们，不砍到让曾荫权无法承受的低价，是决然不肯进他推销的药品的。而这些药品尽管销出了一定数额，但是每次回工厂都会遭到英国经理的冷颜和责怪。

"你这个糊涂虫，去那些小药店里怎么可能得到优惠的价格呢？你为什么不到那些医院去推销？"英国经理一连扣了曾荫权几次薪水，最后才提醒他一条可以让药品价格上扬的新途径。

"医院？可是我没有任何门路，怎么能把药推出去？"曾荫权对进大医院推销药品视若危途。

英国经理鄙夷地盯了他一眼："你这个孬种，路不都是人走出来的吗？医院为什么就不敢进？"

曾荫权看不得英国人的鄙视目光，他心里燃起一股激愤的怒火。但他不能发作，强忍下来，冲出门去，从第二天开始，他果然背着药品走进了医院。

"出去出去，院长不是你这样卖药仔可以随便见的！"小雨初霁。曾荫权抖掉衣服上的水滴，一个人沿着新界的马路向车站方向走去。想起刚才在威尔士亲王医院里因推销药品和药房经理的冲突，他心里升起了难言的苦涩。本来他把辉瑞公司的新产品价格已经压到了最低价位，然而威尔士亲王医院的英国经理仍然不同意进货。在急于促成药品打进这家大医院的强烈欲望之下，曾荫权决定去面见医院的院长，以求得他的支持和首肯。然而让曾荫权没有想到的是，当他乘坐电梯来到9楼，还没等他走进院长室的门，就在幽深的走廊里遭到一个雇员的无情驱赶。甚至不许他说明原因，就不顾一切地往外推他。

"住手！院长为什么不能见？"曾荫权的火爆性子终于忍无可忍地发作了。他没想到站在自己面前的守门雇员竟然如此无礼，气得他浑身颤抖。

雇员仍在往电梯方向推他："像你这样的'卖药仔'怎么可以见院长呢？院长是高贵的人，你是个什么呀？请出去，休怪我不客气了！"

"混蛋！"曾荫权气得脸色发白，攥紧了拳头，真想当胸打那雇员一拳，以解心头之恨。但是理智很快控制了他的冲动，曾荫权知道有这种人拦路，他今天想把药品推销到威尔士亲王医院，已经没有任何可能。但是他又不甘心，就在他退进电梯间的一刹那，终于忍不住对那个拼命推赶他的人厉声喝道："小丑，别忘了你也是中国人！……"

现在，曾荫权余怒未消，想起一年来他为生计的辛苦奔波，心中泛起淡淡的酸楚。

炎热如火的夏天终于过去了。

到了这一年秋天，曾荫权尽管对辉瑞药品有限公司的推销员工作并不如意，可是在当时那种困难的家境之下，他只能如此。而香港纵然华车如梭，富人如林，他一个毫无社会根基势力的普通人家子弟，也只能忍辱负重地生活在社会的低层。

那天，他决定到九龙去推销。每当他前去九龙推销药品，就会想起在那里的求学生涯，那座偌大的校园，那华仁书院中的欧式建筑和郁郁葱葱的雪杉林，那花园里的池塘和小桥流水，时常在曾荫权的脑际闪现。还有那位身材高瘦，一头灰黄长发的老师穆嘉田，都让他想起来心热。

客轮从港岛码头启航以后，曾荫权伫立在甲板上，翘首远望越来越近的九龙半岛。那里曾经留下过他少年和青年时期几多梦想。在华仁书院读书时所显露出来的才华与天赋，都在严酷的生活重压之下变成了性格上的坚韧与执著。现在回想起来，当初那种咬牙与命运抗争的精神，也许就是他日后在政坛发迹显身的重要基因。对于曾荫权青年时期的"卖药仔"生涯，几十年后他已经步入辉煌的政坛时，曾经亲笔写了一篇回忆文章，题目就叫《忆苦思甜》。曾荫权这样追忆那段让人心酸的坎坷经历："拿着各式各样的药物，逐家医院拍门，向医生费尽唇舌推销产品，日晒雨淋，殊不好受，汗水不知流过几多，冷眼千百回……"

曾荫权笔下的寥寥数语，已经把他当年的窘迫求生境遇描述得淋漓尽致！

汽笛震耳地鸣叫起来。曾荫权发现晨雾氤氲中他熟悉的九龙半岛就在眼前了。看到九龙，他就会想起华仁书院，想起距书院不远的那幢天主教堂，就会想起和穆嘉田老师前次的意外邂逅。两年来他不知来过九龙多少次了，每次去他都要有意经过那幢高大的天主教堂，然后不管多忙，他也要走进教堂，去看一眼他和穆嘉田一起听经的椅子。为了给辉瑞有限公司推销药品，他除在香港岛到处奔波之外，还把九龙当作自己推销的重要市场。这里的几家英国医院和华人开办的私人诊所，几乎都是曾荫权的熟悉客户。特别是九龙半岛上最大的圣约翰医院，成为曾荫权一年多来卖药最多的地方。那里的院长和司药人员，几乎人人认识他。由于曾荫权服务周到热心，甚至连医院药房里的护士都对他产生了好感。想到自己的将来也许将要和香港的药业永久地联系一起，乐于憧憬未来的曾荫权那双明亮的眼睛里，忽然闪烁出一丝兴奋的神采。

8. 邂逅九龙大教堂

经过一年多的打拼，曾荫权虽然已经渐渐对于推销药品的职业由不适应转向适应，但他的心里仍然一片怅惘，因为他毕竟是一个有远大抱负的人。此刻他的心底不知为什么竟涌出一股苦水，想起他在读华仁书院时，老师穆嘉田经常常读的唐诗《怀旅》。

当时曾荫权并没有感受到古人崔涂的诗意，只是有一点淡淡的怆然。而今他站在从香港驶往九龙的轮渡上，遥望着越来越近的九龙，他才真正体会到《怀旅》的诗意。他正是从21岁时起深切感受到人间的奔波与生活的艰辛困苦。从事推销员的职业，对于他这个心胸远大的青年来说，究竟是福还是祸？莫非命运可以改变一个人，甚至连人的志向、灵魂也会被无情的生活所彻底改变吗？

天穹愈压愈低，滔滔大海一片混沌。华仁书院对他来说已经陌生了，即便曾荫权从香港来九龙，他也不肯再回到那座魂牵梦绕的母校去。因为他感到自己现在从事的"卖药仔"职业，会给自己的母校带来某种耻辱。他也不敢再去见穆老师，因为他并没有把穆嘉田对自己的希冀变为现实。

不过，他和穆嘉田之间的因缘并没有因为他的刻意回避而彻底断绝，因为思想深处的感情纽带绝非轻易可以折断的。曾荫权清楚记得，有一天，他又来到九龙推销药品，中午时分，他饿了，便跑进一条弄堂深处，进了一家卖中国食品的小店铺。匆忙吃了午饭，曾荫权还想继续到几家小药店送药，此刻他忽然看见前方有一座高大的黑褐色建筑，高大的塔楼顶端有一个熟稔的十字架耸立在天穹之下。原来就是他熟悉的天主教堂，从前他在华仁书院的时候，经常和穆嘉田老师到这里来作祈祷。他后来之所以与穆嘉田走得如此近，其中一个重要原因也许就是彼此共同的精神信仰——天主教。

曾荫权从华仁书院毕业后，尽管生活的压力很大，尤其是进入辉瑞药品有限公司当上推销员以后，他每天都奔走在为衣食生存挣扎的路上。可是，曾荫权只要有机会路过某一座天主教堂，无论行程多么紧，他也一定会走进去，到受难的耶稣十字架前面，去默祷或者坐下来静听神父的讲经。去年冬天的那个中午，当曾荫权来到九龙这座教堂的门前时，他决定暂且放下推销业务，走进教堂作一次祷告。

"曾荫权，怎么会是你呀？"大教堂里光线阴暗，他发现这里座无虚席，教徒们都坐在各自的位置上，虔诚地恭听着台上神父的讲经。曾荫权悄悄经过一排排坐席，发现那些席位上已经坐满了赶来听经的教徒。好不容易找到了一个座位，不料曾荫权刚刚坐下，就有人发现了他。曾荫权循声望去，只见隔座是一位黄发碧眼的洋人，在黑暗中他定睛看，居然就是他在华仁书院读书时的班主任老师穆嘉田！曾荫权做梦也没有想到会在这里遇上自己的老师。曾荫权紧紧抓住老师的手，激动地问："老师为什么不在华仁书院里教课，莫非今天没有课吗？"

穆嘉田眨着蓝色的眼睛冲他一笑，摇了摇头，悄声说："当然是没有课，你怎么忘了，现在正是暑假期间，所有学生都已经离校了。每天中午，我一定会到这里来听经的。这已经是我多年养成的习惯了，你毕业离校以后，我到这所教堂来的机会多了一些。因为……我想也许说不定什么时候，我会在这里遇上你。真没有想到你今天终于来了。"

曾荫权眼睛湿润了："老师，也许……这就是缘分……"

忽然，穆嘉田柔和的目光又透出了严厉的神色，低声问："曾荫权，我不知道你为什么不去香港大学读书，为什么又跑到九龙来了？"

曾荫权发现老师以困惑的目光打量他，脸色蓦然变得窘迫潮红。毕业的时候，他没敢把因家境贫困而无法读书的实情向老师报告，当上药厂推销员后，出于自尊曾荫权更不好意思把自己的处境报告给老师。没想到现在他竟在这里与关怀他的老师邂逅在一起。等到神父的讲经告一段落，师生俩来到教堂外的碧绿草坪上，在这里曾荫权终于把他不能读大学的原委，以及他目前在药厂谋生的经历，原原本本向穆嘉田倾诉出来。他发现在自己讲述坎坷经历的时候，穆嘉田的眼里汪着泪水。但是他一句话也不肯说，看得出老师为自己精心教出的高材生如今落魄到充当药厂推销员的窘境从心里感到不安。

"曾荫权，你不能做这种事，这不是你应该做的工作。"当他们在草坪上交谈许久，将要分手的时候，穆嘉田忽然动情地紧紧抓住他的手，只说了一句话，然后就头也不回地离开了那座大教堂。穆嘉田走了很远，忽然又转回身来，向着呆立不动的曾荫权挥了一下手，大声地用英语叫道："有一天，我还会找你的，我有话要对你说！……"

自从在前次九龙大教堂里见到穆嘉田以后，时间又过了半年有余。曾荫权一直在寻找和老师见面的机会，可是，每当他到九龙卖药经过华仁书院的大门时，曾荫权想进去又因自尊心作祟，不得不调头而去。他感到自己作为"卖药仔"，重新踏进华仁书院的大门，有些不好意思。曾荫权是一个有志气的青年，他早就暗暗在心里发誓："迟早有一天，我会扬眉吐气地回到华仁书院去面见老师的！"他知道穆嘉田每隔几天都会到九龙大教堂去，这样曾荫权便每到九龙，就会千方百计挤出时间去那幢教堂，他希望还像前次一样和穆嘉田在神父讲课的时候与老师相遇。然而这样的机会再也不曾遇上，不是因为曾荫权没有时间及时在神父讲课的时间来到教堂，就是他准时赶到了，穆嘉田却没有来。

9. 曾荫权："我也能当公务员?"

九龙半岛已经到了。

这天上午，曾荫权一连跑了几家小药店，生意谈得很不错。当初他刚踏上九龙寻找商机的时候，几乎到处碰壁，一年多时间跑下来，那些和他打过多次交道的药店老板们，大多熟悉和信任了这个满面笑容的青年人。他们知道曾荫权不会欺骗他们，也不会把劣质西药送到他们的店铺。而且药品的价格也谈得合适，这个和善的青年绝不会在药价上做手脚。这也是曾荫权在推销员行业渐渐站稳脚跟的原因。一年多他在香港岛上已经先后和几家较大的医院药局建立了友好的关系，如薄扶林道上的玛莉医院、铜锣湾棉花路上的圣保罗医院以及湾仔皇后大道上的邓肇坚公立医院，都和曾荫权有着频繁的业务往来，也正因为曾荫权公关打开了这几家大医院的供药关系，所以辉瑞药品有限公司的老板开始重视他。曾荫权也因为得到老板的信任而安心在药厂供职。

今天，当中午时分曾荫权结束了几家医院和药店的业务洽谈之后，竟然又鬼使神差地来到那幢黑褐色的天主教堂门前。他悄悄走进幽深的教堂，教徒正在听神父讲课，就在曾荫权寻找座位的时候，意想不到的事情发生了，一只手悄悄地伸了过来，把他拉坐在椅子上，曾荫权看时，原来正是久别的老师穆嘉田。他惊喜地想打招呼，却被穆嘉田以手势制止了，师生俩只好静静地坐在席位上，听完了神父的讲课。下午时分，当所有天主教徒都退出以后，空荡荡的大教堂里只剩下曾荫权和穆嘉田两个人了。这时候，穆嘉田才告诉他："我今天到这里来，并不是为着听神父的课，而是为在这里和你见面的。"

曾荫权愕然："老师怎么会知道我要到这里来呢?"穆嘉田眨着蓝眼睛无声地笑了，半晌才说："我知道你已经多次到这里来找我了，可是因为前一段时间开学，课程太紧张的缘故，我来教堂的时间越来越少了。有时候只能一个人在学校的宿舍里作祷告。今天早晨我打电话给你的爸爸，他告诉我你今天确切的行踪，所以我就准时在这所大教堂里等着你。这有什么大惊小怪呢？"

曾荫权仍然困惑地望着他："即便我到九龙来，也是为着推销药品，老师怎么知道我一定能到教堂里来呢？"

"这就叫心有灵犀一点通，我有今天和你在教堂里会面的预感。"穆嘉田幽默地说："还有一点共鸣，就是我估计你会在中午时分到教堂来的，因为我了解你对天主教的信仰，绝不是故意装出来给别人看的，而是出于你的虔诚，所以我们今天才能在这里会面。"

曾荫权感叹着，不再说话。当他和穆嘉田在一起的时候，彼此不再是拘谨的师生关系，而是心灵默契的朋友。他不知道穆嘉田为什么要到教堂里找他，从对方的神色上观察，老师今天好像有什么重要的事情。于是开口问道："老师，莫非有话对我吩咐吗？"

"曾荫权，你还记得前次我们在这里会面的时候，我对你说过，你做药品推销员不合适？"穆嘉田终于说出自己隐藏在内心里的话："也就是从那时起，我始终在考虑什么样的职业最适合你。你的才华决定你不应该一辈子推销别人的什么药品，而应该到政府部门去做公务员！"

"您说什么？我当……公务员?!"曾荫权做梦也没有想到，老师今天居然会吐出这样的话来，让他好半天张口结舌，一时无法作答。蓦然间他联想到自己目前的困窘处境与家庭关系，曾荫权觉得无论如何也无法与英国人掌控的港府相结缘。

穆嘉田却充满信心地说："是的，曾荫权，我认为你非常适合从政，虽然你的性格方面还存有一些弱点，譬如喜怒常常要形于色，我记得你在学校读书的时候，有时候脾气就很大，和别人一语不合，会气得大拍桌子，扔毛巾。当然，我认真地考虑过，这些弱点都是可以克服的。你是个适合做官的人！"

"什么，老师莫不是在说笑话？您……让我去做官？"曾荫权听到这里，忽地哑然失笑，他把自己那被雨水淋成了条条缕缕的外衣，上下打量了一遍，苦笑着对老师说："老师，您为什么要开这种玩笑？像我这种处境的人，又怎么可能进入官场呢？再说，在英国人的港督府里任职的官员们，都是一些有社会背景的人啊；可是，我父亲只是一个不引人注目的小小警察，他又怎么能把我介绍到官场里去当官呢？"

"我说你可以做官，你就一定有做官的资本和条件。"不料他的话非但没有打消穆嘉田的念头，反而让这位老师的神色变得更加郑重起来，他正色地说："曾荫权，我知道你是一个没有社会背景的人；可是，这并不妨碍你有一天进入香港的官场。你要知道英国人现在并不是都要富人到他们的政府里去做官的。为了更有力地治理香港，港府官员们深知必须要有一批华人进入港府供职，因为这样不仅便于他们统治香港，而且他们也知道华人的智商绝不逊于英国人！"

曾荫权对此仍然难以置信，他毫无信心地摇着头，叹息一声说："老师，您的好意我心领了。可是，这所有一切和我究竟有什么关系呢？如果英国人想在香港寻找做官的华裔人士，恐怕会一夜之间就找到几千几百个。莫非像我这样一贫如洗的平民百姓也会进入政界吗？再说，我现在连大学的文凭也没有，仅仅只是一个中学生啊！英国人会让我去做官吗？这不是在开玩笑吗？"

"这不是开什么玩笑，我对你说的都是真话。"穆嘉田见曾荫权不以为然，有些震怒地拍了一下椅子，气恼地说道："曾荫权，在我的眼里你始终是一个有志气的中国人。不错，你是没有大学文凭，也没有进过大学求学，在香港读过大学的中国青年又多得很。可是，所有进过大学的人一定就有高水平和高智商吗？我认为做人的根本并不在于他有没有文凭这个符号，而在于他究竟有多少才学和智慧！"

曾荫权怔在那里了，他现在才发现原来穆嘉田中午时分专程从华仁书院赶到大教堂来，并非仅仅为着和他见面，而是为着对他说这些话。仅仅从穆嘉田的郑重神情，曾荫权就已经不敢继续等闲视之了。他心里清楚如果老师没有经过认真的思考，是绝不会对他说这些话的。但是，曾荫权无论如何也无法把进入政界官场与自己联系起来考虑，因为他此刻只是一个听任药厂老板的指令到处兜售药品的小小"卖药仔"，自己距港府官员之间何止十万八千里？一个毫无社会根基的青年如何能够逾越重重障碍而进入政海权门？在他看来穆嘉田给他指引的这条路，简直比登天还难！

"曾荫权，我认为你完全可以进入香港的官场，这绝不是没有理由的妄议。因为我了解你的人品，也知道你的学识过人，你的历史知识和文学才华，还有你对经济问题、社会问题的独特看法，都是令人惊叹的。因为这并不是每个有大学学历的青年都具备的。所以我认为你完全可以走另一条路！别人不敢想的路！只要你听我的话另辟蹊径，你才能出人头地，改变命运。不然，你永远满足于当什么卖药仔，岂不是荒废了自己的一生。与其在沉默中死亡，不如在抗争中求生！求得一个灿烂的人生！"穆嘉田耐心地说出他的道理，他的话击中了曾荫权心灵的要害："任何一个杰出的政治家，他首先应该是一个思想家。而思想家的前提是他必须要有学识和才能作为从政的资本。至于家族背景，其实英国人并不十分重视。以你们中国的政治家为例，许多政治人物，在他们走上政治舞台之前，都有丰厚的文学功底和历史知识，而家庭并不重要。曾荫权，你读过许多中外人物的传记，也喜欢读那些千古流传的诗文，为什么不深加思考。从你们中国历史上的岳飞、文天祥、诸葛亮，到近代的毛泽东，这些名传千古的伟人，哪一位不是伟大的诗人呢？即便诗圣杜甫和柳宗元，他们在以诗文传世之前，不也都曾经做过官吗？"

"可是，老师，从政对我来说，实在太不现实了。我毕竟是一个为人所不屑的卖药仔呀！"曾荫权在心里仍难以接受穆嘉田鼓励他从政的建议。

"卖药仔又怎么了？古今中外，出身贫寒者从政做官的人大有人在嘛。"穆嘉田望着从小就在他扶持下成长起来的曾荫权，心中充满着无限寄托。

"老师，从政……对我来说，从前连想也不曾想过。"曾荫权认真考虑着穆嘉田的话，仍然难以接受。良久，他终于大胆表露出心底的困惑和反感，说："再说我怎么能给英国人干事呢？我虽然生在香港，可我毕竟是炎黄子孙！我……"

"莫非中国人就不能在香港政坛上做事吗？你的爸爸为了生存，不也在当警官吗？做政务官和公务员说到底也是为了谋生，只是途径有所不同罢了。"穆嘉田见曾荫权以困惑的眼神打量自己，忍不住笑了，说："我认为你从政最合适，绝非仅仅看到你有才学，同时你也具有从政必备的果敢与机敏，考虑到你如果投身政界，也许更有利于你施展才华！中国人在这里从政有什么不好呢？事实上，你们中国人参与对香港的治理，能从另一侧面体现中国人具有与英国人同样治理港岛的才能。所以，我希望你大胆进入香港政坛，大显身手，为你们中国人争光啊！"

"哦，我懂了！老师，只要有从政的机会，我一定不负您所望，我会去试一试的……"曾荫权直到这时才恍悟老师的良苦用心。想到将来可以用从英国学校学得的知识，再为香港的中国人服务，曾荫权顿时精神振奋起来……

第四章　脱颖而出的特区高官

□　曾荫权胸口怦怦跳着，他看见墙壁上悬挂着一幅伊丽莎白女王画像。画像下面端坐着十几位气度威严的英国官员，他们无疑都是今天决定他命运的考官。不过，曾荫权面对这些英国要人却没有丝毫畏葸与胆怯。

□　董建华发现，他看中的曾荫权，是在香港传媒战中曝光率最多的政府官员之一。而媒体对这位平时不太出头露面的财政司长，大多是以赞许语气加以报道和宣传，从中不难看出曾荫权公众形象一直很好。

□　曾荫权放下手里的报纸，笑了！因为他亲眼看到英国最后一任港督的结局。彭定康的结局也是英国殖民主义者百余年来对中国武力扩张政策彻底失败的一个缩影。

10．港府招聘公务员

"砰"一声枪响，弯弯的赛马道上，十几匹骏马一齐冲出跑道，飞也似的向着前方疾奔。这里是香港湾仔"快活谷"跑马地。自从香港开始有赛马活动以来，跑马地就是这里最引人注目的赛马活动场所之一。12月正是冬天，可是在香港却丝毫感受不到寒意。阳光透过赛马场高大的穹隆投映下来，照亮了"快活谷"弯弯的跑道。刚从湾仔售药回来的曾荫权，静静坐在螺旋式台阶上，居高临下俯望着赛场上飞驰的赛马。

这是他第一次来跑马地观看赛马。在冬日的午后，是女友鲍笑薇见曾荫权心情苦闷，才约他到跑马地散心的。然而，满腹心事的曾荫权却无心观看赛马，心里始终想着穆嘉田前次谈到的事情。当赛马开始以后，曾荫权才发现鲍笑薇不在身边。在观众的欢呼声中，他忽见鲍笑薇气喘吁吁地跑来了，她身边紧紧跟着一个黄发碧眼的外国人，正是他的老师穆嘉田。曾荫权无论如何猜测不到鲍笑薇为什么把穆嘉田带到跑马地来。原来她约他到这里来看赛马，就是为了和穆嘉田见面。

"老师，您怎么会到这种地方来？"穆嘉田与鲍笑薇相视而笑，却不说话，他在曾荫权身边坐下，从衣袋里取出一张香港《快报》，递给曾荫权说："荫权，我从报上发现一个港府招聘政务官的启事，你看了以后，也许会感兴趣。"

曾荫权急忙接过一看，只见启事上写着："本着在香港公民就业机会平等之原则，充分体现在港华人参加社会活动的权力，本届港府拟从即日起招聘政务官 10 人。具体要求如下：凡本港男女青年持有中学以上学历证书，精通英语，年满 19 周岁者，均可报名参考。面试时间为……"

"荫权你看，真没想到会有这样的好机会！"曾荫权几天前还和女友鲍笑薇在讨论今后的生活出路，他们也谈到了穆嘉田鼓励他进入政界发展的问题。就在曾荫权对从政开始认真考虑的时候，没想到英国人统治的港英政府，居然破天荒在香港民间招收政务官，而且与往年不相同的是，这次竟然开始招中学学历的政务官。此事显与穆嘉田的提示不谋而合。至于港英政府在报上刊登的招聘启事，所有条件曾荫权都具备。蓦然见到这天外飞来的好消息，让曾荫权兴奋得有些跃跃欲试了。

"荫权，你真想面试政务官吗？"女友追问他。其实曾荫权被这条招聘启事打动了，只是他红着脸不说话，半晌才对女友点了点头："嗯，我想试试。"

鲍笑薇看了沉默不语的穆嘉田一眼，故意将曾荫权一军："不过你要有失败的思想准备，也许希望不会太大。因为他们毕竟只招 10 名政务官呀！"

"10 名又怎样？他们招的人数越少，我越想试一试。"曾荫权性格倔强，他敢于面对这一严峻挑战。

"我是说……竞争的成功率很低……"鲍笑薇小心地解释说。他知道港英政府公开招考政务官，不过是个笼络香港华裔居民的策略，作个样子给公众看看而已。普通应聘者当然难以获得成功。穆嘉田急忙给鲍笑薇递了个制止的眼神，担心她的冷水会把曾荫权的热情泼灭。曾荫权手捧报纸默然不语。赛马场上不断传来的欢呼与喝彩，声声入耳。他的心也怦怦狂跳着，凭心而论，他现在的兴趣早已转移到从政上来了，因为卖药终究不是长久之计。再说为了全家人的生计考虑，他必须尽快在社会上谋得一个稳定的职业。现在这个招考政务官的启事，对曾荫权来说无疑是难得的机会。想到这里，曾荫权对凝视着他的穆嘉田和鲍笑薇郑重地说："人生难得几回搏。你们的心情我非常理解，我也知道当政务官并不是我的追求，可是，我现在毕竟太需要正式的职业了。政务官对我有相当大的诱惑。

我也知道成功的机会很小很小，不过，即便有千分之一希望，我也想去试一试。"

"好，荫权，这才是一个男人该说的话嘛！"穆嘉田竖起了大拇指，鲍笑薇也高兴起来："既然你想去应试，就去碰碰运气也好。考不成也没有关系，再卖你的药就是了。怕什么？"曾荫权理解老师和女友的好意，虽然他知道港英政府招收华裔政务官，成功的几率甚小，乃是各种高智商人材的激烈竞争。尤其对曾荫权来说，一个在香港政界没有任何背景的普通人，通过考试得到录用的希望可说是微乎其微。但是曾荫权坚决地表示："我要试一试！"

就这样，穆嘉田和鲍笑薇在赛马场上帮助曾荫权决定了日后关系他前途的大事。

11. 在英国考官面前超常发挥

12 月下旬的一天，香港云淡风轻。

在由荷枪英兵守卫的香港行政局大院里，挤满了前来应试的华裔青年。他们大多是有相当社会地位的男士和女士，有些人甚至有特殊背景和英国名牌大学的学历。曾荫权由鲍笑薇陪着，走进了这戒备森严的灰褐色大楼前的院子里。这时他们才惊愕地发现，像曾荫权这样从社会底层来的中国青年可谓凤毛麟角。因为港英政府只公开招聘 10 位华人政务官，这件事的本身，就让那些没有胆量的青年望而生畏。所以，前来报名应试的，大多是有特殊从政背景或从商经历的成熟人士。

"荫权，你怕吗？"鲍笑薇在他身边惴惴不安。

曾荫权挺直了腰板："怕什么，大不了是个落选。其实，我对这次面试，根本不抱太大的希望。所以，我身上没有任何压力。"

鲍笑薇："你有这样的心态最好了。因为有精神压力的人，反而会被动的。我相信你会在没有压力的心态下，坦然面对那些英国考官。"

"虽然没有任何压力，可是，笑薇，说心里话，我还是有点儿怕！"曾荫权手捂着怦怦狂跳的胸口，脸色有点苍白。他毕竟有生以来从没走进港英行政局这幽森的大院，那些荷枪实弹的英国士兵又人为地增添了这里的紧张气氛。

"荫权，我说了，任何事都没什么可怕的。"鲍笑薇紧紧拉着曾荫权的手，静静站在一棵梧桐树下。她见曾荫权的神情既紧张又亢奋，就在心里暗暗为他祈祷。

虽然曾荫权总是在说："我不在意是否考取，只是想显示一下我的自身价值。"但是，鲍笑薇知道他心里肯定期盼着一定要在这次面试中考取，为家人亦为自己争一口气。她想像着有一天曾荫权穿上政务官制服，傲然行走在大街上，那该是怎样一种扬眉吐气的心情。

但是，让老师和女友大失所望的是，1965 年冬天的这场考试，曾荫权并没有成功。并非他的知识功底浅薄，也不是英国考官出的笔试题过于高深难答，而在于他答题的立意与港英官方的要求南辕北辙而名落孙山。

"你自认失败了吗？"在香港警署里任职的曾云，是在考试结束后才听说儿子大胆地闯了一次官场笔试。尽管曾云听到的是失败的消息，可是儿子想跻身政府公务员行列的初衷已足以让两鬓华发的父亲大为振奋。此前他当然也知道港府招考公务员的消息，心中也暗暗地打过主意。曾云何尝不想让儿子有一天谋得高官厚禄的职业？然而每当他想起那些应试者多为大学毕业生时，曾云又难免心生愧疚。他知道儿子考上大学却去当受人轻视的"卖药仔"，其责任全在他这个做父亲的。一个只有中学文化的孩子，去与那些毕业于名牌大学，甚至从国外获得学位的人去竞争为数不多的公务员名额，曾荫权会出奇制胜地获得成功吗？

可是后来的事情让老警官曾云暗暗惊喜。曾荫权在老师和女友的鼓励和支持下悄悄地闯了一次关，虽然以失败告终，但是曾云黯淡忧郁的心情却因此豁然开朗。他从这件事上看到了儿子的希望。于是在一天晚上他主动询问此事。

"没有……可是，我不想再考了。"曾荫权不敢与父亲投来的目光相遇。就像做错了什么事一样，怯怯地躲闪着。因为初次闯官场的门槛就吃了闭门羹，他的勇气与锐气都受到了挫伤。

曾云却说："孩子，如果你遇到一点挫折就丧失信心，那么你将来就只能背着辉瑞药厂的样品到处给他们当卖药仔了。你想成就一番辉煌的人生，没有失败挫折是不可能的。人的一生荣辱成败，其实就在起步时的关键几步。在每个人面前都摆着拦路虎和鬼门关，你壮着胆量闯过去了，也许就是一生成功的开始；如果你在失败面前妥协后退，那么等着你的便是一事无成。所以，我倒希望你再闯一次！"

"什么？阿爸，您说我明年还去考公务员？"已经对投考公务员丧失信心的曾荫权，做梦也没有想到严厉的父亲会支持他进港府从政。

"是的，孩子，为什么不去再考一次呢？"曾云早就对儿子不能如愿读大学暗藏愧疚，也一直在寻找能让曾荫权改变谋职环境的机会。只苦于普通华裔警官人微言轻，无法帮助儿子改变人生走向。如今穆嘉田老师已经点拨了曾荫权，他作为父亲岂能甘心让儿子终身东奔西跑地当推销员？

曾荫权茫然地望着父亲那双深藏激情的眼睛，困惑地喃喃自语："可是，英国人……会真正希望港人进入他们的官府吗？"

曾云说："我已经给英国人当了几十年警察，没有谁比我更了解他们。英国人要统治香港，就不能不在港人中培养可用之材。至于你，孩子，最好先不要考虑这些深远的政治问题，现在摆在你面前的大事，就是谋职求生。公务员薪水可观，社会地位不容忽视，又可以有所作为。你为什么不继续去争取呢！"

曾荫权恍然醒悟到许多从前没弄清的道理。父亲的一席话消除了他心中的诸种障碍，下定了再次投考的决心。

1966 年春天和夏天，曾荫权仍然在为辉瑞制药公司推销西药新产品，同时，他已经开始为冬天将要开始的第二次人生冲刺做准备了。他每天夜里和清早，都利用有限的时间抓紧学习，熟悉香港和英国的历史，有时还到香港大学图书馆里查阅有关港英执政的资料，甚至对哪一年哪一位英国人来港任总督，哪一年英国人从香港划走多少税金给伦敦也熟悉到了如指掌的程度。为了在冬天的考试中对应如流，曾荫权查阅了香港从开埠、从伦敦来香港出任第一任总督的砵甸乍爵士，到现任港督戴麟趾的 23 位英国高官的执政情况。大量的阅读使他对未来的考试信心大增。当 1966 年冬天到来的时候，他又一次和女友鲍笑薇来到了那幢港府的大门前。

曾荫权望着那些不断从灰色大楼里应试结束走出来的青年人，发现他们脸上大多挂着失望与气馁交织的复杂神情，这时，他的心忽然变得纷乱起来。曾荫权常常挂着笑容的脸上，现出一片茫然之色。本来对这次应试不抱太大希望的鲍笑薇，不断在曾荫权身边低声鼓励他："荫权，我已经说过，世上本来就没什么可怕的事。你千万别把面试看得过重才好。因为你毕竟已经考了一次，再说我们又不抱过多的希望。所以，你心里该是没有压力才好，是吗？"

"是的，我只是来碰运气！"曾荫权理解女友的心，既然面试成功的希望十分渺茫，他的心境反而平静了许多。尤其有女友在身边说话，他心中的紧张缓解了不少。

"曾荫权先生！"他发现天色已晚，日影渐渐西斜。清早那些纷至沓来的高傲男士，如今多已败阵而去，行政局大院也变得人影稀疏。忽然有人用英文叫曾荫权的名字。他这才恍悟到轮到自己面试了。"快进去吧！"女友在他身后催促着。

曾荫权随英国官员走进阴森森的大楼，在光线暗淡的长廊里他感到心头压抑。

"曾荫权先生，请回答我提出的问题！"穿过几道幽深的走廊，曾荫权眼前忽然出现一片闪烁的灯光，他已来到一间宽大的厅堂。里面很静很静，偌大房间里高悬着一盏盏雪白的吊灯，映得他两只眼睛发花。曾荫权的胸口怦怦跳着，他看见正面墙壁上高高悬挂着一幅港人十分熟悉的伊丽莎白女王画像。画像的下方是一张长条桌子，在桌子的后面，端坐着十几位气度威严的英国官员，他们无疑都是今天决定他命运的考官。曾荫权知道这些英国官员都是香港现时的当权者，一个个西装笔挺，气度不凡。他们都用冷峻的目光，居高临下地盯视着出现在面前的这位中国青年，许久没人开口，大厅里的气氛因此而变得紧张起来。这紧张压抑的气氛对于在香港街头到处推销药品的曾荫权来说，无疑是从来没经历过的。一双双鹰隼似的眼睛在逼视着他，像是利剑要将他穿透。

不过，曾荫权面对这些英国要人却没有丝毫畏葸与胆怯。当他发现坐在考官中央的人，就是当时香港一言九鼎的总督戴麟趾爵士时，刚进门时还有些紧张的曾荫权，此刻反而变得心绪平静起来。

在这一瞬间，曾荫权忽然想起了自己的母亲——那个因为贫困而病死在香港的刚强女人邝懿珍！在冥冥之中他仿佛听到母亲在悄悄地叮咛他说："荫权，你不要惧怕面前这些英国佬，别看他们现在这样嚣张，其实他们心里是非常胆怯的。因为他们毕竟是在咱们中国的土地上呀。"

曾荫权马上精神振作，他不卑不亢地走前一步，坦然迎视着考官的目光。

"曾先生，你认为本届港督最大的政绩是什么？"一阵难堪的静静的审视过后，位居正中央那位额头谢顶、唇边蓄着棕黄色短须的英国人开始发问。

这个问题让曾荫权暗吃一惊。如果考他英国文学与中国历史，他会毫不迟疑地对答如流。而香港人关注的社会问题和经济问题，他也会说得头头是道。然而让已经中学毕业两年多，给药厂推销药品的曾荫权面对冷峻高傲的英国总督戴麟趾，去评论他在港督任期的所谓政绩，却令他一时感到无从谈起。

"曾先生，请畅所欲言嘛，不必客气！"戴麟趾以碧蓝深幽的鹰眼紧紧盯视着他。

就在曾荫权冷静思考答案的时候，忽然，有些考官对他七嘴八舌地开了口。他发现有的不怀善意的考官嘴角挂着冷笑，好像在看一场可笑的游戏。曾荫权的耳朵里顿时灌满了英国人的催促声：

"请畅所欲言吧，先生。"

"既然报考政务官面试，就一定胸有才华，不然，你就不应该到这种地方来。"

"是啊，如果你回答不上我们所提的问题，你就根本不具备前来应考的条件。"

"曾先生，你要听好，刚才对你提出问题的人，就是我们大英帝国的勋爵，尊贵的香港总督戴麟趾阁下。"

"先生，你不是想当一个政务官吗？既然你有志做官，就不该在考题面前有任何顾虑。"

"说嘛说嘛，戴麟趾爵士最喜欢敢在他面前直言时弊的人了！"……

曾荫权在刹那间冷静下来，将面对的考官扫视一遍。他知道戴麟趾的问题很难回答。让他对香港总督的所谓"政绩"进行评价，无疑是故意刁难。但是，他必须要当场回答，如果避而不答，他就失去了继续考试的资格。

曾荫权在英国官员的盯视下，不卑不亢地开了口："尊敬的戴麟趾先生，我是一个中学生。恕我不能对政界官员任职期间所做之事做出详细的评价。但是，我作为港民一员，对阁下过去一年中，特别是在香港发生百年不遇历史旱灾时，与我们祖国内地政府卓有成效的合作，感到万分敬佩！毋庸讳言，在这次大旱灾中，正是港督阁下的努力，才和内地共同解决了全体港民的饮水问题。因为在我的记忆中，那每四天只供水两个小时的日子，是所有港民最难熬的时刻。而阁下在这种情况下能得到祖国内地的支持，从珠江和广州东江两处引水，终于解决了困扰我们港民的生活用水问题，我想，这也许就是阁下最大的政绩吧！"

曾荫权一席掷地有声的话，仿佛一颗炸弹忽然投进了威严的大厅。

他的话让那些坐在高高监考席上，居高临下俯望他的英国高官都为之一震。他们没想到港督戴麟趾提出最难以回答的问题时，这个其貌不扬的华裔青年居然不假思索地对答如流，而且他的话既说到戴麟趾的政绩，同时也暗示和赞扬了中国内地对香港发生水荒给予的有效支持。这机智巧妙的回答震惊全场，让英国官员们顿感耳目一新。

因为此前在将近一天的面试中，包括总督戴麟趾在内的所有英国官员，考试了数以百计的香港青年，其中不乏英国牛津和剑桥博士学位的高材生。然而，当他们面对英国官员各种古怪刁钻的提问时，大都茫然失措，无法应对，从而失去了进入香港政府当政务官的机会。

大厅里鸦雀无声。考官们谁也不会想到，当他们对招聘华裔政务官已不再抱什么希望的时候，居然站出一位语出惊人的中学生来。而且，曾荫权的回答既得体又切中要害，他所说的1964年香港大旱，所有英国官员都记忆犹新。港督戴麟趾当时是在手足无措之时，才出面向北京、向国务院总理周恩来致电求助。当然，戴麟趾亲自前往广东省联系从珠江和东江引水救援一事，确也在香港居民中有口皆碑。所以曾荫权的回答没有任何阿谀之嫌。

让戴麟趾大为惊奇的是，这样的评价竟然出自一个华裔中学生之口，曾荫权既表扬了戴麟趾，也以自豪的语气表彰了中国政府对香港的支援，既得体又没有失去华人的国格自尊，实在是绝妙的回答。现在，那些刚才对应试者漠然视之的英国考官们，不得不对稳重又有内秀的曾荫权刮目相看了。

戴麟趾总督对曾荫权发生了兴趣，此前进来面试的男男女女，无论他们的学历多高，戴麟趾都只是随便提一个问题，即告结束。可是，这次他饶有兴致地继续考问下去："曾先生，你认为当前香港社会最迫切需要解决的问题是什么？"

"当然是居民的居住条件。"

"我记得这个问题，不是早就解决了吗？我的前任柏立基爵士不是已在香港成立了房屋管理署和社会福利署了嘛？"戴麟趾暗吃一惊，他绝不会想到一个年轻的中国学生，竟然胆敢在他面前提出如此敏感的社会问题。因为戴麟趾害怕的正是这种棘手的问题。

曾荫权直视着总督的眼睛答道："不错，总督阁下，早在1957年您的前任港督柏立基爵士执政的时候，他就在香港市民的舆论压力之下，成立了上述两个旨在解决社会问题的行政机构，不能说柏立基先生没有顺应民意的善意。然而，有了政府机构并不等于证明香港居民的居住条件肯定会得到改善。比如阁下现在随便到铜锣湾或九龙半岛的棚户区视察一下，您就会发现，那里的居民是在什么样的环境下生活。我敢肯定地说，阁下可以到处见到那种叫做'笼屋'的贫民居所。有些人的居住面积甚至还不足两平方米！如此艰苦的居住条件，与香港这个世界大都会的畸形繁华形成的鲜明对照难道还不足以引起政府官员的重视吗？"

英国官员们面面相觑，思维敏捷的应试者的犀利词锋使他们颇受刺激。

曾荫权继续侃侃而谈："香港的贫富不均，当然是多年形成的。但是，总督阁下既然向我提问什么是当前最应迫切解决的问题，我只能说：房屋居住是头等大事！"

一阵窃窃私议。那些趾高气扬的英国官员们，做梦也不曾想到一个前来求职的华裔中学生，居然敢在香港总督面前不留情面地直言时弊，直到这时他们才意识到遇上了有真才实学的考生。事先他们从曾荫权填写的履历表上了解到他仅仅是九龙一家中学的毕业生，而且毕业后一直为一家药厂做药品推销员，然而当他们听到曾荫权切中时政的回答时，才后悔刚才不该轻慢这位貌似平常的华裔青年。

总督戴麟趾更是如坐针毡。但他不得不承认曾荫权的回答都是事实，而且有理有据，几乎无懈可击。他感到这个中学生的回答一针见血。片刻沉默后戴麟趾忽然大声说："好，你说得很好。当然，香港居民的居住问题绝非哪一届政府所能轻易解决的。请问曾先生：如果有一天由你来做香港的总督，那么，你将如何面对香港这种人口剧增，居住条件紧张的社会现象呢？"

这是个更难作答的问题。

曾荫权脸上淡淡的笑容消失了，显出与他年龄不相符的镇静与严峻。但他略一沉吟，便微微一笑说："尊敬的总督阁下，我当然不可能做香港的总督。但是，如果有一天我能成为香港政府中的一员，那么，我会向港督郑重提出建议，面对香港日渐增多的人口和港岛面积有限这样的现实，仅仅有柏立基前总督那些形同虚设的五年计划和房屋署还是不够的……"

戴麟趾一怔，接着又一惊："请曾先生说下去，你有什么更好的解决办法？可以告诉本总督吗？"

"当然可以！"曾荫权不卑不亢，在这一刹间，他好像忽然感到自己并不是前来应试的学生，也不是急于求职的待业人员，而是一位直面港督提出议案的议员，他言必有据又振振有词："我想，最好的办法不外乎是在填海扩地、广为建屋的基础上，成立一个直接隶属港督的香港屋宇建设委员会。经过几年甚至几十年的不懈努力，最后逐步做到居者有其屋。再用那些闲散资金，多建设一些贫民能买得起的廉价大厦和迁徙楼宇。只有这样，居者有其屋才不至于成为一句流行的空话。"

大厅里静得出奇。所有英国官员都睁大惊愕的眼睛，打量这位傲立在考场上的华裔中学生！谁也不会想到就在本次考试即将结束的时候，居然从应试者中突然杀出一匹"黑马"！他那机敏善辩的才情和一口纯正流利的英语都令他们惊佩不已。

戴麟趾也惊愕地呆坐在那里。他发现所有参加面试的英国官员，都被这位沉着冷静、不卑不亢的中国青年的对答如流惊呆了。他们在所有前来应试的华裔公民中，不曾遇见如此思维敏捷、吐语尖锐的青年，都为敢在一言九鼎的港督面前大胆陈词的曾荫权所折服。

"好！"戴麟趾虽然对曾荫权的话感到面子上有些难堪，但他不得不在心里对这个有见地的青年刮目相看。因为只有像曾荫权这样有胆有识的华裔青年，才是他想通过招聘筛选的杰出人才。戴麟趾想到这里，对曾荫权越加产生了兴趣，他继续问道："曾先生说的施政方案无疑有一定的道理，可是道理毕竟是道理。纸上谈兵容易，实际做起来难。无论是谁，面临现在香港的困境，恐怕也很难解决一大批没工可做的香港居民的生计问题。此外，香港虽是国际著名的自由港，但若想真正得到一笔足以让居民安居无忧的外汇收入，也必须有一套可行的办法才行。你对此有何见解？"

曾荫权胸有成竹地答道："恕我直言，香港确有很大的发展潜力。比如说针织业，就是政府目前尚未引起足够重视的轻工业资源。如果港府能将香港的针织业发展起来，那么可以预见，香港的外贸销售一定会出现惊人的飞跃，甚至可以突破 20 亿港元！"

"哗——"，大厅里响起了一阵热烈的掌声。这掌声令包括曾荫权在内的所有人都感到吃惊。因为在整整一天的面试中，从没见到一位华裔青年的答辩，会得到英国官员的肯定赞许。曾荫权的脸庞顿时涨红了，一位初出茅庐的"卖药仔"成功了！

曾荫权被录取为香港华裔政务官！也就是从这一天起，曾荫权开始走上与"卖药仔"截然不同的从政之路。此后 30 年中，曾荫权依靠自己的聪明才智，从一个名不见经传的普通华裔公务员做起，一直晋升到让英国人也为之瞩目的港府财政司长。曾荫权坎坷的从政经历，表明了华裔人士在英国人统治的香港，是以怎样的毅力和智慧排除险阻，去创造东方的奇迹！

12. 董特首慧眼点将

1996 年 12 月 1 日，香港又一个火树银花之夜。

原来，就在这天上午，中华人民共和国香港特别行政区第一任行政长官诞生了，他就是香港有名的船王董浩云先生之子、英国利物浦大学机械工程专业毕业的高材生、著名大企业家董建华！

董建华坐在一辆黑色小轿车里，他刚刚出席香港中华商会为他举行的庆祝酒会。不久前董建华在香港特区第一任行政长官的选举中，以压倒多数票当选，香港各界一片欢腾。董建华正驱车驶往他深水湾的家。如今，经历多次角逐最后终于当选的董建华，深知摆在面前最重要的事就是尽快组成首届行政会议。他要尽快物色并任命特区政府的主要官员。董建华知道香港特别行政区在 1997 年 7 月 1 日正式成立的日子已经不远了，也深知现在必须要依靠即将产生的行政会议，来实施自己的施政计划。这样，他就必须尽快选好特区政府里的主要官员。

根据《基本法》的相关规定，董建华可以在那些在港府里任职的公务员中选择行政会议主要官员。对从前一度在香港行政局担任议员的董建华来说，自己的前半生虽以经营父亲留下的几家公司作为安身立命的产业，但是在港英统治时期，董建华也以香港巨商的身份参与了行政局的工作。所以他对政界并不陌生。现在当董建华着手组阁的时候，脑际里首先浮现的就是现任财政司司长曾荫权等人。曾荫权从前和董建华有过多次接触，是董建华看重的前港府官员。董建华对曾荫权的好感和印象都是深刻的，因为曾荫权个人奋斗的坷坎经历，很让董建华敬佩，在港英当局统治香港的一百多年间，财政司长这一重要官职，一直都是英国人坐得牢牢的，而华裔人士登上这个职位，正是从曾荫权这普通的公务员开始的。

董建华发现，他看中的曾荫权，在香港的传媒战中是民间曝光率最多的政府官员之一。而媒介对这位平时不太出头露面的财政司长，大多是以赞许的语气加以报道和宣传，从中不难看出曾荫权的公众形象一直很好。其中香港一家有影响的报纸上，以《平民出身，隐忍至上》为题，介绍了即将在董建华特区新政府中出任要职的曾荫权，报上写道："'煲呔曾'！香港的会计师李伟民这样称呼热门的未来新特区政府的'财政司长'曾荫权。他说，曾荫权非常注意自己在公开场合的形象，每次都要系上蝴蝶领结，香港市民和媒体都称他为'煲呔曾'（广东话'煲呔'即领结），曾荫权本人对这样的昵称也不反感。直到最近，香港的媒体一拥而上的报道，让香港人越来越熟悉这位素来衣冠楚楚的'煲呔曾'。香港无线电视台最新的一档节目中，对曾荫权的家底进行了彻底的曝光，采访了曾荫权小时候的街坊邻居、小学老师、同学……节目播出后，香港市民更加喜欢向来低调的'煲呔曾'。观众通过电视看见曾荫权衣着朴素，凡事亲力亲为，就连洗车都是自己动手。曾荫权个人的成长、奋斗和成功的经历，似乎是香港在艰苦奋斗中成为一个繁荣社会的缩影。曾荫权出身并不显赫。和绝大多数市民一样，他出生于普通人家，凭着自己的发奋努力而出人头地。他本人在最初踏入政坛时连大学也没有上过，后来被港英政府选派到美国哈佛大学深造，获得公共行政硕士学位。有分析人士指出，这一特点，加上新的施政风格和技巧，也许能够增加市民对政府的亲近感，增强社会的凝聚力，从而使香港再次焕发出蓬勃向上的活力。"

董建华读到报上的新闻，心里对未来的特区新班子更加充满了信心。因为只有民间和传媒看中的人物，才可能在香港市民中有威望和影响，而威望和影响往往就是一个强有力领导班子不可缺少的。董建华甚至希望他将选定的所有新特区政府中的官员，都能像曾荫权那样，在香港民间有极高的知名度和影响力，只有这样的官员才可能把特区首长的意志很快贯彻执行。

"董先生，祝贺你当选香港首届行政长官！"董建华记得就在刚才中环摩天大厦举行的庆祝酒会上，平时绝少出席民间酒会的曾荫权，竟也破例到会场向董建华表示祝贺。董建华和曾荫权的因缘，源于董建华从美国取得学位以后，70 年代回到香港替父经营船业公司的时候，那时曾荫权已在港府政坛崭露头角。董建华经营船业，自然与当时任行政署长及后来出任贸易署长的曾荫权有许多的公务往来，彼此之间也建立起互信与友情，因此董建华在构想与筹划香港特别行政区政府官员的时候首先想到了曾荫权。

曾荫权给董建华最深的印象是，80 年代世界性造船业出现危机期间，董氏家族多年经营的"海外集团"也面临着无法回避的困境。这时候的曾荫权已经从美国获得硕士学位归来，在那一段时间里，曾荫权先出任沙田政务官员，不久即出任了副常务司和行政署的署长。而曾荫权于 1991 年出任港府的贸易署署长以后，他和霍英东、包玉刚等人都在关键的时候，向负债百余亿的董家伸出了援助之手。也正是因有包括曾荫权在内的许多友人的支持，董建华才在企业面临倒闭的困境中冲出低谷，重振雄风。到了 1995 年，董建华经过 10 年的拼搏，他主持的董氏"海外集团"终于东山再起，一跃变成了拥有 27 艘集装船箱、14 万只标准集装箱的大公司。不久，董建华就以拥有巨额资产而跻身于香港超级富豪的行列。董建华对曾荫权等人的好感，来自于他们在董氏公司遭遇风险时给予的理解与支持。

"各位记者，请你们放心，我曾荫权绝不会向欧洲移民！"董建华坐在飞驰的轿车里，想起曾荫权在一次记者会上那坚定面对记者的神情，心里就对这个素有香港"财神爷"之名的青年官员心生敬佩。董建华知道在接近 1997 年的时候，香港有些人因为受到英国某些政客的煽动，一度出现了"移民潮"。这其中也涉及一些在港府里任过公务员要职的华裔官员。媒介也一度盛传曾荫权很可能移民英国的消息。董建华曾经见到一家英国报纸上刊登这样一条新闻：《外电特讯：财政司曾荫权可能移民伦敦》。

该文说："1989 年是曾荫权仕途的一个转折点，当时港人要求英国给予居留权，布政司霍德派曾荫权独自到英国处理，他就一个人困在酒店 31 天，他不讳言个中艰辛是他从政 30 年来最痛苦的经历。据信曾荫权的一个儿子也在伦敦读书，因此在香港出现'移民热'的时候，有人传说曾荫权也可能在其中。所以，海外传媒流传相信曾荫权全家向英国移民的说法，也许不是空穴来风……"

董建华对此不明就里，但是，不久他就从电视上见到了曾荫权那熟悉的身影，他在一大群记者的前呼后拥下，边走边回答他们提出的问题，他面对镜头郑重地表白心迹："我绝不会移民，因为我是个中国人！我出生在香港，我又是在香港长大和读书的，并且结婚也在这里，所以香港就是我的根。现在有人不怀善意地制造我在 1997 年以后要移民的谣言，是毫无根据的。我是绝不会离开香港的。我希望在将来的特区政府里继续工作，一直服务到退休为止……"

曾荫权面对记者提出的香港移民问题，神色忽然变得凝重起来。他郑重地说："不久前，我看到了一份报告。在那份报告中，确实提到从 1992 年以来香港向海外移民的数额。其中大部分都是三四十岁的管理人员，因为许多国家都想利用香港回归在挖我们的墙脚。他们以有优越的物质诱饵，作为鼓励那些有专门知识的人员向海外移民的条件。有一些人确实上当了。但是，诸位不知道还有另一种情况：那就是移民出去的人，不久前又出现了回流现象！"

"回流？"记者群里一片哄然。有人甚至不肯相信他的谈话。

曾荫权从公文包里随手取出一份文件，当众一举说："我这里有文件为证。许多已经取得外国国籍或正在申请绿卡的人又重新申请回到香港。从 1982 年至 1991 年间移民到加拿大、美国和澳大利亚等国的香港人中，现在有 12‰ 的人又重新向我们申请回到香港定居。这又说明什么呢？只能说明在上述这些国家里谋职是相当困难的，而且那些国家现在经济不比香港景气！"

听到曾荫权这些话后，董建华对这位财政司长从心里产生了信任，增强了合作感。他敬佩曾荫权的从政才气，同时也敬重他热爱香港的品格。

"在我们特区的新政府里，一定要有曾荫权的位置！"这是董建华头脑中最初的想法。当然，他决定启用曾荫权等人作为即将组阁的特区主要成员时，绝非因为从前和他们有过多次接触及合作关系。董建华是考虑到将来特区政府对香港 18 万公务员的有效指挥，和尽快让新政府有效地发挥职能效益。而能够指挥这 18 万公务员的最有魄力人选，当然是曾在香港政坛驰骋多年的曾荫权了。

当年 12 月 18 日，董建华从香港飞赴首都北京。这一天，中华人民共和国国务院正式任命董建华为香港特别行政区首任行政长官。他在北京接受国务院领导颁发的任命书后，又一次对特区主要官员名单依次过目，不久这个特区首届政府的主要官员名单，就在北京和香港同时公开发表，他们是：

政务司司长陈方安生，

财政司司长曾荫权，

律政司司长梁爱诗，

公务员事务局局长林焕光，

保安局局长黎庆宁，

教育统筹局局长王永平，

卫生福利局局长霍罗兆贞，

......

与此同时，祖国内地媒体也开始注意曾荫权等新特区政府的官员。媒体以《1997 香港政坛风云人物》为专题，报道了有关财政司长曾荫权的简况，这是祖国内地读者首次接触和了解曾荫权其人。

该刊发表了曾荫权的简历：

出生日期：1944 年 10 月 7 日

家庭状况：已婚，妻子鲍笑薇，育有两子

教育程度：1964 香港华仁书院预科毕业

工作经验：1965 ~ 1967 年在辉瑞药行做西药推销员

仕途：

1967 年：加入政府，任二级行政主任

1970 年：考获政务官，任职理民府

1974 年：调任财政司财务科任职

1977 年：升高级政务官，借调马尼拉亚洲发展银行

1981 年：获政府保送到美国哈佛大学攻读公共行政硕士课程，以 9A 成绩毕业

1982 年：沙田政务专员

1984 年：贸易署副署长

1985 年：副常务司

1991 年：贸易署署长及总贸易谈判代表

1993 年：库务司

……

内地报刊对曾荫权的评价是：

"今年 53 岁的曾荫权与国务院众多新任命的香港特区政府官员一样，7 月 1 日以后将继续充当'财神爷'的角色——任香港政府财政司司长。曾荫权属于快人快语一族，讲话如发连珠炮，做事也雷厉风行。他经常与别人争论，他的工作方式被同仁形容为'硬桥硬马'。曾荫权对此并不否认，他说几十年都这么过来了，这样也并不意味着做不成事。

曾荫权信奉天主教，每天上班前，他都会到圣约翰教堂静默祈祷 15 分钟。香港公务员要面对各方面的压力，尤其是高级公务员压力更大，曾荫权说，有人喜欢打太极，有人选择练气功，而他则做'神功'。虽然方法不同，效果都一样，都可以令人得到心情上的宁静。

在他所统率的财政部门，曾荫权有一个很鲜明的观点：财富差距不是坏事，曾荫权说他不相信收入差距本身是坏事。香港政府需要提供一个公平竞争的机会。如果一味要求高收入人士多交税支助低收入工作者，会打消他们的积极性，这种平衡法将会使一个地区渐失发展动力。

曾荫权喜欢打领结而不喜欢打领带，对此他自己有生动、诙谐的表述：我的身材很特别，打普通领带通常打两三次才能弄妥，不是外边拖得很长就是里边长过外边，怪模怪

样。吃饭时茶汁经常弄到领带上，我又不想打 10 元钱一条的领带，名贵领带两三次便要报销，太不合算。即便是买领结，他也是大批进货，然后凭丰富的储备使用很长一段时间。因此香港不少市民都笑称他们的'财神爷'很会当家过日子。

曾荫权履任财政司司长之前曾经到过北京访问，他说他的内地朋友不多。而在正式做了财政司长后到内地更难了。曾荫权希望在 1997 年 7 月 1 日以后有更多的机会到内地访问。曾荫权不大情愿将家庭情况曝光给传媒，只知道他一家三口有一个儿子。另据悉，多年来曾荫权有个个人愿望一直没有实现，那就是到长江三峡去看一看，这个心愿不知何时能了……"

此刻，已经接到国务院正式任命的曾荫权，正在信心百倍地在香港做着出任新职的准备。他每天都在计算着时间，期盼着那个庄严时刻的早日到来。他在香港的山顶白加道的官邸里，翻阅着那些往日的旧照片，他感到这些旧照片里都是一个时代的历史的见证。一幅在美国白宫前拍摄的照片，引起了曾荫权的回忆。当年在香港湾仔那间残破的小屋里长大的曾荫权，决不会想到事过 30 年以后，他会以香港财政司长的地位，跻身在香港山顶高级住宅区之中。他也不会想到自己的官邸里会配备家佣和佩带着枪械的保安员。而这座港府提供他居住的市值月租金约 400000 港元的官邸，对于从贫寒人家走出的曾荫权而言，以前是连想都不敢想像的天文数字！至于他的月薪，再也不是刚进入港府里当小职员时的 1300 港元，而是每月高达 216650 港元的数目。这且不说，他每天出行也不必打破的士和挤公交巴士了，港府已经为他专门配备了一辆有司机开车的车牌子为 CS 的高级奔驰轿车。

几本厚厚的影集，便是曾荫权人生历史的见证。忽然，他看到一幅鲍笑薇参加女童军旺角大会操时被民众簇拥的照片。身穿蓝色女童军制服，头戴一顶蓝色帽盔的曾鲍笑薇，周围拥挤着无数手举相机的记者，她身后居然还有大会操主办人员在护卫。他从这张照片上看到了妻子在公众场合受到的欢迎，其场面之热烈超出了曾荫权的想像。他知道如果不是他身居要职，妻子的公开露面是绝对不会引人注目的。曾荫权还看到其他几张照片，一位身穿风衣的老人，正给曾鲍笑薇敬茶。这位英国老人，便是英国人在香港主政时手握重权的布政司钟逸杰。当年他就是在这位英国勋爵的手下当公务员，那时候曾荫权如想到钟逸杰面前汇报工作，必须提前几天通过秘书沟通联络，得到允许后才能走进钟逸杰的办公室。那时的曾荫权做梦也不会想到，这位趾高气扬的英国勋爵多年后会这样热情地关照自己的夫人，真是今非昔比，中国人在香港可以扬眉吐气了！曾荫权已经生活在他从前的幻想里。这所有的一切都是在自己的刻苦努力与艰难奋斗中获得的。他记得他刚刚从哈佛大学返回香港不久，在出任贸易署副署长期间，奉港督之命与美国进行长达半年之久的商贸谈判。由于他和美国商业代表之间在对待香港工业品向美国出口中关税等一系列技术问题都有分歧，所以谈判进行得非常艰难。这是曾荫权从政以来所遇上的第一次艰难的谈判。

如果说他从前在香港是为内政和财政劳心的话，那么出任贸易署副署长以后，他又面对了一个完全陌生的新领域。

在对美方的经贸谈判中，曾荫权学习和掌握了许多新知识。他通过和美国人的对话，增长了他对商贸出口的经验。同时也提高了曾荫权和国际商贸人士对话的水平。曾荫权再次发挥了他的雄辩之才，在与美国人的较量中为香港赢得了很多实惠和利益。这次谈判让港英高官们再一次认识到这位华裔官员应付复杂国际环境的能力和雄辩强敌的口才。这一切无疑为曾荫权后来就任香港贸易署署长和首任华人财政司司长创造了让人信服的条件。

这里有一幅他在英国白金汉宫大门前的照片，那是他 1989 年奉命去英国首都伦敦谈判时期所摄。当时他是香港布政使霍德的助手，是他命令自己前往伦敦与英国政府洽谈"居留权"的，这是那漫长时期的一个见证。当然，他并没有辜负霍德对他的期望，很好地完成了他交办的任务。返回香港以后，霍德给予他很高的评价，称他是"了不起的处理难题的专家"。然而，曾荫权知道这过去的一切都不值得称道，因为那毕竟是在给英国人服务和做事。无论从前的仕途经历如何风光，但是那毕竟是在外国人的统治下生活。作为中国人，他知道只有哪一天他真正在香港这块中国人自己的土地上，以"港人治港"的姿态谱写新的从政篇章的时候，才会从心底产生一种扬眉吐气的感觉。

曾荫权整理了那些将要成为历史的旧文件和旧照片，来到官邸院落里的一座巨大的养鱼池前面。这里有他喜欢的数十条金黄色的鱼，他非常喜欢这些鲤鱼的鱼苗，无论每天有多忙，总是要在上班之前和下班之后，亲手给小鱼喂些鱼食。

每当曾荫权站在锦鲤池前喂鱼，他心里就会油然升起一股自豪与欣慰。他知道并非因喂鱼而平添了几分雅兴，而是这座位于太平山上的英式官邸让他联想起许多往事。从前这里是港督麦里浩和尤德勋爵的寓所，后来又变成了英国布政司钟逸杰的官邸。面前的假山与碧波清澈的锦鲤池，都是这些英国高官们在位期间，用港人每年缴纳的税金精心构造的。在 30 年前他刚刚进入港府当办事员的时候，别说走进这座戒备森严的官邸观看池中游鱼，即便随便走上太平山也要受到英国巡警的严厉盘查。而如今他居然变成了这官邸的主人。

曾荫权一个人驱车来到了香港柏架山。他沿着柏架山下那条曲折的小路，来到母亲墓前。他还像从前每次来祭扫时一样，默默地为母亲献上一束鲜花，现在他总算可以无愧地对母亲说："阿妈，我没有辜负您老人家对我的一片期许，现在我总算可以扬眉吐气了，我马上将要出任自己喜欢出任的职务，我将要在我们回归后的香港特区政府里出任财政司司长了。在这个岗位上我可以自由自在地发挥我的才智，我可以为港人真心诚意地做几件想做的事情了！"

微风徐徐，古坟无声。曾荫权在母亲的坟前默祷以后，又沿着那条曲折的小路向着距此不远的另一座墓区走去。那里是柴湾天主教的一个坟场，里面埋着他去世不久的老父亲、一生在香港警界服务的老警官曾云！由于曾云生前有死后一定要安葬在天主教坟场的要求，所以曾荫权、曾荫培和曾璟璇三兄妹，在父亲临终以后，满足了老人的生前愿望，把他安葬在距母亲的坟墓有一英里之遥的柴湾墓区。

"阿爸，我来看您来了！"曾荫权望着父亲那座青石雕刻的坟前墓碑，父亲的严厉管教让他感到往事如昨，不过他并不计较父亲那些过于粗暴简单的教子方式，他认为那也许与父亲的警察职业不无关系。

"孩子，你和几个弟弟妹妹都长大成人了，你们兄妹几人都受过高等教育，这对咱们曾家来说无疑是一种光彩。有一天香港真的回归祖国了，我希望你们再回到南海的老家去看一看，那里可是咱们曾家的祖根啊！孩子们，到任何时候都不要忘本啊！"在飒飒的夏风之中，柴湾墓区里一派寂静。只有父亲那苍老喑哑的声音在曾荫权的耳边回响，他忽然感到父亲虽然已经离开了他，可是老人家的叮嘱却时时影响着他的思想和行动。一辈子在香港警界服务的曾云，至死都没有忘记他引为自豪的祖宗和故乡，南海无疑就是老人晚年魂牵梦绕的世界。

"孩子，你不会记恨我的粗暴吧？"曾荫权闭上了眼睛，在冥冥中似乎听到父亲发出一声叹息。曾荫权眼前又浮现出父亲临终前的场面。父亲病危的时候，曾荫权已经是高级公务员了，可是他仍然每天请假护理快要去世的老父亲。那些天曾云也在不时对他喃喃地说着这句话。父亲后悔在其少年时对他管教得过于严厉。曾荫权记得，有一次他带着几个弟妹们来到他家所住的一座楼房地下室去玩耍。那时曾荫权很顽皮，也很大胆，他居然带着弟妹们把一辆警署的警车给开出了地下室，这且不说，他们还把警车上的仪表给卸了下来。祸事惹大了，惊动了警署上下，最后曾云不但对此以工薪做出了赔偿，而且盛怒之下还把儿子痛打了一顿。这件事过后，曾云消了气，后悔把曾荫权打得太重了。曾荫权却早把这件少年时的小事淡忘了，他没有想到父亲直到病危时居然还记在心上。

"阿爸，如果当年没有您那样严厉的教育，也许我们就不会有今天。我怎么会记恨您呢?!"他面对着父亲的坟墓，郑重地说道："阿爸，我明白您老人家为什么始终不让我们忘记自己的祖籍南海，我知道您老人家是担心我们忘记自己是中国人。您放心，我肯定会回南海的老家去寻根祭祖的。现在我可以告慰您老人家的是，香港马上就要回归了！您老人家在九泉之下可以瞑目了！"

站在柴湾的天主教墓区里，曾荫权可以远远望见母亲邝懿珍柏架山下的坟墓。父母的两座坟都建在一条风水线上，在父母的坟墓右侧，都各自建有一座石雕的守护天使，这种独特的墓区格局据风水先生告诉曾荫权，是一种"龙楼凤阁"的庇荫。现在曾荫权站在黑风里，他感到自己虽然从来不相信所谓的风水，然而他却从心里深信天地间正义终将战胜邪恶的千古至理。沧海桑田，世事巨变，历史就在柴湾和柏架山间的风风雨雨中改天换地开始了新的篇章！

13. 见证 1997

1997 年 6 月 30 日下午 16 点 10 分，曾荫权坐在山顶那临海的财政司官邸里，看到彩色电视屏幕上，正在直播港督府大院那历史性的一幕：在凄厉的军号声中，港督从他的府邸里走出来了，他要在港督府里主持一个降旗仪式。

对于末代港督来说，将要降下英国米字旗，意味着英国对香港的统治已经结束；但是，这一时刻对所有的中国人来说，则是扬眉吐气的历史性时刻！曾荫权知道这是港督精心安排的仪式。尽管统治中国香港已超过百余年的大不列颠帝国，终于走到了在亚洲土地上称霸的最后终点，但是这位末代港督在这时仍希望表现出一种做作的倨傲。

这时，曾荫权看见电视画面上出现了仪仗队。他发现这些英国人直到这时还想表现出英武雄壮，但显然已经无法做到了。那个由 9 个人组成的凄凉仪仗，在一群荷枪英国卫兵和银乐队、凤笛队的簇拥之下，走向那面飘扬在港督府院内一百余年的英国米字旗下。这时，约有 250 多名港府员工和这些英国官员的家属，赶来参加降旗仪式。他们都垂头丧气地集聚在香港上亚厘华道港督府的大院里。

曾荫权从电视上见到在港府大门外人头攒动。这里从前常常被英国卫士们净街，是人们不得驻足的地方。而今早已集聚着黑压压的围观人群。他们当中既有媒体的记者，也有想来观看英国人最后一幕的香港居民。

曾荫权从电视上发现所有香港同胞们的脸上，都露出了振奋的笑容。这是因为所有中国人期盼的一天到了！英国总督府降旗，说明英国统治香港 156 年的殖民时代已告结束！这支无精打采的降旗的队伍，在此刻不但没显出港督所希望的悲壮，反而有种送葬般的凄凉。这时港督彭定康沿着一条小路走向旗台，当他面对已经缓缓下降的米字旗鞠躬时，银乐队吹起了降旗曲。

然后，曾荫权看见总督和夫人都面带悲哀，离开降旗台，钻进一辆事先准备好的英国劳斯莱斯轿车，黯然驶出了府邸。

"曾司长，时间已经到了！"就在这时，一位秘书走进曾荫权家的客厅，向他报告参加交接仪式的工作都已准备妥当，并请曾荫权准时登车赴会。

"好，香港最庄严的时刻终于到来了！"曾荫权这才从电视机前站起来，来到巨大的落地镜前，端详着镜子里的自己。他觉得今天比任何时候都精神，国字形脸庞白里透红，目光中流露出欣然的神情。镜子里的他显得庄严而俊逸。为了出席今晚的香港交接仪式，妻子还特别为他订制了一套晚礼服——一袭黑色的西装，妻子过来亲自为曾荫权在衣领下系上了他喜欢的红色领结，然后他才满意地随着秘书走出小楼，坐上那辆他用了多年的防弹轿车，向着香港维多利亚海边那幢为交接仪式新建的国际会展中心驶去。

1997 年 7 月 1 日。香港之夜。

这是一个具有历史意义的时刻，整个香港和九龙半岛沉浸在一片欢乐的海洋中。虽然在入夜时天下着大雨，可是，在香港中环附近的街上仍然火树银花，彩旗高扬。一辆黑色小轿车穿过街头那些因香港回归而兴高采烈的人群，直向香江之畔那座新建筑——在雨夜里闪耀熠熠光辉的会展中心驶来了。

这辆车里坐着的就是曾荫权。他戴上眼镜，从秘书手里接过刚刚发行的香港《大公报》的《号外》。只见报上套红刊载国家主席江泽民飞抵香港出席交接仪式的重要新闻。下方，就是曾荫权在电视里目睹的降旗新闻图片——末代港督彭定康正在米字旗下鞠躬。这幅照片下边是香港记者写的一则新闻：

为官五年，造福一己
——彭定康卸任酬金 300 万港元

最后一任港督彭定康马上就要卷铺盖走人了。

有人替他算了一笔账：离开时，他将取走 600 万香港纳税人支付的 300 万港元的酬金，这笔钱大可作为他购买伦敦新居的开支。另外，5 年里，他在香港荷里活道及澳门搜购了一大批中国古董家具。还有三个女儿的肖像油画。足以勾起他对香港岁月的回忆。

彭定康是 1992 年 7 月来港履新的。当时月薪为 17.8 万港元，此后逐年递增。今年加薪后增至 27 万港元，而且全部免税。香港的纳税人至今已支付了 1300 多万元给这位港督。根据法律，他卸任离港时，可以从香港库房里取走这笔钱款中的两成半。即 300 多万元的合约酬金。带走这些钱也十分方便，但是，他却要为收拾港督府里大批私人物件而伤脑筋。此公偏爱中国古董，任期时常去逛荷里活道，也不辞水陆颠簸，赶赴澳门采购珍品奇物。据澳门烂鬼楼古董店的老板及老板娘介绍，彭定康颇识货，看上后付价也很爽快。东西搬回府内，他经常要如数家珍般地向造访者炫耀。不管要费多少手脚，这些古董家具将随他运回伦敦老家……

曾荫权放下手里的报纸，笑了！

因为他现在亲眼看到了英国最后一任港督的结局。彭定康的结局也是英国殖民主义者百余年来对中国武力扩张政策彻底失败的一个缩影。

香港会展中心大厅里，灯火辉煌。

曾荫权等人已在主席台下就座。就在这时候，他耳边忽然响起一个洪亮的声音："我宣布，中华人民共和国香港特别行政区第一届政府成立！"

时任国家主席的江泽民站在主席台上，面向座无虚席的新翼五楼大厅中外嘉宾们庄严宣告。大厅里顿时响起雷鸣般的掌声。一个伟大的历史时刻到来了！

鲜艳的五星红旗，在雄壮的《义勇军进行曲》中冉冉升起。就在一刻钟前，那里飘扬的还是英国米字旗。眨眼之际，代表着香港政权归属的中华人民共和国国旗已经高高地升起来了！

"女士们、先生们！中华人民共和国香港特别行政区正式成立。经历了百年沧桑的香港回归祖国，标志着香港同胞从此成为祖国这块土地上的真正主人！"曾荫权翘望着主席台，江泽民主席鼓舞人心的讲话，使这位出生在香港，成长、生活在香港的财政司司长想起了许多往事。想起他的童年和少年，那是在英国人眼皮底下苦苦挣扎的岁月；他想起了他在九龙大街上为了兜售辉瑞公司的西药险些被飞驰而至的的士撞倒在地的场面；想起他最初踏进港英官场后的艰难处境，那时他在英国官僚们的冷视下小心翼翼地做事，生怕自己的一时不慎砸了饭碗；他在港府里工作了 30 个年头。这期间他始终有一种寄人篱下之感，有时候说话做事都要看别人的脸色，而他曾荫权偏偏又是一个喜怒都形于色的直率君子。有时候曾荫权发现了他身边存在的弊政和港府里的阴暗面，出于他的职责，也出于他无法改变的直率性格，他会在各种不同的场合里连珠炮一般地直述他的意见，这些意见自然都有他的道理。然而由于他的过于耿直，过于感情外露，也由于他在这些年的公务员职位上，过多地想到香港底层社会民众的疾苦，所以他的许多意见，往往引起英国官员和同仁们的反感。如果不是他在港府供职的时间久，有相当的资历和政绩，如果不是因为曾荫权确实在他出任港府各个要职期间都做出了让市民和官员看在眼里的实实在在的政绩，那么英国人也许早就会严厉地排挤他这个官场中的异类了。

"曾荫权，我希望你改一改自己的性格，如果从美国回来以后再任新职，请你一定在公开的言论上有所顾忌。你要知道至少在现时香港还是英国的天下，如果你像从前在我的手下那样直言政弊，将来是会遭受打击的。"曾荫权永远记得那位已经从财政司司长位置上退下来的恩师夏鼎基叮嘱他的话。那是他前往美国求学之前，夏鼎基对他的叮嘱。曾荫权心里明白，他的缺点与他性格上的优点一样，都同时被他的顶头上司夏鼎基看在眼里。他本人也知道夏鼎基的话不是没有道理，他在财政司任职期间，喜欢用电影中的典故来抨击时政和香港官场的丑恶现象，譬如曾荫权对身边那些依赖特权势力生存、又不喜欢尽职尽责的英国高官们讽刺道："如果你们不好好地完成本职工作，那么我就要扣发你们的奖金和薪水。因为用我们中国人的话说：'天上绝不会掉馅饼！'如果哪一个以为自己有什么学历的资本就可以在我的职权范围大搞特权，那么我就会毫不客气地请他辞职！"

曾荫权的义正词严，无疑会震慑那些不肯努力工作的英国部属，然而他这种锋芒毕露的性格也着实伤害了许多人。用夏鼎基的话来说："你必须要让自己更适应英国人的官场！"

"夏先生，谢谢您，我会克服弱点的。不过，我想性格既然是与生俱来的，那么恐怕在短时间是难以改变的。"曾荫权总是这样对他的顶头上司说。

曾荫权记得他从美国回到香港以后，职位发生了明显的变化，先是做了贸易署的署长，后来又当上了手中握有实权的库务司。在这一时期，他以前的恩师夏鼎基已经不在他的身边了，但是曾荫权敢说敢讲的性格并没有因为自己的升迁而有根本的改变。他除了自己为香港底层居民的衣食住行多次在英国总督和行政局官员们面前大声呼吁之外，也要求那些华裔官员和知识分子们在官场弊病面前不要再做"沉默的羔羊！"他在升任财政司长以后，甚至公开鼓励身边的华裔官员们要挺身而出维护财理制度。曾荫权知道他在不断创造政绩的同时，也引起那些政敌和不喜欢他直率性格的英国官僚们的反感。

而今曾荫权终于从外国人那种不屑的冷眼中走出来了。他现在面对的是中华人民共和国的国旗，也就是从今天起，他要和自己身边所有从港英政府旧机构中走出来的26位司长级华裔官员一样，扬眉吐气地生活在自己的国旗下了。想到从今以后的"港人治港"政策，想到他和身边许多同仁们共同参与制定的《基本法》，想到中央50年不变的"一国两制"的伟大战略思想，曾荫权的心久久不能平静。

江泽民继续讲道："香港回归后，中央人民政府负责管理香港的外交事务和防务。香港特别行政区基本法享有行政权、立法权、独立的司法权和终审权。香港居民依法享受各项权利和自由……"

曾荫权已经从这些讲话中体会到了"一国两制"对香港的重要。看到今天万众欢腾的场面，使他不由得想起以前在港府任职所遭遇的一切。英国人对于在港府里任职的华裔官员，始终是采取利用和冷视的态度。

"哗——"一阵暴风雨般的掌声响彻全场。

坐满庄严大厅的四千多名各国来宾，都为江泽民主席的激昂讲演所震撼。

午夜到了，1点38分，在国务院总理的监督下，由香港特区首任行政长官董建华提名，以陈方安生、曾荫权为首的23名高级政务官，款步走上主席台。曾荫权第一次见到中国政府的高级领导人，感到十分高兴。这时，他郑重地举起右手，和其他新任香港特区高级公务员们面对国家领导人庄严地宣誓。曾荫权在这一刻感到当家做主人的自豪感。曾荫权等新任官员都声音洪亮地宣誓："定当拥护中华人民共和国香港特别行政区《基本法》，效忠中华人民共和国香港特别行政区。尽忠职守，遵守纪律，廉洁奉公，为香港特别行政区服务！……"也就是在这一刻，曾荫权已经决定把自己的才华和智慧都献给他热爱的香港，他要在新的岗位上为香港、为国家做出新的贡献！

2005年3月，香港特首董建华由于健康的原因，在全国人民代表大会上提出辞职特首职务，香港各界群众对时任特区政务司长官的曾荫权接任特首呼声甚高。其中极力挺曾的是著名企业家李嘉诚先生。平时在香港特区政府行事低调、勤恳务实的曾荫权，忽然在一夜之间变成了媒体关注的新闻人物。在曾荫权将要竞选新特首的日子里，无论在香港特区政府门前，还是在他居住的政务司官邸门前，几乎每天都有记者集聚和围堵。香港各大传媒，报纸、刊物、电视等等，几乎每天都会出现曾荫权那温和含笑的面庞。从前一些香港民众对曾荫权尚未详知，而今由于他的参选，让人们进一步熟悉和了解了他——这位出身寒门，曾经走过一条坎坷从政之路的官员，原来有着非凡的意志和超群的才能。更多的香港民众信任他，支持他；各阶层人士都纷纷把选票投给了曾荫权。

新华社于当年6月16日在香港发出通稿，题为：《香港特区行政长官选举提名期16

日结束，曾荫权成为惟一获得有效提名的候选人并当选为新的行政长官人选》。这则电讯称：

"负责此次香港特区行政长官选举事务的选举主任朱芬龄法官 16 日下午 5 时 30 分宣布：为期两周的提名期于今天下午 5 时结束，在收到的 6 份提名表格中，只有曾荫权 1 人为有效提名的行政长官候选人，曾荫权获得了选举委员会 796 名委员中 674 位选举委员的提名支持。根据《行政长官选举条例》第 23 条和第 28 条，宣布曾荫权在 2005 年行政长官选举中胜出，当选为新的行政长官人选。

"负责进行及监督选举的选举管理委员会主席胡国兴法官表示，此次选举的各项安排和程序符合基本法、《行政长官选举条例》及其他有关法例的规定，是公平、公开、诚实的。他宣布：'这次选举结果是合法有效的。'新的行政长官人选经中央人民政府任命后，将正式成为香港特区行政长官。其任期是第二任行政长官余下的任期。

"今年 3 月 12 日，香港特区行政长官董建华因健康原因向中央请求辞去行政长官职务并获得批准。按照《基本法》和香港特区有关法律的规定，香港特区须在 7 月 10 日前选举新的行政长官。曾荫权 6 月 2 日宣布参选香港特区行政长官。他在公布施政纲领时表示：将严格按照《基本法》，贯彻'一国两制'方针，维护国家与香港的整体和长远利益，巩固香港作为'亚洲国际都会'的地位，担当内地与世界的桥梁角色，建设一个安定繁荣、令港人引以自豪的香港。昨日，刚刚当选香港特别行政区行政长官人选的曾荫权在会见传媒时表示，绝不辜负中央政府和香港市民的期望。曾荫权于当日当选为香港特区新的行政长官人选……"

2005 年 6 月 24 日，北京是一个晴朗无云的好天气。这一天，国务院在人民大会堂为新当选的香港特首曾荫权举行简洁却又隆重的任命文件颁发仪式。当曾荫权一行走进大会堂香港厅时，国务院总理温家宝向曾荫权宣读了国务院第 437 号令，曾荫权在庄严的国旗下向温家宝总理郑重宣誓。之后，国家主席胡锦涛和国务院总理温家宝分别会见了刚刚接受任命的香港新特首曾荫权。

这一天对于曾荫权来说是一个永生难忘的日子。曾荫权在接受记者采访时说道："当时我是第一次和胡主席、温总理见面，他们每一个人与我对话超过一小时，语重心长地对我讲了很多事情。我很感动的是主席要求我不要改变风格，这对我是很大的鼓励。因为我是代表香港人，我们的价值观与一般内地同胞有不同，衣服不同，我的蝴蝶（指曾荫权平时喜欢系的领结）也不同，讲话不同，我讲的普通话不流利，还有就是公文上我们常常用英文，整个体系整个表达都让人觉得这不是一个典型的内地官员和内地人士。但是主席接受我，总理接受我，还支持我。这是真正落实一国两制，我是很感动的……"

C 卷：曾鲍笑薇

●曾鲍笑薇，英文名：SELINA，澳门出生，祖籍广东省珠海白石村。其父鲍元义为澳门"三大饼王"之一，以"元记饼店"著称于世。鲍笑薇澳门圣罗撒女子中学毕业，后到香港工业专门学院攻读秘书和商业专业，三年后获得硕士文凭；1963年到香港蚬壳石油公司供职，任秘书约十年；1969年与曾荫权结婚，婚后生育两子。她曾陪伴曾荫权去美国哈佛大学深造一年，并随丈夫前往马尼拉亚洲发展银行供职一年。1995年后担任香港女童军总会副会长。业余爱好书法、旅游、园艺和高尔夫球等。多次来祖国内地参观访问并出席在人民大会举行的香港特首就职仪式。

曾鲍笑薇。

青少年时代鲍笑薇在澳门读书时，对体育运动尤为喜欢。她经常下海游泳和打乒乓球。这是她在学校里和女友对阵。

这是鲍笑薇早年在澳门读书时居住的旧宅，数十年后仍然让这位特首夫人流连忘返。

鲍笑薇的少年时期，她的父母（鲍元义和罗瑞珍）在澳门一条小街上开办了一家小店，这就是后来名噪濠江的"元记饼家"。

当时在香港读书的曾荫权在澳门结识了鲍笑薇。

鲍笑薇和曾荫权在澳门。

鲍笑薇和曾荫权，在香港红棉道东昌大厦的公寓里和两个孩子共度旧历新春佳节。

鲍笑薇、曾荫权和两个儿子在维多利亚海湾乘游艇游览。

鲍笑薇为丈夫庆贺生日。

曾鲍笑薇辞职当太太以后，为排遣心中的寂寞，开始醉心于书法艺术。

曾鲍笑薇的书法作品。

曾荫权出入房间，都可见到他夫人的墨迹。

曾鲍笑薇参观四川书法展览并亲笔题字。

曾鲍笑薇在香港太平山政务司长官邸客厅。

夫唱妇随，新婚初期的鲍笑薇就喜欢和夫君同出同入，这种习惯一直持续到晚年。

曾荫权升任特首以后，曾鲍笑薇依然与他形影相随。

每当官邸有客人上门时，曾鲍笑薇都要亲自准备餐点。

曾鲍笑薇作为特首夫人，经常参与童子军的活动。这是她出席童子军团拜。

曾鲍笑薇与曾荫权出席友人的婚礼，社会活动让她走出寂寞的官邸大门。

曾鲍笑薇与童子军关系密切，这是她出席童子军活动时的两幅图片。

曾荫权休假时常和夫人前往亚洲各国，这是他们双双出现在柬埔寨的皇室旧址前。

这座摆放在客厅中的石湾雕塑，形象地记录了力抗"金融大鳄"的历史时刻。

鲍笑薇和曾荫权前往内地参访。虽然行色匆匆，但都兴趣盎然。

曾夫人在高尔夫球慈善比赛中奋力挥杆。

曾鲍笑薇出席童子军集会受到热烈欢迎。

曾鲍笑薇与特首走下飞机。

曾鲍笑薇与曾荫权在汽车里，窗外是纷至踏来的记者。

曾太精制的英式点心诱人胃口。

曾鲍笑薇精熟厨艺，经她特制的下午茶，往往是家中来客赞不绝口的美食。

曾太喜欢的下午茶，实则是一席香气弥人的美味。

特首夫人每年都要采摘鲜桔，意在为特首来客时享用。

曾鲍笑薇每年都按鲍家祖传的秘方，把鲜桔变成果脯。

诱人的美味皆出自曾太巧手，很让官邸来客欣赏。

曾鲍笑薇虽然在官邸里深居简出，但是有时也会与女友外出。和女友购物往往是她最为惬意的时候。

曾鲍笑薇喜欢在丈夫工余时随他过普通市民生活，遇到曾荫权不快时，她会择机引他逛市场以调整心态。

这是曾荫权老父临终前在香港麦当努道上住过的旧宅，曾云殁后，曾鲍笑薇支持丈夫购下此宅以作纪念。

曾荫权惊悉岳父在澳门逝世的消息时，他正在香港新机场迎接客人。闻讯后即于当晚赴澳奔丧。

鲍笑薇之父鲍元义在澳门的墓葬。

起灵时的灵车。

鲍元义在1997年香港回归之前在澳门病故，曾鲍笑薇闻讯后数日悲伤不已。

鲍笑薇与曾荫权入住礼宾府。

礼宾府后花园中的小亭。

礼宾府近景。

礼宾府门前花畦。

正门一角。

礼宾府正厅,长明灯辉映四壁。

曾鲍笑薇和曾荫权在礼宾府正门前。

礼宾府全貌。

曾鲍笑薇在礼宾府与曾荫权茶叙。

礼宾府内春意浓浓。

礼宾府内修改最大的景观，就是用卵石铺成的鲸鱼尾状的甬路。

礼宾府内的阶畔花色也都有讲究。

曾鲍笑薇出席晚宴。

虽然尊为特首夫人，仍然亲自上街购物。

曾鲍笑薇极少跳舞，但偶尔也有例外，这是她出席法国五月节舞会时的着装。

曾鲍笑薇和夫君惟一一次带两个儿子出国旅行。

曾鲍笑薇作为特首夫人，她的身影经常出现在公众场合。这是她为医管局主持筹款晚会。

曾鲍笑薇出席香港"北区花鸟虫鱼展览"时接受学生赠送的蔬菜。

曾鲍笑薇在香港商界聚会上祝酒。

曾鲍笑薇在公众场合与夫君相拥，以示对他施政方针的支持。

曾鲍笑薇给香港恒生银行代表颁发公益金荣誉奖。

曾鲍笑薇为"赌王"信德主席何鸿燊颁发慈善家人奖。

曾鲍笑薇给筹款机构获奖者颁奖。

鲍笑薇接受"花鸟虫鱼展览"主办者敬献的普洱茶。

当曾荫权参与竞选香港特首时，夫人坐在观众席上为其助阵。

曾鲍笑薇和丈夫都信仰天主教，这是她随曾荫权来到教堂时，被大批记者包围。

曾鲍笑薇和曾荫权在花园道圣约瑟教堂中祈祷。

第一章　青梅竹马的姻缘

□　鲍笑薇在回首少年往事时这样说："我是个男仔头，头发剪得短短的，晒得很黑，十几岁开始学游泳。夏天总在水里边玩。很喜欢打乒乓球，家里有桌球，经常叫朋友来打球；十来岁，当时香港人都还不懂什么是全垒球，我已经在天天打垒球了。"

□　鲍笑薇顺利地进了这所学校，并且以她特有的学习方式很快成为同辈学员中的佼佼者。她没有选择在校住宿，因为她的胞姐鲍笑茜那时已在港结婚，她每天可以在姐姐家里下榻。学校的生活是紧张而忙碌的，不过鲍笑薇仍然有时间去观看她所喜欢的各种演出。其中她特别喜欢观看戏剧演出。

□　鲍笑薇忽然想起几天前华仁校园里的英文话剧比赛，她当时和工业专门学院的姐妹们一起来观看演出。当她坐在台下，看到曾荫权演出的话剧《The Escape》时，鲍笑薇就激动地拍起掌来。她当时不仅被曾荫权娴熟纯正的英语对白所倾倒，同时还另有一种心灵的感悟。她忽然发现台上的男主角，有些似曾相识。

1. 少年鲍笑薇是个"假男仔"

鲍笑薇出生在与香港一水之隔的澳门。

1946年的澳门，只有几条狭窄的小街。楼房也并不很多，由于赌城初建，尚不十分繁华，所以鲍家在当时的澳门就显得比较引人注目。鲍笑薇的父亲鲍元义，共生有四名子女，长子鲍马壮、大女儿鲍笑茜、二女儿鲍笑环及三女儿鲍笑薇。三个女儿都很漂亮，可是鲍元义更喜爱小女儿鲍笑薇，因为这姑娘既文静标致又懂事理，小时候就学业斐然，行事别出一格。

曾荫权就任香港特别行政区行政长官以后，他身后的贤内助鲍笑薇也开始进入媒体的视野，逐渐成了新闻人物。2006年曾荫权在接受媒体采访时，第一次谈到他相濡以沫的夫人。曾荫权坦率地说：他和太太鲍笑薇是青梅竹马的朋友。她是他在澳门居住的表姊妹的同学，在13岁那年曾荫权跟表舅父去澳门小住时互相认识的。曾荫权形容他的太太"当时梳极短发，且又好动，是'男仔头'的新鲜感觉对他来说特别吸引。"不过，曾荫权认为当初两个人只是孩童之间的情谊，若说真正发展感情则是曾笑薇从澳门来港读书时才开始。

曾荫权形容说：鲍笑薇对他的事业和做人处世影响很大，而他踏上仕途亦是因为太太。曾荫权最初是当推销员，而且自己亦感觉满意，可是当时仍未成为妻子的鲍笑薇却认为他性格不适合当推销员，又要经常外出，最终她"联合"曾荫权的姑妈，成功地劝服他投考了公务员。曾荫权还说，当时他如果不能加入公务员的队伍，恐怕还不能成功地迎娶鲍笑薇做他的太太。

曾荫权对记者承认这样的事实：他没有成功以前，鲍笑薇对他的支持和帮助最大。他刚进入港府时，由于工作繁重，回到家中经常表现得很烦躁，每每要在曾鲍笑薇的提点下，才会慢慢地调节下来。不过，曾荫权也承认，政府工作压力难以在家里倾诉，首先太太未能帮到自己，其次多是涉及复杂和机密的资料，难以与太太分享，惟有自己调节自己。不过，家里事他就全权交太太处理，一来他不想再添烦恼，二来两人处事的方式不同，少参与能够减少争执。曾荫权还向记者们透露：这些年来，他自己的银行户头都是和鲍笑薇一起联名，由此可见夫妻之间亲密无间的关系。

鲍氏家族在民国年间的澳门尚未发迹。当时的鲍元义仅是的葡国电灯公司的一名小职员，虽然鲍元义有机灵的头脑，既会讲广东话又能说一口流利的葡萄牙语，然而在葡萄牙人统治之下的澳门，一个华人很难能得到出人头地的机会。

不过，鲍元义毕竟不是等闲人物。他已经看到如果继续委身于葡萄牙人办的电灯公司，从一个小职员干起，他纵然有天大的本事，也怕难以在澳门成其大业。于是他想到另起炉灶，走一条经商之路，借以打破受制于外国人的被动局面。

那时候澳门这弹丸之地，无法与英国人统治的香港同日而语，特别是一些新兴的产业，更显得有些落后。鲍元义看中了当时澳门人喜欢喝的汽水。一瓶看起来价格低廉的绿宝牌汽水，有资历的大商人根本看不上眼；可是，头脑聪明的鲍元义则一眼看中如果他从香港代理批发绿宝牌汽水，在澳门就可以一本万利，这样做他既可以改变在电灯公司碌碌无为的现状，同时也可以让他本来不富裕的家境变得吃穿不愁。

鲍元义辞去了电灯公司的工作，在澳门一条僻巷里开了一家专营绿宝汽水的商店。同时他还经营从香港进来的其他英国食品，如奶酪、香槟、香烟、英国点心和南洋水果等等。几年下来，虽然小本经营，可是却让他开始尝到独自经营食品店的甜头。

1922年，鲍元义感到仅以汽水类食品难以做大，于是在专营汽水的基础上，再开一家糕饼店。这是因为鲍元义小时候就喜欢吃糕饼，其父在世的时候，曾经结识澳门一家富商的厨师。此人专会烙糕饼，有时厨师会把烙好的糕饼送到家里来。久而久之，鲍家对于这厨师烙的糕饼产生了兴趣，同时也获得了如何烙制糕饼的技术，鲍元义的母亲学会了烙糕饼。这种饼外酥内软，香甜可口。鲍元义开了食品店后，决计把母亲的烙饼手艺继承下来，由他亲自下厨烙糕饼。他在创业的初期吃了很多苦，最后把小食品店办成了一家以出售糕饼为主的店铺了。

鲍氏开办的"元记饼店"渐渐取代了经营不畅的绿宝汽水。生意的直线上升使得从前默默无闻的鲍氏家族在澳门名声大噪。当时的澳门已经有了两家饼店，然而鲍元义出山以后，因其糕饼烙制方法别出一格，再上鲍氏善于经营和价格合理，因此"元记饼店"生意越做越好，很快就跃居澳门三大饼店之首。而从前家境并不富裕的鲍元义，自他经营糕饼出名以后，也成了澳门富甲一方的大家族。鲍笑薇就是在这时候出生的。因此她从小就生活在衣食不愁的富裕家庭里。

鲍笑薇从小天生丽质，聪明伶俐。她的家里有两位姐姐和一位兄长，而父母则视她这最小的女儿如掌上明珠。鲍笑薇从小在澳门读教会小学，在她回忆自己童年生活的时候，曾经这样描述她的家庭："父母经营饼店，家里有很多伙计，煮饭是火头军煮的。有一位老工人照顾我们起居，跟了我们几十年，对我们很好。"鲍笑薇这位大家庭的千金小姐，看惯了经营饼店的父母如何指挥家中七八个工人，每天把上好的糕饼烙好上市。在这种家庭里生活的鲍笑薇，从小既体会到富人的衣食不愁，同时由于父母不常在身边，让她养成了自立的性格。

鲍笑薇身材颀长，头发却喜欢剪得短短的，有一种男孩子的风格。她自己在回忆少年往事时也这样说："我是个'男仔头'，头发剪得短短的，晒得很黑，十几岁开始学游泳。夏天总在水里边玩。很喜欢打乒乓球，家里有桌球，经常叫朋友来打球；十来岁，当时香港人都还不懂什么是全垒球，我已经在天天打垒球了。"

鲍笑薇一个女孩子从小就喜欢体育活动，这在当时的澳门还是不多见的。她之所以如此喜欢运动，也与她的家庭不无关系。原因是她的父母每天都把心思放在如何经营饼铺上，而鲍笑薇则变成了一个"野姑娘"。当然，鲍笑薇喜欢运动，还受到她胞兄鲍马壮的影响。鲍马壮生得人高马大，魁梧健硕。当时的澳门正在兴起一股篮球热，许多澳门的富商都喜欢和葡萄牙人一起打篮球。澳门总督和他的夫人也喜欢篮球，每当澳门举行篮球赛事的时候，上层人物都会光临观赏。也许正是受此影响，鲍马壮是鲍家子女中第一个投身体育赛事的人，而女孩子中鲍笑薇则紧随胞兄其后，每当哥哥打球的时候，"野姑娘"鲍笑薇也必在场外观看的人群中。

鲍马壮球技高超，常常充当中锋的角色，所以他在澳门篮球队中很快就成了人人称道的健将。受鲍马壮的影响，鲍笑薇也喜欢体育运动，她当然不可能进入篮球赛的行列，不过她可以投身到游泳、田径和打网球的运动中去。因为喜欢游泳，她那张鹅蛋形的面庞在每个夏天都会晒得很黑很黑。有一次母亲爱怜地提醒她说："野姑娘，小心把你的脸晒得黑黑的，将来无人娶你的呢！"

可是，鲍笑薇根本不把母亲的提醒放在心上。她认为自己的清秀面容，绝对不会因为风吹日晒而变丑。而在她看来晒黑了的脸孔恰好反映出她乐观豁达的天性。

鲍笑薇虽然生性好动，可是，这并不意味她不喜欢学业。小学毕业后，鲍笑薇以优异的成绩，考进了当时澳门一家小有名气的女子学堂，叫做圣罗撒女子高中。在这所英国人开办的学校里，鲍笑薇的英语才能得到了充分的显露，而她喜欢中国文学和西洋艺术的特点也在此得到了充分发挥。尽管进了女子高中的鲍笑薇依然把一部分时间用在她喜欢的体育活动中，可是她的功课竟然丝毫不受影响，每一次英文考试她都能名列前茅。鲍笑薇对英语一学即通，但是真正了解她的人才会深知，鲍笑薇学习英语仅仅是为着生活的需要，因为在澳门和香港两地，如果不会英语几乎寸步难行；而她内心真正喜爱的，还是她的母语——中国语文和唐宋诗词。许多古人诗文，常常让她过目难忘并熟记于心。也许正是由于小时候受到诗词的熏陶，才促使鲍笑薇长大以后，对中国画产生了那么强烈的爱意！

"爸爸，我马上就要毕业了，我不知道将来的生活该如何安排？" 1961 年夏天到来的时候，鲍笑薇被叫到父亲鲍元义的办公室。已经成了大老板的鲍元义，很久没有和自己心爱的女儿做正式的长谈，而这次当他听说爱女中学毕业，正在为是否出国而拿不定主意的时候，他当然不敢等闲视之。他必须要静下心来认真地解决女儿的大事。

"我想，笑薇，你还是出国留学吧。"鲍元义想了许久，终于说出了他的意见。因为在当时的澳门，凡是有财有势人家的子女中学毕业以后，大多都选择前去葡萄牙留学这条路。鲍元义当时在澳门已经成为"三大饼王"之一，岂可让自己的爱女留在澳门？

"出国？"不料父亲的好意在鲍笑薇那里并没有引起共鸣。已经出落成一位漂亮少女的鲍笑薇，脸上现出了特有的坚毅和执著，她说："莫非爸爸也希望我去里斯本读书吗？我要说的是，我不喜欢里斯本，因为我从小就不喜欢葡萄牙文！"

"那么你可以继续读你喜欢的英文嘛！"鲍元义对女儿忽发此语有些意外，他说："笑薇，你如果不想去里斯本，还可以到伦敦去嘛。如果不想去伦敦求学，去美国和法国我们也是有条件的。"

"不，爸爸，我哪一个国家也不想去。"鲍笑薇仍然固执地坚持己见，她说："我想去的地方是香港！"

鲍元义有些意外地望着女儿，问："你想到香港去读书吗？香港近在咫尺，想去那里求学还不容易？我不明白的是，别人家的孩子都千方百计实现到国外求学的梦想，可是为什么你喜欢到香港呢？"

"香港是我们自己的国土。我不想离开故土，更不想一辈子去学外国人的语言。"鲍笑薇吐语坚定，显然她为自己的人生早已绘好了满意的蓝图。她想了一下又说："爸爸，我想去香港读书，还有一层考虑，就是我的大姐在香港，我在那里可以和姐姐在一起，彼此也好有一个照应。总比让我只身一人去国外求学好得多呢！"

鲍元义终于理解了女儿，于是当即点头应允："好，有志气的孩子，爸爸支持你的打算。"

就这样，鲍笑薇来到了香港。

2. 再度重逢时，童年伙伴已经成年

鲍笑薇进了香港工业专门学院，也就是后来颇有名气的香港理工大学。在上世纪 60 年代，理工学院是热门大学。

鲍笑薇顺利地进了这所学校，并且以她特有的学习方式很快成为同辈学员中的佼佼者。她没有选择在校住宿，因为她的胞姐鲍笑茜那时已在港结婚，她每天可以在姐姐家里下榻。学校的生活是紧张而忙碌的，不过鲍笑薇仍然有时间去观看她所喜欢的各种演出。其中她特别喜欢观看戏剧演出。

1960 年夏天，鲍笑薇就是在华仁书院的大礼堂中，观看一场演出的时候，得以与曾荫权在此重逢。那年夏天，曾荫权正在华仁书院读书。放暑假前夕，曾荫权在老师穆嘉田的极力推荐下，参加了该校班际英语话剧的演出活动。这些由各班级抽调出来的男女学生们，以排演英国名剧为主，参加该校在暑期前举行的文艺比赛。曾荫权演出的话剧《The Escape》，是一出讲述法国大革命时期，一群被囚禁在巴黎监狱的政治犯越狱经过的悲壮故事。曾荫权由于形象好，又会说一口纯正英语，所以在这幕剧中出演男主角阿姆丹柯。比赛中这幕话剧《The Escape》获得了意外成功，特别是从前沉默寡言，不喜欢抛头露面的曾荫权，一时成为华仁书院引人注目的人物。在当时该院出版的校刊《青年》中，还可见到校友们当年对曾荫权演技的肯定："曾荫权演技出众，英语的发音清楚自然正确，是一个很有才华的学生。通过对话剧的比赛，可以考试出学生英语水平的高低，曾荫权在这次比赛中的胜出，让他的学业提高一步。"就在曾荫权即将毕业的时候，一个姑娘闯进了他的生活，她就是鲍笑薇！

当年 7 月一个傍晚，暮霞似火。刚下自习课的曾荫权，匆匆赶到距英文系两英里路的一所女子小学宿舍。那是日据时代留存下来的英国教堂遗址，近年做了华仁学校小学的新生宿舍。曾荫权的妹妹曾璟璇，刚上小学二年级，就住在灰楼的二层。虽然兄妹俩同在一所学校，但由于校区分散，曾荫权很少和妹妹见面。只有星期六晚上，他才可能从校中区经过冯平山图书馆，绕道来华仁小学宿舍探望曾璟璇。想不到曾荫权在探望小妹时，竟然遇上一位来探视小妹的女学生。她就是小时候在澳门结识的鲍笑薇！

曾荫权记得那是他十几岁时，第一次去澳门探望舅舅。在这里他第一次见到了在海边游泳时晒得脸膛黧黑的鲍笑薇。由于曾荫权的舅舅与鲍家是远房亲戚，同时也是世交，所以鲍、曾两人有一种特殊的因缘。当曾荫权见到鲍笑薇的一刹那，就有一种天然的亲切感。数十年后鲍笑薇回忆起和曾荫权初识往事时说：和曾荫权"初次见面是我十二三岁，曾荫权来澳门探望他舅父。我们一般喜欢去外岛踏单车，好开心。后来两家人经常见面，我和他也通过许多信，当时没有伊妹尔嘛，我们写英文信，那些信我一直保留着。"

鲍笑薇再次和曾荫权在香港见面，也许是上帝的刻意安排。总之是在曾荫权演出英文戏剧后不久。那天晚上，曾荫权正在地下餐厅就餐。他预先买好两份咖喱饭和一只烤鸡。他知道这是妹妹小时喜欢的佳肴。只是这些年由于母亲故世，只靠父亲的薪水生活，供养全家人的衣食学费，生活始终处于拮据的状态。曾荫权又知小妹住校后花用十分节省，有时只以蛋炒饭充饥，所以他想利用会面机会为曾璟璇打牙祭。

"大哥!"曾荫权正在餐桌旁等候妹妹，忽见人头攒动中，一位穿淡蓝色连衣裙的姑娘，兴冲冲从门厅外跑进来。那张丰腴的圆脸和腮边深深的笑窝，让曾荫权一眼认出正是小妹。

"小妹，我已经为你准备了晚餐，只等你享用了。"曾荫权上前拉住小妹，让她坐在身边的椅子上。曾璟璇见哥哥如此关爱，高兴地坐下来，正想边吃边谈，忽然有个姑娘的身影，出现在他们餐桌前面。曾璟璇急忙打招呼："鲍姐，你是来找我的吧?"

少女回转身来。就在这时，坐在曾璟璇身边的曾荫权，眼睛忽然一亮，说："原来是你呀!"漂亮的鲍笑薇彬彬有礼地来到桌前。曾荫权发现她比在澳门时更清秀标致了，鲍笑薇的神态举止中有种难以用语言描述的矜持妩媚。在晚霞的光影里，她显得颀长潇洒，尤其是那乌黑的头发下闪动的一双大眼睛，让曾荫权感到振奋，不知为何他的心竟怦怦狂跳起来。

"哥，你怎么认识笑薇呢?"妹妹不解地问道。曾荫权忙说："她是澳门的鲍家三妹，咱们还是亲戚，我为何就不能认识呢?"

"对对，她就是澳门'元纪饼店'的鲍三姐，我以为你们从来不认识呢。"小妹快人快语，连忙拉鲍笑薇坐在身边。坐在小妹身边的鲍笑薇，已被面前这位神态谦和、温文尔雅的曾荫权深深吸引了。早年她在澳门尽管多次和他见面，但那时他们都是孩子。如今都长大成人了，几年不见，曾荫权竟然如此风姿翩翩，潇洒可爱。

在鲍笑薇的印象中，少年时的曾荫权忠厚老实，敦厚之中内藏机敏。她知道曾荫权由于母亲邝懿珍就出生在澳门，所以他对澳门的感情也非同一般。只要他有时间，就会到这里来探望他的舅舅。有一次，曾荫权从香港来到澳门，曾经兴致勃勃地邀请她和大哥鲍马壮一起到澳门的沙梨头一间面馆去吃云吞面。鲍笑薇发现曾荫权没有什么嗜好，最大的兴趣就是吃一碗云吞面来打牙祭。而曾荫权由于多次到澳门探亲，这里的几条街都了如指掌，走起来甚至比她这土生土长的澳门人还要熟悉。而今再次见面，她发现曾荫权依然还像当年一样质朴，只是破例地给她和曾璟璇要了汉堡包和烧鸡。

席间，鲍笑薇忽然想起几天前华仁校园里的英文话剧比赛，她当时和工业专门学院的姐妹们一起来观看演出。当她坐在台下，看到曾荫权演出的话剧《The Escape》时，鲍笑薇激动地鼓起掌来。她当时不仅为曾荫权娴熟纯正的英语对白所倾倒，同时还另有一种心灵的感悟。她忽然发现台上的男主角，有些似曾相识。她越看越感到这含着憨厚微笑、举止干练的青年，好像早就在什么地方见过。现在鲍笑薇终于从小妹曾璟璇这里，解开了她的心中之谜。她做梦也没有想到，那天在学校舞台上演出英文话剧《The Escape》的男主角，就是她小时候经常在澳门游嬉的朋友曾家大兄！

本来鲍笑薇很希望和曾荫权坐在一起，还像小时候那样海阔天空地交谈。然而不知为什么她心里忽然发慌，有些不好意思。就在鲍笑薇准备离去时，许久不开口的曾荫权，忽然对她憨厚一笑，说："鲍家三妹，你为什么要走呢？其实，我们在此之前已经见过一面了……"

"哦？你……说什么？见过面了？"曾荫权在心中暗自感叹小妹身边的少女再也不是从前在太原街那所陋宅里一起玩耍的鲍家三妹了。特别是鲍笑薇微笑时面颊上现出的一对梨窝，更让曾荫权怦然心动。意想不到的重逢使这对年轻人感到有些拘谨和慌乱。

"是吗？"半晌，鲍笑薇才讷讷地反问曾荫权道："你……怎么会见过我呢，在什么地方？"

"在香港青年联欢会上，你也演出过话剧，是吗？"曾荫权望着鲍笑薇，似乎在想着什么。鲍笑薇从小敢想敢说，性格豪爽，从不怯场。她读中学时不但学业优秀，还担任校友会的文艺委员，这就更练就了她落落大方的开朗性格。她说："对对，我是演过话剧，不过我演的可不是英文剧。"

曾荫权说："笑薇，我知道你在澳门时就是校剧团的活跃人物。我很欣赏你在青年联欢会上演出的莎士比亚名剧《哈姆雷特》。真是太好了！"

"你过奖了，和你的英文剧比起来，真是小巫见大巫啊！"鲍笑薇的眼睛忽然变得明亮起来。坐在灯影下的曾荫权把羡慕的目光投向她，姑娘的面庞忽然泛红了。鲍笑薇记得那是春天的一个夜晚，刚从澳门来香港求学的鲍笑薇，被学生会推举到校剧社，去参加莎士比亚名剧《哈姆雷特》的演出。导演欣赏鲍笑薇的漂亮扮相与超人才华，所以决定由她来演女主角奥菲莉娅。

"笑薇，我看你演出的《哈姆雷特》，确实十分精彩！"曾荫权眼前又浮现出那令人难忘的夜晚。香港大学火树银花，不同年级的男女师生都在这节日里欢聚一堂。那天晚上工业专门学院师生彩排多时的莎士比亚名剧《哈姆雷特》，终于在香港大学礼堂里公演了。由于曾荫权喜欢戏剧，所以对莎士比亚的戏剧备感兴趣，他在台下看得简直入迷了。现在当他和女主角鲍笑薇坐在一起时，又想起那晚上的演出，他对鲍笑薇说："大家都承认，你演得很成功！国语对白更是让观众大为振奋，这在英国人办的学校里是多么难得呀！"

"不不，荫权，您过奖了。其实，我根本就不会演戏。"

"不会演戏？为什么会把莎士比亚笔下的奥菲莉娅，演得那么惟妙惟肖？"

"不不，惟妙惟肖可不敢当。"鲍笑薇的脸孔涨红了，她连忙摇头，"演戏是当时临时抓我的差，其实，我对莎士比亚的剧只是喜欢而已。如果你说我当时演得好，也是因为莎士比亚的剧本感动人心。至于我本人，可不是个当演员的料啊！”

"你说得很对，我们都不是演戏的材料。不过，任何人又都在演戏呀！"曾荫权在那次演出过程中意外发现当年在澳门喜欢体育的鲍笑薇，长大后竟然是一位才女！他没想到鲍笑薇竟把莎士比亚笔下的奥菲莉娅演得如此传神感人。尤其是女主人公可怜父亲服毒身死的那场戏中，鲍笑薇悲愤的表演与激越的唱腔，感染了所有观众，她将发了疯的奥菲莉娅给演活了。

"你说，在生活中我们每一个人都在演戏？"鲍笑薇不再谈论表演，她有些困惑地望着曾荫权，一时不能理解他刚才的语意。

"笑薇，在人生的大舞台上，每个人不都在有意无意扮演着角色吗？"曾荫权吐语不俗，他的话让鲍笑薇陷入沉思。曾荫权则仍在回想那晚的精彩演出，他记得当时鲍笑薇将该剧的悲剧气氛渲染得淋漓尽致！有些女生甚至受其所感痛哭失声！曾荫权正是从她身上第一次感受到悲剧的力量！他也正是从那时起对奥菲莉娅的扮演者从内心产生了冲动。曾荫权没有想到此刻竟会在地下餐厅里邂逅多年前青梅竹马的澳门小妹，更没想到这小妹竟是那晚舞台上让全场激动不已的女主角！

"原来是这样，你说得很有道理，人生大舞台本来就是每个人都在演戏，只是每个人的角色不同罢了。"鲍笑薇直到现在才发现，面前的这位憨厚哥哥，很是谈吐不俗。

曾荫权很想和鲍笑薇多谈些小时候的往事，但他说出来的却是："我不知你住在哪里，家人还在澳门经商吗？"

曾璟璇在一旁看着，见哥哥只顾和鲍笑薇交谈，几乎忘了她的存在，不失时机地说："鲍姐，和我们一起用餐吧，也好多聊聊！"

"不不，我……我还有事！"鲍笑薇直到这时才发觉由于她的到来而打扰了兄妹俩的正常用餐，她一边不无窘迫地连连后退，一边又忍不住望向曾荫权。

"笑薇，既来之，则安之。你也不是第一次和我吃饭了。"曾荫权见她匆忙欲走，便主动相让。他早把鲍笑薇的慌乱神情看在眼里，不知为什么他的心也怦怦狂跳起来。曾璟璇更是拉住鲍笑薇，非要她共进晚餐。鲍笑薇见曾荫权兄妹如此真诚，也只好放弃离开的念头。曾荫权斟满一杯啤酒送到鲍笑薇面前："笑薇，这些年我们断了往来，今天让咱们的友谊重新开始吧。如果你方便，就请到我们家里做客，我们住在荷里活道的警察宿舍，如果你不嫌弃，就到我们家住宿吧？"曾璟璇也怂恿说："是啊，笑薇，咱们曾鲍两家本来就是亲戚，索性搬到我们家来住吧，总比在学校宿舍里好些。如果你肯去，我也可以搬回来住。"

鲍笑薇为曾家兄妹的好意所感，她望着曾荫权明亮的双眼，心中涌起一阵甜甜的感觉。就是从那天开始，曾荫权和鲍笑薇又恢复了一度中断的来往。

3. 曾家成了鲍笑薇寄宿之处

"我们鲍家虽然是在澳门发迹的，可是从我记事时起就听爸爸说，我们鲍家是从珠海的白石村迁过来的。"鲍笑薇自从那次在学校餐厅里和曾荫权邂逅后，果然在曾氏兄妹的盛情相邀之下，来到了位于香港太原街荷里活道上的曾家。虽然是警察宿舍，毕竟在人满为患的香港是难得的居所。比起她姐姐家里尽管陈设简陋一点，可是鲍笑薇却感到曾家很适合于她生活。特别是曾荫权的父母，对她非常热情。曾云虽是一个警官，可是在鲍笑薇眼里他绝对是一个宽厚的长者；而曾荫权的母亲邝懿珍由于也是澳门生人，加之她的弟弟和澳门的鲍家是邻居，关系本来就十分密切，所以当鲍笑薇来曾家做客时，很快就得到了邝懿珍的真诚邀请："笑薇，既然你姐姐家里不宽敞，不如就搬到我们家里来住了。反正大家都是亲戚，再说你读书的学校又在附近，还是搬过来吧？"

曾荫权和妹妹早就表达过这层意识，现在听妈妈这样说，也异口同声地向鲍笑薇进言相劝。可是，鲍笑薇毕竟是一个年轻姑娘，她忽然搬到曾家，纵然她心里和曾荫权心有灵犀，却感到有些为难。曾云见她欲来又犯难，索性对她说："这有什么不好意思的，大家本来都是亲戚嘛，搬过来住也很方便的。如果你担心家里反对，明天就让懿珍过去说明情况，相信你家里不会怪罪你的。"

邝懿珍也是个热心肠人，很快就和鲍笑薇家人说了这件事。这样，鲍笑薇便从她姐姐家搬进了荷里活道的警察宿舍。她搬过来以后，和曾荫权的接触当然多了起来，彼此的了解也开始进入心灵的交往。再也不是小时候在澳门相遇时的孩子游戏，曾荫权学业很忙，可是他仍然不忘找时间陪鲍笑薇一起去逛香港的中环商场。兰桂坊的各色小吃，常常让鲍笑薇流连忘返。她永远记得曾荫权陪她在小摊上吃九记牛腩河的滋味。曾荫权还陪着她去游览黄大仙寺院和文武庙，这些往事多年后仍让她念念不忘。

自然，那时的曾荫权和鲍笑薇还没有像现代人那样正式地进入浪漫的"拍拖"。她和他的感情基础是在无意中建立的，例如每天当曾荫权夜晚放学时，鲍笑薇会准时赶到他放学时必然要经过那条街，然后她陪他走一段回家的路；在路上她和他会谈起许多有趣的话题；还有的时候，鲍笑薇放学晚了时，曾荫权也同样会迎她一程。两人就是在这种看来普通而实则蕴涵着亲切、体贴滋味的频繁接触中，深化了原本建立在亲戚基础上的温馨情愫。她和他之间绝对没有奢侈的送鲜花或生日蛋糕之类的点缀。因为曾荫权的家境不允许他以这种方式表达对鲍笑薇的爱；而鲍笑薇纵然是澳门富商之女，也从不讲究排场和物质享受。她追求的是彼此之间的心心相融，她认为有曾荫权对她的真诚就足够了。

可是，曾荫权却始终感到亏待了鲍笑薇。每当他夜晚九点半从华仁书院上晚自习归来，在漆黑小街口发现鲍笑薇仁立守候的身影时，他就感到心里愧疚。那时的曾荫权不仅在华仁读书，而且他为了减轻家里的负担，还在香港一家名叫圣贞德的女子书院教夜校。因为他的英文水平很好，这家学校同意聘请尚未毕业的曾荫权教夜课。有一次，曾荫权听说他的学生中有一位在珠宝店里当售货员的姑娘，便求她给妈妈邝懿珍买一点生日礼物。这是他利用教夜校赚得的微薄薪水买的。让鲍笑薇做梦也没有想到的是，曾荫权在为妈妈购买生日礼物的时候，也给她买了一串晶莹剔透的水晶项链坠儿。虽然做功精致，戴在她白皙修长的脖子上也平添了几分华贵富丽，然而聪明的鲍笑薇深知那水晶并不是真品，而是很便宜的仿制品。因为曾荫权当时没有那么多钱，他只能购买这种水晶仿制品送给她做礼物。在当时鲍笑薇本来有很多饰物，都是家中给她的货真价实的珍品。然而鲍笑薇所看重的却是曾荫权送给自己的仿品项链坠儿。她心里深深地知道依曾荫权的经济状况，能给她买这种饰品，已经是勉为其难的奢侈了！正因为她深知这是曾荫权发自内心的爱之信物，所以鲍笑薇一直把那串仿制水晶项链坠儿珍藏在身边。

第二章　贵在相濡以沫

　　□　鲍笑薇先后考虑过几种职业。不是她去应聘时对职业现状不如意，就是聘方对这位窈窕清丽的澳门少女持有异见。忽然有一天，曾荫权从报上发现一家名叫蚬壳的石油公司正在招聘文员，他希望鲍笑薇去这家石油公司应聘。

　　□　鲍笑薇正式成为曾氏家族一员以后，她和曾荫权搬出了居住多年的荷里活道警察宿舍。他们自己出资在香港西摩道租了一处公寓。这是一座一厅两室的格局，对于鲍笑薇当然不算奢华，然而对于从小生活在拥挤环境中的曾荫权来说，简直就是太大的变化了。

　　□　"我想家了，我现在比任何时候都想念香港！"子夜时分，睡得正香的曾鲍笑薇，忽然发现曾荫权睡眼惺忪地从床上爬坐起来。她一骨碌儿爬起来，紧紧抓住曾荫权的手，惊问："你怎么了，荫权，莫非你……"

4. 1969 年，新婚燕尔

1963 年是一个多雨的季节。

　　这一年鲍笑薇在她所就读的香港工业专门学院毕业了。可是她并没有学有所用，当初刚到香港时倾心不已的工业专科，经过几年的苦读以后，她才惊愕地发现自己的性格其实并不适合在工业部门供职。她心里真正喜欢的并不是与现代化工业环环相扣的紧张做业，而是从小时候就颇有感情的文学和绘画。自然，文学对于鲍笑薇来说是一个神秘的王国，她不可能在短时期成为一个以笔墨为生的女作家；至于她倾心不已的中国画，还有她迷恋一时的书法，这些都只能作为她供职之余的消遣，而不能成为她维生的主业。毕业后的鲍笑薇在择业的路上徘徊了许久。

"我不可能像男同学那样进工厂，也不想进造船公司，因为我现在才感到自己不适合工业。"曾荫权对她的这番话并不感到意外，此前几年时间的接触，他已经对鲍笑薇的性格、爱好和志向有了一个基本的了解。他十分理解女友在人生路口的忧虑和彷徨。但曾荫权并不是一个随声附和的人，他知道在这种时候对鲍笑薇最有力的支持是帮助她寻觅到合适的职业。于是他说："一个人的职业选择，往往可以决定人生的走向是否正确。因此我不便对你说支持或反对，要紧的是职业要符合你的素质。否则即便盲目地进了工厂，也会半途而废的。"

在那个不时下起大雨的夏天，鲍笑薇先后考虑过几种职业。不是她去应聘时对职业现状不如意，就是聘方对这位窈窕清丽的澳门少女持有异见。半个月时间下来，鲍笑薇并没有找到她所喜欢的职业，这时候曾荫权一直关注着报上刊载的招聘广告。忽然有一天，他从报上发现一家名叫蚬壳的石油公司正在招聘文员，而曾荫权知道鲍笑薇在工业专门学院的最后两年，曾经学过秘书专业课程。因此他希望鲍笑薇去这家石油公司应聘。

果然，鲍笑薇经过面试就顺利地得到聘方的首肯。因为鲍笑薇不仅答题时面面俱到，而且她的性格、文才及应酬局面的素质，均让这家公司格外满意。就这样，鲍笑薇成了这家蚬壳石油公司总部的机要秘书。鲍笑薇在这家公司里做得如鱼得水，可是，曾荫权的就业却让她为之难过。就在她进公司当秘书的第二年夏天，曾荫权也从华仁书院毕业了。当时鲍笑薇本来也支持他投考香港大学，曾荫权也获得了优异成绩并被这家名牌大学录取，可是，让鲍笑薇爱莫能助的是，曾家当时的经济状况确实无法让他们的共同理想得到实现。这样，曾荫权就只好到一家药品公司就业。至于曾荫权做推销员，鲍笑薇自然替他感到委屈，她无法接受像曾荫权这样有才华的人，居然去为生计当起了"卖药仔"。

后来，曾荫权之所以在辉瑞药品公司已经做得很好的推销员位置上，忽然萌发了投考港府公务员的欲望，与其说是他受到老师的启迪，不如说是听信了身边这位爱意真诚的女友的全力怂恿，才让曾荫权最后毅然放弃了原来的工作，投考公务员并重新开始。这其中鲍笑薇的努力是功不可没的。

距此四十年后，曾鲍笑薇在接受香港《东周刊》记者采访时回忆说："我们两人拍拖结婚，与对方家人的关系很重要。那不只是两个人的事。我不喜欢他做推销员，是我一次又一次鼓励他考政府公务员。虽然他辞职时，公司极力挽留他，说他很有前途。但我还是认为他的性格不适合。做推销员必须面面俱圆，但他比较耿直。"

正是因为曾荫权身边有一个事事关心他的鲍笑薇，所以他才可能脱离原有的工作彻底改弦易辙，走上了一条普通香港人连想也不敢想的从政之路。曾荫权后来在仕途上得到晋升，也和鲍笑薇不无关系。因为秘书出身的鲍笑薇对于政界官场的了解与细致入微的体验，构成了她积极鼓励曾荫权奋争向上的动力。

到了1969年秋天，金风吹落了维多利亚湾边法国梧桐树叶的时候，鲍笑薇发现她和曾荫权将近十年的拍拖，终于到了瓜熟蒂落的佳期。这时候，曾荫权的弟弟曾荫培已经结婚成家了。而她和曾荫权虽然相恋的时间较长，却因为各自谋职就业等事情，反而拖延了结婚成家的进程。其实，早在曾荫培没结婚的时候，双方家长就已经多次催促鲍笑薇和曾荫权了："你们早就到了谈婚论嫁的年龄，为什么还迟迟不结婚呢？"

可是，对亲人的催促始终含笑不语的鲍笑薇，自有她的主意。她希望自己在蚬壳公司的秘书职位更加牢固；也希望曾荫权在港府内的供职，会有顺利的发展。到了1969年曾荫权果然不负鲍笑薇的所期所望，考上了港府的二级行政主任。在这时候，鲍笑薇和曾荫权才决定马上举办婚礼。

"笑薇，你不觉得嫁给荫权委屈吧？"当鲍笑薇决定操办婚事的时候，她的一位好友这样问她。

鲍笑薇不以为然地反问："不，为什么要用委屈这样的词句呢？"

女友说："因为你出身澳门大家族，金枝玉叶，多年来始终不肯轻许他人，而曾荫权的家庭毕竟有些贫寒啊。"

不料鲍笑薇却说："我嫁给曾荫权，一不图他的大富大贵，二不图他将来当多么大的官，我是觉得他这个人很踏实，又有上进心，我认为有了这两样，就比什么都强。我认为曾荫权是那种可以托付终身的人！"

那是一个紫荆花开遍香江两岸的时节。曾荫权和鲍笑薇在香港大会堂注册结婚了，她们没有像其他新婚夫妻那样双双走进大教堂，接受牧师的祝福，举行宗教式的婚礼，原因在于那时的鲍笑薇还不曾进入宗教之门。曾荫权虽然信奉天主教，却不能勉强鲍笑薇。当时的曾荫权和鲍笑薇，决定用自己多年的积蓄自操自办，并没有惊动双方的家庭。婚礼是在香港皇后大道上的中华大酒店内隆重举行的，酒席摆了三十多桌，赶来参加婚礼的不仅有曾云供职多年的警界友人，荷里活道附近的老邻居，还有鲍笑薇供职的公司和曾荫权任职的政府同仁们。而接下来曾荫权和鲍笑薇过海前往澳门所摆下的几十桌酒席，也沿袭了古老中国人婚礼喜事的旧俗。

鲍笑薇正式成为曾氏家族一员以后，她和曾荫权搬出了居住多年的荷里活道警察宿舍。他们自己出资在香港西摩道租了一处公寓。这是一座一厅两室的格局，对于鲍笑薇当然不算奢华，然而对于从小生活在拥挤环境中的曾荫权来说，简直就是今非昔比的鱼龙之变。鲍笑薇始终认为这段生活是弥足珍贵的，她曾经对香港记者这样回忆说："曾荫权婚后仍然要求上进，他也很能吃苦。他当公务员以后的第一份工是在离岛的理民府。要出席很多乡间的典礼，修筑桥梁和修理公路，他每次要到乡间去，我几乎都要陪着他一同前去。尤其是星期日他经常要到山里去，那时候他都要亲自驾驶一辆MINIMOKE小型工程车进山。我记得有一次，恰好赶上山洪暴发，大屿山上的路又十分狭窄，车身只有油纸挡风，结果全车几乎都是水了。他当时担心我做惯秘书的人，会不会和他一起经历这种风风浪浪，可是我后来的表现让他看到了一个可以和他同甘共苦的伴侣！"

鲍笑薇还对记者说起曾荫权就任公务员以后的几次重要的升迁，在这个过程中她所表现出来的坚韧无私，则是外界始终难以了解的。鲍笑薇说："他去马尼拉工作的一年，大仔刚刚一岁，热带地方，花草很美，那一年刚开始学园艺，所以现在懂得打理花园。去哈佛时，我们带着五岁的大仔，两岁的细仔，一到那里很快就开学了。我们还要为孩子找学校，相当忙乱。但现在想起来很值得回味。当年没有电脑，他功课很多，要打字，每次晚上都是他一边写，我一边帮他打字。那时我自己也在哈佛大学读校外课程，学室内设计和公关，同时认识了一些其他国家的官员太太，现在仍有往来。那些日子都是值得珍惜的。升迁当然是一种荣耀，想深一层却是一种责任，一个承诺。曾荫权的每一次升迁，都是一种新的挑战，虽然很开心，但也有担心的时候。因为你会不断地在想，能否成功胜任，做到最好为止。"

5. 婚后的日子：苦尽甘来

鲍笑薇变成曾鲍笑薇，并在她生下第一个男孩以后不久，就辞去了从前在那家蚬壳石油公司的秘书职务，曾经有过种种宏大设想和远大抱负的曾太，一度为成为专职太太而感到无法适应。

因为她毕竟是一个和曾荫权同样有着理想和抱负的职业女性。家境不再由于贫寒而担忧衣食住行，公务员的职业不但给曾荫权带来了丰厚的收入，同时也让嫁作人妻的曾鲍笑薇感受到家居生活的无比温馨。曾鲍笑薇是一位非常能干的主妇，她不仅相夫教子，而且还把一个小家打理得井井有条。特别对两个孩子的学龄前教育，鲍笑薇真正做到了把她当年在澳门和香港读书时学到的知识，都有机运用到家庭教育中去。

曾鲍笑薇自从和曾结权结婚以后，就放弃了早年许多不切实际的奢望，真正把她的一切都无私地奉献给她的夫君，曾荫权对她也倾尽心力，他认为把家交给精明的妻子管理，自己在官场上纵横驰骋，就会没有后顾之忧，一往无前。曾荫权从政以后，仍然没有忘记澳门。那是他初恋萌生的地方。因此他即便公务再繁忙，每年至少也要去澳门探亲两次。

新婚不久，曾荫权随曾鲍笑薇前往澳门，给岳父鲍元义拜寿。那一天前来"元记饼店"后宅给鲍老先生祝寿的亲朋至友，人山人海。可是曾荫权这位已是行政主任的港府官员，居然能够当众给岳父大人跪下奉茶，简直是出人意料之外。曾荫权此举不仅让曾鲍笑薇和她的两个姐姐、姐夫感动不已，同时也让德高望重的岳父备感欣喜。曾荫权如此崇敬鲍元义，恰好说明他和曾鲍笑薇的感情真挚，琴瑟和鸣。这在澳门亲友之间一时传为美谈。

　　生活在香港的曾氏夫妇，是那样的恩爱。许多人亲眼看见曾荫权和曾鲍笑薇经常在饭后散步谈心，星期天他们还一起去教堂望弥撒，或者一起去市场买菜。从前在澳门生活时不信基督也不信天主教的曾鲍笑薇，自从嫁进曾门以后，开始受夫君的影响，潜移默化地走进了对她十分陌生的天主教之门。她承认在精神信仰方面受到了曾荫权的影响。曾鲍笑薇认为：一个人是要有信仰和追求的。因此她在嫁给曾荫权不久，就对天主教产生了浓厚的兴趣。去教堂的机会虽然无法与曾荫权相比，不过她也尽量要求自己在时间允许的情况下，多随丈夫一起去大教堂做祈祷。

　　此外，辞去石油公司秘书职务以后的曾太太，在赋闲的日子里听从了曾荫权的劝告，开始把学生时代喜欢的音乐，当成她家居生活的一种兴趣。她喜欢弹钢琴，尤其喜欢弹奏肖邦和贝多芬的乐曲。曾鲍笑薇有一年还参与了一场筹办慈善的钢琴演奏会，她在这次会上当众弹奏的莫扎特的《费加罗的婚礼》，博得了全场雷鸣般的掌声，谁也没有想到平时不轻易抛头露面的曾荫权夫人，在关键的场合竟然能弹奏出如此感人心魂的乐曲。1995年曾荫权晋升港府财政司长以后，曾鲍笑薇的名字也开始为香港人所注意，曾鲍笑薇出任香港女童子军总会副会长，就是她首次以民间职务出现在大庭广众面前。曾鲍笑薇的与众不同，还表现在她对下层人士的关爱。例如每年当曾荫权要向媒体公布港府新一年财政预算案时，各路记者总是要在曾荫权的官邸门前守候，曾鲍笑薇见那些记者在烈日下坐候，就会盼咐工人给记者们送上曲奇饼和汽水，让他们边工作边吃。曾鲍笑薇此举在新闻界曾经引来一阵欢呼叫好之声。

　　曾荫权从美国读完哈佛大学的功课回港以后，他的官职步步上升。先是执掌沙田政务，后又到贸易署任署长要职。在此期间鲍笑薇已经成为了真正意义上的官太太。不过鲍笑薇并不满足当一个夫人，她希望在照顾家庭之外，也要把她在哈佛大学陪读期间学到的室内设计和公关业务，都巧妙地运用到生活中来。只是她再也不能像从前那样，为生计之需要到社会上公开任职了，纵然学会了公关，可是她又不能充任公关；她把室内设计学得纯熟，然而除了把自己的家庭装饰得简洁典雅之外，不可能实现她外出担任家庭内部设计师的凤愿。

　　曾鲍笑薇在家居的漫长岁月里，仍然保持着她与生俱来的好学精神。在辞职的最初几年里，她在曾荫权的支持下，到香港的法国文化协会去补习法文课。曾鲍笑薇的英文基础很深厚，葡萄牙语自然不在话下，当她变成了家庭主妇以后，又开始向她感到陌生的法语迈出了坚实的一步。法语和英语成了曾鲍笑薇中年以后赖以维持治学精神的生动体现。她在官邸里捧读英法两种文字的文学原著，结合她熟悉的中文，进行对照性阅读和编译，丰富了她的生活，美化了她的感情世界。

　　曾鲍笑薇婚后的另一个追求，就是学练厨艺。

此前她在澳门生活的十几年间，由于家庭生活富裕，又开着一家有名的饼店，所以她并不需要自己熟悉厨艺。每天的饭食都由固定的家庭厨师安排调理，她和两个姐姐只需要"饭来张口"即可了。然而曾鲍笑薇自从来到香港，特别是她嫁给曾荫权成为小家庭的主妇以后，烧饭的重担一度压在了她的肩上。这样，凡事喜欢认真的曾鲍笑薇，忽然对厨艺产生了浓厚的兴趣。她为了让曾荫权吃好，曾经多次调理家庭菜谱，力争每餐都做到饭食不重样，菜类花样翻新。不但要做到每餐饭色香味俱全，同时还要顾及菜类的养分。其中曾鲍笑薇在成为财政司长夫人以后精心巧制的英式茶点，就是她的别出心裁之作，一时在香港政界高层的圈子里传为美谈。

2004 年年底的一个上午，一位希望采访曾鲍笑薇家庭厨艺的香港记者，怀着谨慎的心情拨通了那个得到许久的电话号码。她没有想到接电话的竟然就是她希望采访的曾鲍笑薇。记者原以为曾荫权的夫人会拒听电话，或者会挂落电话。而一位记者想接近这样的贵妇人，肯定会过五关斩六将，秘书、管家的关口一定会让一个记者良好的初衷在重重难关面前变得支离破碎。可是她没有想到深居简出的曾鲍笑薇一听到她的要求，竟然爽快地答允了。记者亲临采访，才惊讶地发现，曾鲍笑薇的厨艺果然如传说的一样，确实别出心裁。曾鲍笑薇精制的"松饼"就是厨艺中的一绝。她是用酸奶酪代替了糖和牛奶，改良了旧式松饼的成分，这样做出来的松饼不但甜度适中，而且松软可口。再配上牛油和果酱，她的松饼无疑会让曾荫权感到满意。

曾鲍笑薇家庭厨艺中的另一绝，就是前面已经提到的英式茶点。这是她多次去英国伦敦旅行时学到的，再被她注以中国式特色，所以这种茶点别有风味。每次家里有重要的客人临门，曾太都会一展身手，当众展示她的厨艺和茶点。席间定会博得客人们的赞许之声。

曾鲍笑薇家居生活的另一才能，就是仿效《红楼梦》中黛玉葬花和一些古典茶叶的保存办法，试制成一种特殊口味的香港茗。每年春节刚过不久，曾鲍笑薇便把四季橘移植到园子里来。当花果开满枝头的时候，她就会依照书上的说法，小心翼翼地把四季橘采下来，加以珍藏，配上佐料以后，精制成为有药用的盐桔。这种盐桔成干以后，可以药用，对咽喉病颇有特效；同时也可以作为零食品尝。因为桔味甘美，生津止痰，即便无病的人食用也有益无害。

曾太的下午茶，一度也被人称道。香港记者认为："日常生活，忙碌烦心。如是能够偷得半日闲暇，把茶喜欢，细赏甜品以及各式美点，简直就是赏心悦目的乐事。曾荫权先生的夫人曾鲍笑薇女士在官邸里待客的下午茶，就是一丝不苟，精心铺设。她喜欢把客人迎进阳台，在满园绿意之中，享受传统的英式茶点。她会用热腾腾的牛油英式司康烤饼，配以浓缩的奶油、草莓酱和自家制的柑橘果酱来宠你，另外当然还少不了精致的薄切油珍三文治、脆饼、蛋糕和多数茶饮。各式美点当前，加上别致的摆设，令你忘记身处官邸，只管开怀大嚼，一快朵颐。"

其中曾太亲手精制的英式三文治和青瓜三文治、烟三文鱼、盐桔及康可司烤饼等，都堪称曾家的一绝。特别是经她之手自制的"蜜饯四季橘"，其作法和用料都别具一格，许多果脯甚至胜过市场上的鲜品。

尽管曾鲍笑薇不断给自己寻找可以做的事情，然而只要她偶尔闲了下来，还会感到寂寞。不过，她心中的宗旨却是一直也不曾改变，那就是无论曾荫权升任何种新职，她始终恪守着"夫人不参政事"的原则。曾荫权更是遵守着他们自结婚以来双方拟定的不成文家规，他在外边无论有多么重大的事情，无论他因公务面临几多沉重的精神压力，只要他回到家中来，都要改换一副轻松的脸孔来面对妻子和孩子。曾鲍笑薇更是不敢过问与她无关的政治事务。她的妇道就是"相夫教子"和打理好曾荫权的衣食住行，除此之外她几乎不过问任何事情。如果说她不关心曾荫权的公务也不可能，因为她经常会从丈夫归家后的神态举止中，观察到他在外边所受到的压力。

6. 哈佛，难忘的陪读生涯

1981年，曾荫权受香港政府的委派，前往美国哈佛大学攻读公共行政硕士学位，学期为一年，这是曾荫权梦想多年的事情。为了让曾荫权能更安心于自己的学业，曾鲍笑薇决定陪读，可是这时他们的两个孩子还小，曾鲍笑薇便毅然带着曾庆衍和曾庆淳一起随夫来到美国。当然，做为曾鲍笑薇来说，她也绝不是单纯地陪读，她还要利用这一段难得的时间，努力进修。

曾荫权偕妻来到哈佛大学的时候，这一学年早已经开课了。摆在他们面前的是状如山积的功课。上半年的课程曾荫权努力完成了，而下半年的学习很快就进入了冲刺阶段，当时已经37岁的曾荫权，清楚自己必须要在最后几个月时间里，完成学校交给他所学10科的学业，这样，他不但要搞好论文的答辩，同时还必须保证所学10科至少有5科达到A级的水平，这样才能最后拿到毕业文凭。否则他在哈佛大学的一年进修将一无所获。

如果那样的话，曾荫权所面临的处境将是十分尴尬的。考试不能过关的结局：一是要继续留在这所学校里进行补考，二是两手空空灰溜溜地返回香港。这两种结局都是曾荫权不能接受的。他不可能继续留在哈佛大学的校园里做无休止的复习与补考，因为他从香港启程之前，夏鼎基司长已经明确地告诉他："曾荫权，你的求学时间只能是一年时间，多一天也不行！"那么，万一拿不到毕业证他又该如何呢？当真无功而返地回到香港吗？莫非到了37岁的时候，还要重当在华仁书院读书时尴尬的"肥佬"吗？不行，这两条路对于他来说，都是想都不敢想的危途。惟一摆在他面前的道路只能是考取5科以上的优秀！

就在曾荫权全力冲刺的时候，他忽然病倒了。

出乎他意外的是，刚刚回了香港的妻子曾鲍笑薇不早不晚地又飞了过来。她此次回港是因为父亲的疾病。年已老迈的鲍元义从澳门到香港治病，她作为女儿当然不能不管。于是曾鲍笑薇急急地飞到香港，探视父亲后又马不停蹄地飞了回来。

妻子的到来给求学困境中的曾荫权带来了快乐。因为有妻子在他身边照顾，曾荫权每天可以不必再跑食堂去吃那些让人反胃的美国式西餐了。妻子为他做出可口的中餐，特别是她烧的中国式大饼，对于曾荫权来说简直是难得的美味。因为妻子的娘家便是以烧制独特风味的大饼扬名于港澳的。曾鲍笑薇煲的汤，更是让曾荫权赞不绝口。两个孩子也再不需要曾荫权照料了，曾鲍笑薇只要回来，所有的后勤工作都会井然有序，丝毫不用他操心。在曾鲍笑薇的关怀下，曾荫权的病很快好了起来。他马上又投入到昼夜苦读中去。

"你应该劳逸结合，这样拼命的苦读到头来你会吃得多消化得少的。"见到丈夫不分昼夜地啃书本，曾鲍笑薇心疼得不行。她既爱莫能助，又总是在一旁为曾荫权如何顺利地闯过毕业考试一关在想方设法。

"你不能总是闷在图书馆和宿舍里，除了必要的课堂听讲之外，你也要有一定的时间自我放松，不然，你即便累坏了，也不一定会得到好的成绩。"在曾鲍笑薇的苦劝之下，曾荫权终于改变了学习方法。此后他经常在妻子的陪同下，走出宿舍，来到哈佛大学的校园外。在这里他们漫步在美丽的查理河畔，这条小河的对岸，就是建筑奇伟的波士顿。已经来到哈佛大学半年有余的曾荫权，这才开始欣赏这里的精彩景致，他所就读的学院原来在坎布里奇河的一侧，而一些医学院等则在河对岸的波士顿近郊。至于哈佛大学的林场公园原来是在麻省彼得沙姆那片郁郁葱葱的铁杉林深处。而那条清冽冽的查理河恰好就从那片黑森森的树林深处潺潺地流淌出来。他和妻子继续向前漫步，发现哈佛的校区竟然这样广阔。与哈佛大学相匹配的其他助学设施也是五花八门，应有尽有。看到校外的这一切，曾荫权紧张的神经有所舒缓。

"我想家了，我现在比任何时候都想念香港！"有一天子夜时分，睡得正香的曾鲍笑薇忽然发现曾荫权睡眼惺忪地从床上爬坐起来。为了准备即将开始的毕业考试，他已经几天几夜没有睡好觉了。今夜他刚刚睡稳，不料竟然在半夜里惊醒了。吓得妻子一骨碌爬起来，紧紧抓住曾荫权的手，惊问："你怎么了，荫权，莫非你……"

曾荫权苦笑，说："没什么，我刚才做了一个梦。在梦里我好像回到了香港，回到我们的家了！"

妻子也笑了，心疼地望着神情憔悴的丈夫。她知道近一年来，对于来美国圆大学梦的曾荫权来说，所怀抱的期望与背负的压力是多么巨大。她有些担心地问："你究竟是怎么了？真的想家了吗？"

曾荫权说："我现在很想吃香港的云吞面！那种面现在想起来就想吃，就是100美元一碗，我也愿意买。"

"那么，我现在就起床给你烧一碗云吞面吧？"曾鲍笑薇见丈夫如此思念香港，深深地理解他的心。于是急忙起床，手脚麻利地为丈夫去烧面。当云吞面的香味弥漫在小小的宿舍里时，曾荫权简直陶醉得快落泪了，他双手捧着妻子为他烧的面，大口大口地吃着，吃得十分香甜，他动情地说："家乡的面实在是太香了！"

妻子已经从曾荫权半夜里对一碗云吞面的思念，窥透了他此时的心境。她轻声地说："不要太久，学业就会结束的，到了那时候，我们就回家了，只有在我们家乡的土地上，才能感受到做中国人的滋味！……"

后来，曾荫权曾忆及身在哈佛时的思乡情怀："再想深一层，我发觉我记挂的是香港，香港的气味，香港的人，以及污染，都萦系于胸。"

毕业考试的时刻终于来到了。

曾荫权的心血没有白费，他在一连几天的考试中，九门功课都考取了最优秀的 A！只有一门功课是 B！他这样优异的成绩，在哈佛大学的肯尼迪行政管理学院的数百名考生中，几乎是绝无仅有的。他在哈佛校园里穿上了硕士衣袍，头顶上终于戴上了他向往已久的"四方帽"！望着站在阳光下如愿以偿的曾荫权，鲍笑薇欣然地举起了相机，给她获得硕士学位的夫君拍下了一幅永留纪念的照片！

在事过多年以后，当年曾荫权在哈佛肯尼迪学院进修时的老师、著名教授李奥纳回忆说："从曾荫权当年在哈佛所选修的课程来看，足见他颇具远见卓识。他选的科目包括财务、宏观经济、贸易、政治以及管理。这些科目日后完全与他在港府处理的工作有关系。当然，曾荫权的功课如此好，与他身边有个妻子照顾是分不开的。曾荫权的妻子很贤惠，也很能干。她在哈佛期间不但照顾曾荫权和两个孩子，而且还要顾及她自己的学习。在我见过的所有外国学员中，像曾荫权夫妇这样和美融洽的还很少见。"

在谈到曾荫权的学习时，这位美国教授说：曾荫权在他任教的科目中表现优秀，是一个坚强、肯承担及勤奋的学生。无疑曾荫权给这位名叫李奥纳的美国人留下了良好而深刻的印象。而曾荫权在结束为期一年的学业以后，也始终没有忘记哈佛大学给他的益处。这座国际知名的大学，不仅给了他多年梦想的文凭，而且还给了他立足政法至关重要的学识和理念。这是曾荫权一辈子都难以忘怀的。

曾鲍笑薇就是这样任劳任怨地陪同曾荫权在哈佛大学完成了学业。

7. 妻子的无言承诺：不参政事

曾鲍笑薇理解曾荫权特殊的政治身份。虽然夫妻俩是青梅竹马、两小无猜，可是，当她嫁给曾荫权，特别是当曾荫权荣任要职以后，作为妻子的曾鲍笑薇知道她必须要小心慎重地恪守为妻之道。而曾荫权作为一个政府官员，多年来也自觉地遵守着一条原则，凡是公事他绝对不回家来谈，有时他要在夜晚研究重要的公务，也会把自己关进一间房子里。找官员们谈话时，曾鲍笑薇从不到场相陪。曾荫权每逢遇到重大政务，总会把自己心里所想的重要事情包裹得严严密密，尽可能不让妻子看出他心中积郁的烦躁和苦恼。许多重大压力，他都会一个人顶住，而把轻松的笑脸留给家人。这对多年从坷坎困苦中走过的夫妻，在公务和私事上永远都分得清楚。

1997 年香港回归祖国以后，曾荫权作为特区财政司司长，身负着协助特首董建华处理香港重要大事的职责。1998 年夏天，在曾鲍笑薇眼里的曾荫权，似乎比以往任何时候都心神凝重。她不知道在曾荫权的财长任上究竟发生了什么大事，所以她仍然按照夫妻俩年初就议定的旅行计划，在盛夏季节准时出发，乘飞机前往伊斯兰堡。美丽的异国风光，本来应该让曾荫权凝重的心情得到缓解，然而曾鲍笑薇却发现尽管一路上有看不尽的景致，曾荫权却好像有什么秘不可宣的心事，每天都一个人面对清丽的山川和潺潺的碧泉发呆。有一天，曾鲍笑薇发现曾荫权的神色大变，原来是接到了一封加急电报，曾荫权对曾鲍笑薇说："你继续留在这里旅行吧，我需要马上赶回香港去！"

当时曾鲍笑薇猜测不透丈夫究竟遇上了什么麻烦，直到后来报上刊载了亚洲金融风暴的新闻，她才恍然大悟。原来就在亚洲金融风暴已经逼近香港的时候，作为财政司司长的曾荫权竟然从香港新机场乘一架波音飞机飞赴伊斯兰堡。一些不明就里的人对曾荫权此行大惑不解，有些不怀善意的人甚至散布谣言说："曾荫权是害怕风暴一个人避风去了！"

其实不然，只有和曾荫权日夜在一起的曾鲍笑薇最为清楚：曾荫权从来不是见祸远避的人，他做事全是按照特区政府行政长官的意思行事。这次去国外度假也是一样，曾荫权的事前安排是，他要和妻子准时参加香港至伊斯兰堡的直航，而旅行度假则是次要的事情。这是一项既定任务，与发生在近日的金融危机毫无任何联系。曾荫权和妻子虽然乘飞机到了伊斯兰堡，然而他的心仍然还留在香港。

曾鲍笑薇发现他在国外始终密切关注香港的金融态势，关注股市行情的起伏，他和她每到一地，都立即和香港坐镇指挥的许仕仁联系，以便了解有关金融变化的最新情报。仅仅两天过后，当曾荫权从国外飞回香港的时候，这场风暴非但没有消失，反而变得比从前更加疯狂了，已经像魔鬼一样席卷了香港的全部股市。夜里，曾荫权陷入了无边的黑暗中，他好像一下子陷入了可怕的深渊。从政 30 多年来，从事金融财政工作至少也有十年光景，期间曾荫权也算一个久经幽谷深潭、屡战屡胜的理财能手了。然而，他怎么也没有想到香港回归一年间，就在他想好好大干一场、让香港金融和财政出现可喜局面、让英国佬见识一下香港人自己管理香港金融才能的时候，这场危及全港人民的经济风暴，竟突如其来地降临在他的面前。

曾鲍笑薇在国外无法知道，在山顶别墅曾荫权一人在黑暗中偷偷地哭了。数十年来，曾荫权经历过人世间种种坎坷，他都不曾落一滴眼泪。而今天他是香港堂堂财政司的司长，为什么竟在这场风暴中茫然无策呢？莫非他真要躺倒在风暴面前，让英国人看香港的笑话吗？不，不能，他坚决不允许这样的悲剧在回归后的香港出现。他曾荫权更不能让自己控制的香港财政司在风暴中变成无能为力的空架子和徒有虚名的机构。

天色渐渐亮了，远山和山脚下的深水湾、浅水湾，还有隐现在茫茫雾霭中的维多利亚海，都在曾荫权的视野中渐渐变得清晰起来。他又看到了太平山前那一幢幢耸入云天的摩天巨厦了。这些大厦构成了香港人智慧与成功的历史见证。曾荫权的目光移向了桌前那尊金灿灿的武士神像，这是自香港发生金融危机时，一位友人送进他家里的礼物——一个手中握着锋利长剑的武士雕像！曾荫权感到这位友人在这非常时期送来这个雕像，无疑有着特殊的含义。他发现武士手中的利剑，似乎正在搏杀一只凶恶狰狞的鳄鱼，而武士剑下的鳄鱼在他眼里也就是此时正在香港猖狂肆虐的索罗斯。看到这个武士雕像，曾荫权忽然感到精神振奋，他从心底发出了连自己也震惊的强音："在这场金融风暴中，我们绝不能输，只有一个赢字。我就不相信会败在这个金融大鳄脚下！"

后来曾鲍笑薇才听说，曾荫权只用了一天时间，就对发生在香港的恒生指数下跌的根源做出理智的判断！这是由于美股和日圆突然大跌引起的强烈冲击。香港的恒生指数在一段最危险的时间里，甚至已经跌至6660点的可怕境地！而一些国际金融炒家们见到这种局势，便趁机疯狂作乱，以凶猛的姿态从中牟利，迅速地冲击着港元，冲袭着香港的股票市场。如果听任这种可怕的劣势继续发展下去，那么香港的金融危机就会形成一种不可救药的危险态势。

怎么办？曾荫权必须马上和董建华取得共识，同时他们必须采取强硬措施来扼制可恶的炒家。然而，如何才能有效地扼制那些不以他的主观意志为转移的国际炒家呢？从前始终对香港金融秩序充满信心的曾荫权，决定要和"金融大鳄"拼死决斗！如果想扼制住国际炒家们冲击港元的疯狂势头，如今就只有"入市"这惟一的一条路了，这无疑是一着险棋。曾荫权赶来向董建华汇报他自亚洲金融风暴以来所构思的一个大胆设想：入市！

当董建华倾听曾荫权提出的"入市"设想时，他把信任与嘉许的目光投向眼里挂着血丝的曾荫权，他不但理解他的殚精竭虑，也欣赏这位财政司长在香港处于危机时期的决断。他看到曾荫权管理香港财经方面的睿智，已在这最危险的时刻生动地体现出来了。想到曾荫权对"入市"方案的深谋远虑，也顾及到香港眼前所面临的危境，董建华并没有在投入1200亿港元的具体细节上进行询问，而是突然向曾荫权问了这样一句话："请问这一决定是否在我的权限之内？"

曾荫权顿时激动地站了起来，他心里非常清楚，如果自己的入市计划一旦失败，香港所面临的后果是不可想像的。金融会在一夜之间彻底崩溃，到了那个时候，他和香港金管局长任志刚、财经事务局局长许仕仁也都会因此而丢官。但是，在这个时候曾荫权早已经把自己的官职和利益全然丢在脑后了，他对董建华表示说："是，责任由我来承担！"

"什么都不要再说了，"不料董建华也冲动地从座位上站起来，果断地说道："现在你惟一要做的事情，就是尽快行动起来，马上采取入市措施！所有责任将来都由我来负，我就不相信香港的天会塌下来！"

曾荫权听了董建华的话，激动的心狂跳不已。特首董建华这样果断地做出了决策，这是他为之感动并信心倍增的动力。曾荫权的眼里汪着泪光，转身跑出董建华的办公室，以最快的速度返回财政司，并且立刻操起了电话。

当天上午，曾荫权的"入市"计划就变成了现实。

在香港陷入股市的混乱状态之时，曾荫权和任志刚、许仕仁等掌握财政金融命脉的官员们，悄悄集聚在距中环不远的一幢大厦里，用电话指挥一场事关香港人资财得失的重大战役。当时具体负责与国际金融炒家们对垒的竟然是一位精熟金融的资深女将。香港的突然"入市"，使得海内外各界顿时闻言大惊。香港传媒最先把曾荫权的这一决定公布出来，许多香港报纸如《星岛日报》、《亚洲周刊》、《明报》、《信报》、《大公报》和《文汇报》等，都先后推出通栏标题《财政司长曾荫权断然投入1200亿港元入市》、《向"金融大鳄"开战，煲太曾背水一战》、《向国际金融炒家喝令开道，港府突出奇兵》、《力挽狂澜之举，惊退国际炒家》、《曾荫权走出寂寞，香港恒生指数由弱势抬头》。

曾荫权作为当事人，没有谁比他更清楚港府面对这场风暴时所进行的紧张运作。此前他曾授权金管局通过外汇市场进行干预。经过数次角斗，虽然港府的措施可以挫一挫一些国际炒家的锐气，然而成效甚微，大有杯水车薪力不从心之感。在那些难熬的日子里，曾荫权和所有香港金融界的官员们，都坚守在那座大厦的指挥部里。到了8月中旬，港股已经下跌至6500点，是当时香港近5年的最低水平，曾荫权那时就已经感到危机的逼近，他知道任志刚和许仕仁的见解不是没有道理的，如果在这时候想有效打击来势凶猛的国际炒家，最有效的手段，只有港府直接"入市"干预。然而港府"入市"又谈何容易，那岂不等于是破釜沉舟的最后一搏吗？如果他真想这样做，董建华特首会拍板吗？

就在曾荫权左右为难的时候，他终于得到了董建华的全力支持。8月14日上午9时半，曾荫权接通了香港证监会主席梁定邦的电话，下令他马上执行港府的最新决定：立即干预股市及期指市场，对抗炒家。

在接下来近半月的"大战"中，曾荫权每天都坐镇在办公室里，关注着香港股市的行情。他看到了一个可喜的迹象：炒家不断抛空股票，金管局则力接沽盘。经过14天的"肉搏"，港府终于成功击退炒家：8月28日恒指以7829点收市，成交额达790亿港元，创出单日成交纪录的历史性新高。

成功击退炒家后，曾荫权在电台节目中解释港府入市的必要性："炒家所拿走的，不单是金钱，更是香港金融制度的稳定和600万人的信心。"

香港突然入市的消息传入东南亚，传入欧美的当天，西方媒介都将曾荫权此举当成了最大的爆炸性新闻来加以迅速传播。因为金融危机已经困扰了香港多时，在西方人眼里，刚刚回到祖国怀抱的香港，很可能在这场意想不到的金融风暴中出现让他们幸灾乐祸的危局。然而就连美国白宫和雾谷的高级经济战略专家们，也对此没有任何心理准备。所以当曾荫权的"入市"决策出台之后，顿时激起了一阵非议之声。

在当时金融秩序尚未稳定的香港，此举也引起了社会上一片批评之声，学者、商界纷纷指责特区政府破坏了香港一贯的自由市场运作体系，曾荫权更是一下子变成了众矢之的。

8月28日那天，"入市"的决战已到关键时刻。曾荫权面对香港和国际上的强烈反应安之若素，继续沉着坐镇在临时指挥中心，一刻不停地接听着秘书和观察员们报来的现场情况。入市的当天下午，香港的恒生指数就开始从最低点的5600回升了，他和任志刚、许仕仁的脸上都开始露出微笑。他们眼看着香港的金融航船已经从险恶的波峰浪谷中驶出，战胜了危机，化险为夷。不久，香港终于冲破了金融危机！

最初的"入市"胜利之后，香港特区政府专门成立了外汇基金管理公司，全权处理当时购入的大批港股，并且有效地通过盈富基金运作，逐步把港股"还"给了市场。曾荫权在这场金融风波过后，曾经郑重向传媒宣布：经过大约32个月的努力，香港特区政府不仅已经收回了当时投资的1100亿港元，而且目前还持有1000多亿港元的股票。如此惊人的回报，也用事实证明了香港特区政府当年入市决定的正确。

直到曾鲍笑薇从香港报纸上看到这些新闻，她才明白曾荫权为什么在去国外旅行中那样忧郁，那样愁眉紧锁和一言不发。她在事后对记者谈起曾荫权和"亚洲金融风暴"时说："行程走到一半，他忽然说有些重要的事赶回香港，我一个人留在伊斯兰堡，完全不知道发生什么事。他从来不会向我说起公务上的事，第一，我无法担当；第二也不适当；但当时气氛确实令我感到，有事情要发生了。……他经常带着公务回家，我会识相，一看他一脸严肃，是他要静，要思考，做事的时候，我会让他静静地做事。除非他肚子饿了，我才出场打点吃的。他有时比较紧张，我处事则很轻松，我时时说，他学到我的一半就好了。他太紧张太辛苦，我会劝他休息，不过我始终尊重他做事的认真……"

第三章　在特首的光环之下

□　曾荫权的点拨，让她顿时精神一振。多年前就喜欢文学的曾鲍笑薇，也喜欢观赏中国历代大师的书法，例如苏轼、怀素、颜真卿等人的拓帖，她都曾爱不释手。只是如今让她真正系统地学练书法，曾鲍笑薇才感到有些紧张，说："学书法倒是一个最好的办法，只是我的功底太浅，如果没有名师的指点，恐怕也很难成器。"

□　曾荫权说："那是完全由太太做主。我在过单身生活时，不善理财常遇困难；自从结婚后，太太理财，从未出现过家庭经济赤字。"他还笑说："我的银行户口，是用我们两人的名字；而她的银行户口，没有我的名字。但是我从不担心会有任何不够廉洁的事情发生。"

□　正如香港《东周刊》记者所言："三十多年前的小主妇，现在已是政务司长官邸的大管家。踏进这幢大宅，处处都是她的品位。咖啡桌上有一束小白兰，是早上她从树上摘来的一室幽香。……在曾荫权步步登高的这台戏中，曾鲍笑薇尽管没有台词，却是落力演出的最佳女配角。"

8．书法，寂寞中的乐趣

1993 年曾鲍笑薇把她们的第二个孩子曾庆淳，也送到了泰晤士河畔的英伦三岛。

她和曾荫权在子女教育上有一个共同的基点，就是尽量让孩子们学会他们喜欢的功课。在香港读中学和大学的时候，曾荫权事务繁杂，无暇顾及，这副担子就全部落在了曾鲍笑薇身上。两年前当她和曾荫权一起把大儿子曾庆衍送到英国留学的时候，曾鲍笑薇曾经为和她生活了多年的爱子忽然离开她的怀抱，只身在异国求学而感到心中痛楚。特别是当她看着儿子站在校门前向她和曾荫权招手，而她和曾荫权马上就要离开学校的时候，曾鲍笑薇的心几乎快要碎了。那时她真恨不得改变让儿子在国外求学的打算，可是，当她想到儿子将来的前途，还是忍泪辞别回到香港后，她几乎每天晚上都要给在伦敦的长子打一个电话，如果听不到曾庆衍的声音，她就无法入眠。

后来，第二个儿子曾庆淳也长大了。在香港读完中学以后，前去英国牛津大学读书。当时由于大儿子庆衍学的是医学，所以她也想让二子仍然学医。不料二儿子另有志向，他希望将来能成为一名电机工程师，曾荫权马上就表示支持，曾鲍笑薇最后也赞同了儿子的主张。当她把两个儿子都送到英国留学以后，香港的官邸就忽然变得空荡荡的。这时候曾鲍笑薇才发现孩子们离去以后，如果她继续生活在这偌大的院落里，必须要寻找一个可以打发时间的事情来做，否则她会感到无法忍受的寂寞。

"你可以弹钢琴，也可以把你从前喜欢的体育活动拣起来嘛。"曾荫权发现妻子为寂寞发愁的时候，劝她最好寻找生活的乐趣。这是自 1975 年曾鲍笑薇为了在家里伺候刚出生不久的二子庆淳而不得不提前结束在蚬壳石油公司的工作，回到家里来做全职太太以后，第一次表现出的茫然和困惑。

曾鲍笑薇却摇了摇头说："荫权，体育当然是我现在仍然喜欢做的，可是，我毕竟年龄大了。再像从前在澳门时那样打网球、下海游泳显然已经不可能了。至于弹钢琴，当然是可以做为一种消遣，不过，我每天总躲在家里弹琴，也不可能把全部时间都用在音乐上啊。我想，最好有一个可以长期坚持的事来做，那样不仅让我每天的时间都安排得很充实，而且还会让我的精神好起来。"

曾荫权忽然眼睛一亮，说："我记得你不是很喜欢绘画吗？"不料她却微微一笑："不行，绘画那只是我的爱好，欣赏别人的作品也许可以，但如果真让我也动笔来作画，恐怕有些做不来，因为作画不是一日之功。我现在学画也许晚了一点了，我在绘画上毕竟没有基础呀。"

"那么你可以练习书法。"曾荫权鼓励她说："我记得你从小就对中国古典文学有兴趣。你在工业专门学院读书时，不是经常喜欢一个人到图书馆去寻找历代书法家的字帖吗？现在有时间了，不正可以学练书法吗？"

曾荫权的点拨，让她顿时精神一振。多年前就喜欢文学的曾鲍笑薇，也喜欢观赏中国历代大师的书法，例如苏轼、怀素、颜真卿等人的拓帖，她都曾爱不释手。只是如今让她真正系统地学练书法，曾鲍笑薇才感到有些紧张，说："学书法倒是一个最好的办法，只是我的功底太浅，如果没有名师的指点，恐怕也很难成器。"

曾荫权见妻子首肯，便说："这好办。我会为你请到一位香港著名书法家的，我想，你从此学练书法，不失为一个好主意。这不仅可以让你每天有事做，同时也可以通过练书法陶冶情操。"曾鲍笑薇点头说："在香港这个到处都说英文，用英文的地方，我确实对练中国书法别有一番感情。因为练书法才能让我觉得是一个中国人啊。中国字其实在世界上是最优秀的文字，每个字的组成都有一定的道理。荫权，这个主意很好，现在我只要求你替我请一位老师了！"

几天后，一辆小轿车在灿烂的落霞中缓缓驶进了香港太平山的官邸。曾鲍笑薇迎出门来时，发现曾荫权从轿车里请下一位两鬓斑白的学者，原来是丈夫为她请来的书法教师。曾荫权对她介绍说："笑薇，这就是香港坐头一把金交椅的著名书法家戚谷华先生，戚先生在书法界可谓泰斗级的人物，今晚能光临实在是不容易啊！"

"戚老师，久仰久仰！"曾鲍笑薇早就对戚谷华的大名有所耳闻，今晚她没想到丈夫竟然把他请来，心中万分高兴，急忙把戚谷华请进客厅，布上果馔说："真没有想到，戚老师会大驾光临。早在多年前，我就在为老师的书法佳作叫好叫绝了，只是我虽然喜欢写字，却始终无缘与大师相见，因此也就不敢奢求求教了。"

"曾太，也不必谦虚。"戚谷华笑答，"其实你的字写得已经很好了，前几天曾司长派人把你临的帖给我送了过去。我看了以后，有些吃惊。在咱们香港，别说曾太能写这么好的毛笔草书让人震惊，就是曾太这种锲而不舍的精神也很感人啊。在香港这人人都说英语的城市，还能不断地以习练毛笔字为乐，简直是让我感动了。"

曾荫权也笑着说："笑薇对毛笔字的感情已非一日了。戚先生，将来您能指导她，我们就是感激不尽了。"曾鲍笑薇也说："是啊，我始终喜爱中华文化，一个华人不会中文怎么行？我多年前就想练习毛笔字，说到底还是为着感情上的追求。"

"好好，曾太的精神可贵。"

曾鲍笑薇吩咐女侍上菜，当满满一桌酒宴摆上桌时，她把戚谷华请到首位上坐定，举起一杯红酒说："戚老师，从今以后，我就拜您为师了！"

那天晚上，大家在太平山官邸谈得十分开心。也就是从那天晚上开始，曾鲍笑薇在书法学习上有了固定的老师，她定期前往城中戚谷华先生私宅，倾听这位著名书法家的讲课。回来以后，她要把戚谷华教授的书法知识变成为她练习毛笔字的动力。曾鲍笑薇每天有固定的时间在官邸里练习写字，有时候她一站就是三四个小时。日复一日笔走龙蛇，时间长了，她的写字技巧日益完善。她写废的宣纸都置放在画室里，她会把自己写的字定期取出来请戚谷华先生指正。就这样，曾鲍笑薇的书法水平日臻完美。

这些年中，曾鲍笑薇在戚谷华等一批前辈人物的指导下，先后临写了东晋大书法家王羲之，唐初书法家欧阳询、颜真卿、怀素、张旭、柳公权，北宋大书法家黄庭坚，元代书法家赵孟頫、明代书法家祝允明和清代书法家包世臣等人的字帖。写成的条幅和中堂已经不计其数。从中不难看出曾鲍笑薇超群的毅力。

眨眼之间已是十二个春秋！到了2005年春天，曾荫权升任香港特区行政长官时，曾鲍笑薇已经成了香港屈指可数的女书法家。这时，有人建议曾鲍笑薇举办一次个人书法展，特别是她的老师戚谷华先生更是极力推荐，鼎力促成。然而曾鲍笑薇始终保持冷静。她对香港书法界友人的盛意表示婉谢，因为她是一个生活低调的人，不喜欢出头露面，特别是曾荫权就任香港特首以后，曾鲍笑薇更不想举办自己的私人书法展览，她说那样不符合她一贯低调为人的性格。她还认为，自己当初学习写字一是为了打发寂寞的光阴；二是为了不忘记自己是中国人。是自己喜欢写，写得开心就够了！

在曾荫权的家里，到处可见曾鲍笑薇书写的对联和中堂。从笔法和功力上堪称一个书法家。他的老师戚谷华对曾鲍笑薇给予很高的评价，他说："她多数时间自己静静坐在一个角落里，但我叫同学出来示范，她有时也主动请缨，有时她写了张好字，也会情不自禁地叫出来。"

曾荫权对夫人的书法艺术也极为欣赏。他一面向曾鲍笑薇求教中文书法的要领，同时也跟太太学标准的普通话。曾鲍笑薇虽然小时候生活在澳门，但是她的普通话却是说得极流利。曾荫权也喜欢把太太书写的墨宝当作礼物赠给友人。一时间中国书法在港府内部形成一股强劲的时尚。例如曾荫权就任港府财政司司长的时候，就在办公室的会客室内悬挂了两幅书法条幅，一幅是："利民纾困自强不息"、一幅是："强本节用力创新猷"，前者是1998年他任"财爷"时的预算案标题，后者为1999年的预算案金句。这两条笔酣墨饱的中文书法，都是曾鲍笑薇亲笔书写的，一时在港府高层传为美谈，许多传媒记者也闻讯而来，把曾荫权坐在太太书写的中文条幅下的镜头刊载在期刊的插页上。

2005年7月25日,四川美术网上出现了一条引人注目的新闻:《香港特首夫人鲍笑薇作客四川美术家画廊》。这条新闻称:"今日上午9点30分,香港特别行政区新任行政长官曾荫权夫人鲍笑薇女士莅临四川美术馆,省美协主席钱来忠、省美协秘书长张国平、省美协副秘书长梁实民等陪同鲍笑薇女士进行了参观访问。曾夫人首先来到美术馆一展厅观看了正在那里举行的'四川省体育美术作品展',然后在钱来忠等省美协领导等陪同下来到四川美术家画廊,宾主落座画廊贵宾厅,小憩片刻后,曾夫人兴致盎然地观看了画廊的各类美术家作品,并对四川省内艺术家做出了高度评价。随后曾夫人现场提笔挥毫《和谐》二字,钱来忠主席亦题写'身似菩提心似镜,云在青天水在瓶'横幅,并与曾夫人互赠题字作品,自称'不喜欢为人题字'的鲍笑薇女士,此番算是破例,'和谐'二字是曾荫权的竞选主题,曾夫人题写这二字显然独具匠心了。互赠作品后,曾夫人与钱主席欣然合影留念。最后,钱来忠主席和张国平秘书长代表四川美术馆赠送曾夫人两本精美纪念画册,欢迎她有机会再来四川美术馆作客。"

曾鲍笑薇对书法和绘画的喜好,也直接影响到曾荫权本人。从前在港府供职多年的曾荫权,不知从何时开始也喜欢用中文签署文件,即便他和妻子一起来北京时,也在下榻的饭店用毛笔签名。2006年12月12日,曾荫权偕夫人曾鲍笑薇一起出席了一次重要的活动——在香港享有大紫荆勋章殊荣的著名国学大师并书画大师饶宗颐先生,将要庆祝他的九十华诞。

届时,香港康文署和香港大学联手举办了题为《饶宗颐作品展》的寿庆活动。曾荫权和曾鲍笑薇对于这位人称"香港之宝"的学界老前辈的寿庆格外重视,到了寿庆和作品展开幕的当天,曾鲍笑薇起了个大早,她要和曾荫权双双出席,因为此前她曾经多次临摹过饶宗颐的书法作品。

曾荫权和身穿一袭大红衫的饶宗颐见面时二人十指紧紧相扣,亲切相拥,如同阔别的老友一般。而曾鲍笑薇则对饶宗颐老人的书画作品赞不绝口。饶宗颐不断为曾氏伉俪讲解他书画的来历,同时饶宗颐也向特区政府慨然相赠一幅《心经简林》的大幅墨宝,其中展览会上饶宗颐所作的一幅中堂图及两副对联,格外引起曾鲍笑薇的好评,他的对联是:"逐世无闷,稽古自问。"

9. 香港特首的家庭

曾荫权的家庭,被香港媒体称之为《幸福的一家人》。

2005年曾荫权被中央任命为新特首以后,他做为身兼六个机构重要成员的香港特区政府主要官员,在当年7月以特首的身份申报了个人财产。这在香港公务员中是一个引起震动的新闻,也是新特区政府最有爆发力的动作。香港传媒披露了这一新闻以后,内地媒体也纷纷加以转载。新闻说：曾荫权身兼 6 个机构团体成员，其中 3 个与其家乡有关。曾荫权日前首次以特区行政长官的身份，向行政会议秘书处申报个人利益。根据曾荫权提交的资料，他今年正式与家人购买了一个位于港岛中西区的单位，据悉该单位正是曾荫权的"祖屋"，现在作为出租之用。

同时，曾荫权与太太联名，在英国萨里共同拥有一个现作为个人用途的住宅单位。曾荫权申报自己身兼 6 个机构团体的成员，其中 3 个与他的家乡有关系，包括侨港南海同乡会永远荣誉会长、旅港南海九江商会名誉会长及旅港南海商会有限公司名誉会长，其余为 Executives Club of Chicago 的 International Advisory Council 委员，香港赛马会遴选会员和香港癌症基金会赞助人。

曾荫权此举备受新闻界称许，因为这表明他是一位敢于公开自己家私的官员。

如果说曾荫权此前在公众的印象中，始终是一个默默无闻的实干家，那么自从他荣任特首以后，他生活中的方方面面开始在传媒中曝光。特别是有关他家庭的私事，从前很少有传媒介入，现在当他成了公众人物以后，新闻界很希望了解的不仅是他如何在财政司长任上战胜金融大鳄，更希望听一听他如何描述自己的私人世界。2005 年夏天，曾荫权首次对采访他的新闻记者谈到了他的夫人和儿子。《香港商报》为此开辟专栏，刊载了曾荫权和家人在一起的新闻图片。

新闻说："担任公务员已三十多年，刚获中央任命为特首的曾荫权一向少有在传媒面前谈论私人感情和家庭生活。不过，曾荫权昨日在接受电视台一个节目的访问时，就分别谈到自己的内心世界以及与太太的邂逅和相处之道。鲍笑薇为澳门历史悠久的'元记饼店'的家族成员，与曾荫权是远房亲戚，两人自小青梅竹马，虽曾经家人阻挠二人交往，但几经波折曾荫权最终娶得美人归。鲍笑薇生下两子，最近更荣升祖母。

"曾荫权出任香港新特首之后，他的家庭生活也随之成了公众关心注目的焦点；特别是他在获得选举委员会 714 位委员提名宣布正式参选以及选举委员会宣布他自动当选后的两次记者会上，公开亲吻夫人的面颊。电视作了直播后，他俩的感情生活更引起人们的浓厚兴趣。记者的话题从两次公开吻面谈起。曾荫权说：'其实这构不成什么新闻，我们结婚四十多年来常常是这样；有时在教堂做完了弥撒也会互吻一下。那两次记者会对我来说很有意义，太太也很感动，所以在记者会结束时想上来吻我表示支持与祝贺；而我却抢先吻了她的面颊。就是这样。'

"曾荫权还说：'我们从小就在一起，这已是大家都知道的了。当时她很活泼天真，留个男孩式的短发，蹦蹦跳跳的，还喜欢游泳，很直爽，很可爱，所以并没有多少绵绵情话。'鲍笑薇立即表示：'是的，我们绵绵情话不多，但是一切尽在不言中。'两个孩子在香港读完小学后，都先后去英国留学。曾荫权说：'我去英国办事时，总是教育他们好好读书，学成后回香港工作，服务社会。'鲍笑薇接过话茬儿：'当时他们都很小，远隔重洋在外国，我们都放心不下，常常想念他们，而且一想他们就忍不住流泪；我和他（曾荫权）一起驾车出去，想起孩子在国外的孤单，一面驾车一面哭。但想到这样做有利于培养孩子的自立意识，也就横下心来.'

"曾荫权不无遗憾地说：我深感对不起小儿子，他大学毕业的时候，正赶上全球性的经济低迷，失业率高，工作很难找；但他却在英国、美国和香港都找到了一份工作；而且在香港的工作待遇最高。可是为了避免有人说他是利用我的影响，沾了我的光而给我带来不应有的压力，他宁愿放弃香港的高薪工作，再次离家到美国去就业，毫无怨言。鲍笑薇说：'当然啦，一定要避嫌嘛，这也是孩子们对父母的理解和支持啊.'

"在谈到夫妻相处之道时，曾荫权说：'我的工作压力很大，有时候回到家里脸色阴沉，心情烦躁，太太一看我表情凝重，从不多问原因。夫妻之间本来应该多多沟通，无话不谈，但是我的一些工作情况很复杂，跟她讲了她也不一定明白；而且有些工作是保密的，也不能随便跟家里人讲，太太对此都很谅解，也很理解。所以当她看到我情绪低落时，她宁可保持沉默、自己纳闷，也从不问这问那，从不干政.'最使曾荫权感动的是，太太鲍笑薇坚持每天为他剪报，并仔细阅读报纸上刊登有关他的所有讲话，指出他哪些话讲得不够恰当，容易让人误解等等。有时已是深夜甚至凌晨，曾荫权已经熟睡，她还在灯下剪报，为丈夫整理传媒和公众反应，以便丈夫及时了解情况。

"在日常生活和家庭管理方面，曾荫权说：'那是完全由太太做主。我在过单身生活时，不善理财常遇困难；自从结婚后，太太理财，从未出现过家庭经济赤字.'他还笑说：'我的银行户口，是用我们两人的名字；而她的银行户口，没有我的名字。但是我从不担心会有任何不够廉洁的事情发生.'曾荫权说：'其实，我们的生活也很简单，我有时还跟太太一起到街市去买菜；而且会货比三家，挑价廉物美的.'

"香港传媒普遍认为：鲍笑薇嫁与曾荫权前，在蚬壳石油公司任秘书。婚后仍坚持工作，直到诞下两子后才辞职一心一意相夫教子。据悉，曾家虽雇有家佣，但鲍笑薇仍坚持亲自到街市买菜和下厨，以照顾家人饮食健康。每逢假期，夫妇俩多次被街坊见到在湾仔街市拍拖买菜，恩爱温馨，羡煞旁人。香港回归前，鲍笑薇在丈夫出任港英政府'财爷'后，一直致力公益事业。1995年她曾出任女童军总会副会长，即与任职会长的董建华夫人赵洪娉合作，每逢大小慈善活动都双双出场。鲍笑薇的兴趣广泛，尤好书法。她师承上海书法名家戚谷华，至今习书法已经有十多年，戚老师对于这位'非常学生'十分赞赏。此外，她还喜爱打高尔夫球，大小慈善高球赛，她都会应邀出席'露两手'。

"鲍笑薇的打扮也很低调，她经常以套装出席公众场合。虽然一般人会觉得她很'老土'，但著名时装设计师邓达智却认为，她的衣着虽没有刻意去追赶潮流，但却很庄重大方，很切合其贤妻良母的形象。另一位时装设计师范玖裕建议，曾太日后出席晚宴场合，可以选择'中国风'的晚装。

"曾荫权在对记者谈话时，又形容自己性格刚烈，容易发脾气，但太太就每每在他发脾气时都首先容忍，让他下气之后才跟他'理论'，而最后的赢家自然总是太太。另外，太太每晚都会拿着剪报，提点他在日间的言论，令他有所反省。谈到与家人的生活，曾荫权表示，现时儿子每周会回家一次食饭，而自己与太太就利用晚上的公开应酬时间一起，因此一家人能够在家里聚会每周就只有一晚。至于假期，曾荫权就扮演'跟得'丈夫，陪太太去买菜，帮她挽菜篮，也有陪太太逛公司，不过，因为曾荫权没有耐性，太太反而没有兴趣与他一起逛公司。

"曾荫权早前曾经呼吁港人生三个，以改善人口老化现象。不过，原来曾荫权夫妻曾经一度因年过 30 都未能成孕而感到沮丧，更考虑过收养子女，幸好最后都能成功生育。不过，曾太就认为，生育两个已很足够，能够集中照顾。曾荫权亦是草根阶层出身，但他承认，现时仍然说自己很明白草根的生活是虚伪的表现。他认为，做政治工作必须不能只留在办公室，一定要跑入社区而且每隔一段时间跑入社区才能有时代感。他表示，香港现时已经脱离解决饥饿和医疗等问题的时代，现时家庭关注反而是教育、老人和残障成员问题，他希望能够就此下一点工夫。

"谈到日后用作行政长官官邸的礼宾府，曾荫权直言留恋山顶白加道的政务司司长官邸，认为较为有'家'的感觉。他指出，礼宾府上层用作睡房，下层是用作办公室和客饭厅之用，除了空间太大外，最重要是不能穿着随便就到下层，好像现时穿睡衣、未经梳洗和赤脚走到下层不能再做了。不过，因为保安问题，他亦只好无奈地接受……"

10. 乔迁"礼宾府"

2006 年 1 月 12 日，香港岛上云淡风轻。

虽然是旧历中国新年的前夕，可是，在位于风水旺地的香港礼宾府门前，早早就集聚着黑压压的记者群了。其原因在于香港新特首曾荫权，要选在这一天正式入住空闲已经九年的旧督官邸。

所有香港人都知道，这座当年被历任港督称之为风水旺地的亚厘毕道上的总督府，景色秀丽，风景宜人。偌大的庭院之内，楼宇鳞次，假山如黛，回廊如屏、亭榭参差、碧泉潺潺。被人称为"灵龟布陈"。也有港人从风水的角度说这座港督府是："内有塘、外有塘、化丁星五黄。"一位著名香港佛学界人士也说："就地形而言，这是风水极佳的地方。因为正令龙脉，由太平山一路而下，接兵砂花园气势，一直牵连下来。再到汇丰银行，一脉相承。"

1997 年 7 月 1 日，香港回归以后，首任特首董建华以"风水晤系几好"为由，坚持不肯入住历代港督居住的这幢豪宅，并且更名为"礼宾府"。此后多年这座恢宏的院落一直作为接待外宾之用。可是，曾荫权自从就任香港第二任特首以后，他认为当年英国港督可以居住的地方，中国官员也应当仁不让。于是香港特区政府新闻处在 1 月初即公开一个让香港人振奋的消息：特区行政长官曾荫权及家人本月 12 日将迁入香港礼宾府居住。又称："为方便工作，行政长官办公室的大部分员工，亦会同时迁进礼宾府。行政长官办公室将于 1 月 16 日（星期一）开始在礼宾府运作。礼宾府的官邸和办公室装修工程在 2005 年 7 月展开，并于今年 1 月初竣工。建筑物结构、布局及间隔尽量维持原状，以保存礼宾府的历史特色。"

　　曾荫权，在走进富丽堂皇的"礼宾府"时，他所想的是自己曾经走过了怎样一条曲折的从政之路。作为他的妻子曾鲍笑薇做梦也没有想到，她嫁作曾氏妇以后，有一天会追随曾荫权步入从前戒备森严、重兵守卫、普通香港人可望而不可及的"港督府"，并且成为这座山水幽雅的花园般官邸的第一位中国女主人！

　　她是亲眼看着曾荫权从下层进入香港上层的当事人。早年曾荫权居住在香港太原街荷里活道那间警察宿舍陋宅时，她就曾经在那里住过。1969 年她和曾荫权结婚成家，才第一次用自己的薪水在香港西摩道上租了一幢新居。那是一间一室一厅的小居室，在寸土寸金的香港，像曾荫权当时的公务员身份，租用一间民房已经是很不容易了。以后他们就在这间房子里度过了婚后的最初几年，长子曾庆衍就是在西摩道居室里降生的。以后，随着曾荫权地位的上升和职务的变化，曾鲍笑薇追随曾荫权又先后搬过数次家，每一次都是租用民房，只是每一次租的房子都要大一些。

　　一直到曾荫权就任港府的财政司司长以后，才有了属于他的政府官邸。让曾鲍笑薇最感到惬意的是，在他们居住的所有官邸之中，留有最深印象的是两幢住宅，一为有着 70 楼龄的财政司司长官邸。它面对碧蓝的维多利亚海湾，在太平山巅可以俯瞰整个巨厦林立的香港。它的前身是私人住宅，后来几度变更主人，1953 年才由大新公司的创始人蔡乃诚向港府购地建成了大楼。后又转给港府，成了财政司长官邸。曾荫权入住时，正值香港回归前夕，让曾鲍笑薇难以忘怀的是，这里是曾荫权走向香港最高政坛的起点。

　　曾鲍笑薇最为满意的第二幢豪宅，是曾荫权接任陈方安生政务司长官以后入住的太平山大宅。这是一幢法国式的山顶豪宅，白楼白窗和白色的房门，这种通体雪白的建筑，与它前身是维多利亚医院大有关系，而曾氏夫妇下榻的房间则是早年医院的院长办公室，客厅则是医院会议厅改建。1912 年起才改建为香港布政司官邸，后来由于历史的原因，香港政府于 1951 年在此基础上改扩建这幢官邸，在白加道 15 号建起了新楼，而从前的旧布政司官邸则为政务司长豪宅的附属建筑。这幢宅子的占地面积为三万二千平方米，虽然比他们从前的财政司长官邸占地面积略小，却是一处景色宜人，建筑古朴恢宏的幽居环境。建筑中那有名的维多利亚长廊，就是曾鲍笑薇最引为自慰的所在。她每天出入在这宽敞明亮，陈设典雅的巨大廊庑内，会感到从没有过的恬静和舒适。她可以在这里会见客人，也可以在这里翻阅古今书法拓帖，欣赏中国书法。

正如香港《东周刊》记者所言："三十多年前的小主妇，现在已是政务司长官邸的大管家。踏进这幢大宅，处处都是她的品位。咖啡桌上有一束小白兰，是早上她从树上摘来的一室幽香。长廊上的花鸟画是她从艺术馆选来的复制品。曾太细数她现在的家务：每天都开早晚餐，下午茶、消夜，总有很多政府官员、外国使节、议员来作客。我每天都要决定菜单，记住哪位客人喜欢什么甚至不喜欢吃什么。菜式尽量多变，让大家吃得开心，同时要考虑餐具、杯碟、餐巾的配套，插什么花，放什么音乐之类。年中、私人、公务上都有不少外国访客来暂住。他跟我说了，或把有关的伊妹儿转给我，我便记下来，某月某日谁会来访，到时候按客人需要准备客房。她的家务，关系着特区政府的公关形象，而她自己，也一直扮演着一个曾荫权分配给她的角色。自从曾荫权当上财政司，她便在他的财政预算上以书法题词，更是以一身衣着陪衬，当预算案封面是金色，她便穿上金色外套；封面用绿色，她便穿上绿色裙；曾荫权宣布参选当日，她又穿上与布景衬色的蓝裙子墨绿外套。当这些都显得吃力不讨好，被评为'娘味十足'，她又义不容缓地接受形象改造，以亮丽短裙示人。在曾荫权步步登高的这台戏中，曾鲍笑薇尽管没有台词，却是落力演出的最佳女配角……"

曾鲍笑薇永远也忘记不了住在政务司长官邸时的花园，那里是她终生难以忘怀的世界。偶有客人到访的时候，她都会亲自陪同去游览花园。特别是有女客光临的时候，她更是如此。客人会听到曾太不厌其详地介绍她养花的乐趣，譬如什么花草如何浇水，什么花盆如何摆放，她样样都精通并且每一种花草都要她亲自栽养。如果客人来到那有名的维多利亚长廊的幽栏之外，就可以看到廊外那一片片艳丽的花卉。记者说："曾太的花园里还有红花叶，工人说很难养，但曾太说试一试，因为大屋的墙壁太素白，红色相撞，好看。叶藤最难养，但种得好，彩色就会像国画一样，曾太说要一颗；洋紫荆是香港市花，政务司官邸怎么可以没有？游泳池旁又多了一树碧绿，夏天满园清香的白兰花，在这里唾手可得。曾太说，就是特地要把它种得低一些。"

离开了花香满园的政务司官邸，现在曾鲍笑薇终于随着曾荫权步入了气魄更加宏大的礼宾府！

这次入住礼宾府，是曾荫权上任以后表现出来的一大气魄。他要让世界都见识一下中国人的气魄，从前英国人能做到的事情，今天当家作主的中国人也可以做到。为了这次装修，香港特区政府斥资一千四百五十万巨款，聘用了香港汇丰银行著名"御用风水大师"龙景铨担纲主持。主要的改建项目是：龙鼠亭改变为"巨鲸喷水"；"左青龙，右白虎"的树木，改造成了左高右低的新式格局，使得轿车从树边的甬路上经过时，不再受到原来树枝丫的干扰；正门矮树墙经过精心的修剪以后，形成了新式花坛的格局，让初进"礼宾府"的客人会有一种清爽宜人，绿荫环绕的新鲜感；正门的铁闸原来是湖黑的颜色，这次经过大修以后，变成了柔和的碧绿色，让进门的人都会感到一种淡淡的新绿；连结礼宾府正门的振奋厅里，新加了长明灯。而且要求每天至少二十个小时此灯不能熄灭，以示长明不黑之意；此外，为了镇住距此不远的汇丰银行大厦门前的两尊巨大的铜狮子，龙景铨还要求在这座"礼宾府"内一定要增加八口大缸，每口缸中装满清洌的水，以便随时可以更换；官邸内宅的会议室里新增加冬青树数盆；通往主楼的坡型台阶两侧，新增加了数盆姹紫嫣红的四季花草，以期点缀这幽园大宅里的气氛；而在"礼宾府"的固有建筑群中，改动量最大的，要属从前港督在时修建的一座水泥回廊了，它处于官邸后园的碧绿花草中央，附近均为碧绿的草坪和坡道。改造维修者的宗旨是，一定要把它以石卵建成鲸鱼状的曲折小路，现在修建成的鲸鱼式回廊和相配的甬路越加显现出幽园特有的和谐美观，这与原有的树林、草坪、回廊恰好形成了浑然一体的格局。

出现在曾鲍笑薇面前的新居所，确实是她从前没有想到的宽大。此地据说风光甚好，风水师认为不理想的是，后来在此宅周围不断兴建起一些巨型的楼厦，一座绿荫覆盖的宅园便受到了影响。

11． 曾荫权公开谈妻子

2006 年秋天，一条来自珠江三角洲的新闻指出：多年以来，曾荫权的结发妻子鲍笑薇一直"隐身"幕后，默默支持丈夫曾荫权的工作。直到曾荫权参加特首竞选，人们才"忽然发现"他背后的这位"贤内助"。而曾鲍笑薇在这一年的最大动作，莫过于她渴望寻找鲍氏家族的祖居之所，也像曾荫权一样，她希望在内地寻根祭祖。

曾鲍笑薇虽然出生在当时葡萄牙统治的澳门，可是据有史可考的资料表明，鲍氏家族是在民国年间从广东省的珠海白石村迁移过去的。不过，当年鲍氏家族居住的旧宅，现已不见踪影，原地址在 2002 年珠海市城中村改造后它就变成了现在的"银石雅园"了。香港和内地记者听说曾鲍笑薇的祖根在珠海，于是也闻讯来到了位于珠海九州大道的"银石雅园"。

记者称：出现在他们眼前是一片充满现代气息的高档社区，已不见昔日白石村的影子，惟一延续下来的村委会也改名为白石社区居委会。据了解，现在整个社区有 2000 多人，城中村改造后，原来白石村的村民大都留了下来，但也不足 800 人，而鲍姓就占了三分之二。在得知记者的来意后，居委会主任张辉灵感到非常意外，他立即帮记者在社区里找了几位鲍姓年长者，但他们也不知道鲍笑薇家族的情况。他们估计鲍笑薇家祖上是举家外迁到澳门的，所以在珠海没有发现她们的亲属。而据《香山县志》记载，白石村的鲍姓家族是从珠海的山场村分支出来的，最早的鲍姓家族是在宋代从中原迁入的"香山场"（现在珠海山场村）。这几位年长者说，记录鲍姓家族发展的族谱在"文革"时期被焚烧了，但在山场村还仍然保留着"鲍氏松麟祠"。

当天下午，记者找到了山场村。与白石村不同的是，虽然村落也经历过城中村改造，但仍然可以寻迹到原来的青砖墙和瓦砾。整个村有许多弯弯曲曲羊肠似的"街巷"，沿着"街巷"的两边开着大大小小的杂货店、餐厅等，熙熙攘攘，显得格外热闹。在当地的村民带领下，七拐八弯地穿过几条"街巷"，最终在山场村五街的一个拐角发现了"鲍氏松麟祠"。

记者在采访中得知：祠堂据说是清代古迹，有100多年的历史了，由于年久失修，"鲍氏松麟祠"几个字早已脱落，青墙上长满了苔藓，祠堂里面堆满杂物。大厅也被许多木板隔成了小间，空间狭小而拥挤，看不到任何关于鲍姓家族的蛛丝马迹，也早已没有祠堂的肃穆。

虽然鲍姓家族族谱的考证还需时日，但对于曾太鲍笑薇，鲍姓人似乎感到特别自豪，他们说鲍族有如此后人是整个姓氏的荣幸；如果鲍笑薇一家真是从珠海迁出，他们希望能邀请鲍笑薇及曾特首回来看看。

曾鲍笑薇不但对寻根情有独钟，而且她的故乡情结尤其表现在对出生地澳门的特殊感情。自从她嫁给曾荫权以后，数十年间几乎每年都要回澳门探亲，她的老母亲一直生活在澳门南湾龙嵩街一幢旧楼的高层单元里。鲍笑薇每年回澳门，无论多忙，她都要在这座旧宅里多住几个晚上，意在陪伴老母亲度过几夜难忘的时光。

她的老父亲鲍元义一生都在操劳，鲍家"元记饼店"的招牌，几乎在商海浮沉中支撑了半个多世纪。1997年7月，鲍元义以百岁高龄谢世，当时曾荫权作为回归后的香港特区政府财政司长，正恭候在香港新机场的跑道前，等候着从北京飞来的专机降落，江泽民等国家领导人将要到香港出席中英两国交接仪式。而不巧的是，曾荫权就是在这种时候忽然收到岳父鲍元义在澳门病逝的噩耗。他当时处于悲喜交加的复杂感情之中，马上就要经历庄严的历史性时刻，他当然要亲临会展中心举行的历史性仪式；然而澳门一边也有他随时牵挂的老岳父。曾荫权于世纪盛典结束后，在黎明时分才赶到了澳门，去参加老岳父的葬礼。

2006年9月24日，曾荫权在香港会见香港记者时，再一次公开谈到了他的私人生活。

曾荫权是在"志云饭局"接受一个电视节目访问时，畅谈余下任期内需要解决的三大问题。分别是：环境污染、厘清主要官员和公务员间的分工合作问题，以及改善行政与立法的关系。

他对记者除谈及工作之外，也谈到了他自己的家人，更透露儿子因为害怕闲言而不愿意返香港工作，这问题令曾荫权感到苦恼。曾荫权向记者透露，他的父亲（指曾云）对他管教十分严厉，常常都被父亲打，而母亲亦一样，常常动粗。

曾荫权说："我爸爸五日一大打，两日一小打。我阿妈亦都是动不动就动粗，我想以现在我们的法律和道德标准，他两位老人家已经要坐监好多次。我对两个孩子连打手板都没有，因为我觉得自己受到好大伤害，我觉得不应该打。"曾荫权说动粗不能解决问题，所以他从来没有打过他两个儿子。

早在几年前——2001年的父亲节前夕，曾荫权就曾经对记者们谈到了他和妻子、儿子之间融洽的感情。那时候，曾荫权也像今天一样，他给人留下的印象是善良而乐观的。他的家庭也是和睦幸福的一家人。除了他和太太曾鲍笑薇琴瑟和鸣、相濡以沫之外，让曾荫权最引为自豪的当然就是他的两个儿子。

那时曾荫权就对记者表示：他的教子"理论"，就是切忌打骂，这也许是所有天下成功父亲的惟一心得！当时他对记者们说："我不赞成打孩子，最重要的是以身作则。"当被问到对做父亲的感受时，这位成功的父亲坦言没什么特别感受，但能够让儿子们成为心地善良兼对社会有贡献的栋梁，这是他曾荫权的最大安慰。

记者说："曾家是传统的中国式家庭，外界都知道曾荫权的父亲对子女很严格，影响到曾荫权和曾荫培教育下一代，也要求子女脚踏实地，选择专业为首要考虑，故曾家大多是专业人士。曾荫培之子曾庆廉现在供职于伊利莎白医院，此人一向极为低调，多番婉拒传媒访问。早前通过电话与《明报》记者闲谈时他说：'我们家族习惯低调，伯父一直不肯证实是否做政务司司长，问他只笑不答，传媒报道他说曾三次推辞不做政务司司长，我还以为不是他。'虽不肯多说，但言谈间还是看得出他对伯父与父亲的成就充满敬佩及欣赏之情。

"在曾庆廉眼中，曾为香港高官的曾荫权，与家人相处时其实很幽默，并没有因为位高权重而变得难以亲近。他们大约每个月便相约一起饮茶，虔诚的伯父每次都会先去教堂再上酒楼。每逢过节家人也会团聚，关系密切。他说伯父平常与家人只谈家事，不谈公事。曾庆廉坦言：'上一代有这么高的成就，鞭策着下一代更要庄敬自强，努力奋发，要以上一代为榜样，就算不能超越他们，也要建立一些成就，向长辈交代。'他说正努力考取心脏专科资格。"

曾荫权以轻松的语调谈及家事，说家人的相处在孩子长大后有"变化"："不是说不能骂儿子，骂老婆都不行，因为我骂完老婆儿子会不高兴。"他打趣说："所以，我要等儿子不在家的时候才敢骂老婆。"

在谈到父亲节怎样庆祝，曾荫权说，大儿子要在医院值班，次子则会由英国返港陪他。他说："两个儿子都有好心肠。"

2006年秋天，香港一家周刊还报道了曾鲍笑薇的近况：从前喜欢深居简出的特首夫人曾鲍笑薇，开始走出家门，越来越多地出席一些社交活动。12月22日，曾鲍笑薇去为香港一家医院举行的义演主持剪彩活动，并当众发表讲话。由于有她的光临，《帝女花》上演盛况空前，义演获得的票款悉数交给了这家旨在为残疾人服务的医院。同月，曾鲍笑薇又出席了"北区花鸟鱼虫展览"的开幕式。主持人为她泡了一杯价格不菲的普洱茶，曾鲍笑薇当众饮尽，并称这茶很好，表示她和曾荫权平时都很喜欢饮茶。

在另一次公开社交活动中，曾太接受了东莞小学同学为她送来的一篮亲手栽种的菜。曾鲍笑薇对众人表示，早在曾荫权尚未出任香港特首之前，曾太就有亲手为曾荫权种菜的习惯了。她说她所种的生菜，"素有生菜生财"之意。她的意思是有意借此意旺一旺曾荫权的财运。媒体认为："得此贤妻，难怪曾荫权官运越来越好。"

D 卷：曾荫培

●曾荫培，曾荫权胞弟。1946年出生于香港。1958年入金文泰中学就读，喜欢中国文学；1966年进入香港警界，初任见习警察，曾经参与香港跑马地碎尸凶杀案的侦察；1971年受派遣前往英国BTAMSHILL POLICE COLL接受初级指挥课程的训练；1975年回到香港后晋升为总督察；1986年曾荫培再次奉派前往英国接受英国警察高级指挥课程的集训，系统地攻读国际先进警察管理体系的理论，回港后升任香港警务处总警司一职；1987改任香港警务处缉毒调查科主管，负责香港全面缉毒查毒工作，在任内接连破获几起具有国际影响的要案；1990年再次前往英国国防学院就读深造；1992年回港后晋升为香港警务处助理处长；1994年曾荫培出任香港警务处高级处长(助理)，同时兼管香港保安局和港岛总区的指挥官要职；1996年起改任香港警务处副处长，主管警制管理工作；1997年香港回归祖国以后，曾荫培先后多次来首都北京，并一度在清华大学进修深造；2001年3月起升任为香港警界第一首脑，出任警务处处长要职；2003年退休之后，进入香港新创建集团出任执行董事迄今。

曾荫培像父亲一样做了警察，但是他们父子当初谁都不
会想到有一天他会成为香港警界的首脑人物。

身穿便装的香港警界"一哥"。

曾荫培与妻子张学书结婚数十年始终相敬如宾。

在香港金文泰中学读书时的曾荫培（后排左三）喜欢中国文学，虽然家境贫寒却奋发向上。

中学毕业后曾荫培与胞兄曾荫权共同担负起帮助老父支撑家庭的重责。

曾荫培就任香港警察毒品调查科主管以后，曾经指挥警员侦破数起具有国际影响的大案，这是他在警处举办缉毒展览。

曾荫培一家人安居在香港碧瑶湾的自购居所里。

警界与演艺明星共同参与公共活动。

曾荫培就任香港总警司后，仍然定期与胞兄会面。

1995 年担负香港刑事侦察重责的曾荫培，经常回内地与同行们切蹉交流，共同侦缉漏网嫌犯。

主持警界会务的曾荫培。

曾荫培升任主管香港刑事助理处长后，经常深入警队督理警务。

曾荫培在警务处指挥侦察大案。

脱去了警服再换西装，1990年曾荫培再次赴英伦深造。

1994年曾荫培就任香港警界高级助理处长，其硬朗无私的治警思想开始得到生动体现。

香港回归前夕，曾荫培来到北京清华大学进修。

曾荫培上任后即雷厉风行，麾下令行禁止。

2000年曾荫培就任香港警界"一哥"时正值年富力强，他的上任，为一度紧张的香港治安开创了崭新局面。

就任高职的曾荫培仍本色不改，经常参加案情分析会。

闻知二弟出任警界要职，曾荫权亲往祝贺并与弟相拥。

即便与胞兄见面，也必须保持礼仪。

退休后的曾荫培喜欢养狗。

退休后的"一哥"含饴弄孙。

喜欢低调的曾荫培难免要出席一些社会应酬。

第一章　从文学才子到见习警察

　　□　聪明好学的曾荫培，由于受到父亲的影响，也渐渐喜欢上中国合辙押韵的诗词。特别像杜牧《夜泊秦淮》之类名篇，曾荫培每当听父亲诵读，都会随之信口吟咏，久而久之，他便牢记于心了。

　　□　曾荫培听说自己将来的职业竟是和父亲一样头戴警帽，腰佩刀枪，走在大街上让行人惧怕的警察时，他心里一则以喜，一则以忧。他喜的是父亲原来为他物色一种让他得意的职业；他忧的是，父亲纵有如此美意，却又无法把他的理想变为现实。曾荫培忽然变得紧张急切起来，好像他马上就想穿上警服一样。

　　□　曾荫培朗读的诗，让坐在台下的张学书心荡神驰。她透过曾荫培的朗读感受到他内心激荡着一团诗人般的感情烈火。也许就是从那天开始，张学书看中了曾荫培。

1. 无法实现的大学梦

曾荫培是曾云和邝懿珍的第二个儿子。

1946 年他在香港出生的时候，正是二战结束后香港的恢复时期。在港英警察署出任警官的曾云薪水收入偏低，邝懿珍为帮助曾云改变困窘的生活状况，不得不以病弱之躯坚持打工挣钱，贴补家用。

曾荫培渐渐在荷里活道那间狭窄的警察宿舍里长大了。虽然他比哥哥曾荫权小两岁，可是，他的个头却长得很快，到了七八岁时，曾荫培就比哥哥高出了半头。那时他亲眼看到哥哥在求学之余，也随母亲去外面用稚嫩的肩膀背回一些布匹和衣料等材料。半夜里当曾荫培偶然从睡梦中醒来，睁开惺忪的眼睛一看，发现母亲和哥哥仍还在外间幽暗的灯影里忙碌着，哥哥在一旁为母亲打点零活，而母亲瘦弱的身影投映在墙壁上，她正用沉重的双脚在蹬缝纫机，"咔咔"的响声有时让年幼的曾荫培无法入眠。

> 烟笼寒水月笼沙，
>
> 夜泊秦淮近酒家。
>
> 商女不知亡国恨，
>
> 隔溪犹唱后庭花。

曾荫培在香港小学读书的时候，和哥哥曾荫权截然不同的爱好便有所展露。他喜欢中国语文，在当时的香港，几乎所有像他这种年龄的孩子，无一不接受英式教育。课堂里开设的也大都是英语，至于曾荫培所喜欢的华语，在当时的香港小学课本里几乎看不到。即便他想寻找相关的中文书刊，也极难找到。好在曾荫培有一个同样喜欢中国古代汉语的父亲。在沙田当警官的曾云，有时候会把一些他从朋友处得到的中文书刊带到家里来，一些唐诗和宋词，经常会让曾云在无事时捧读。而聪明好学的曾荫培，由于受到了父亲的影响，所以也渐渐喜欢上了中国合辙押韵的诗词。特别像杜牧《夜泊秦淮》之类的名篇，曾荫培每当听父亲诵读，也会随之信口吟咏，久而久之，他便牢记于心中了。

而他与哥哥曾荫权在爱好上有所不同的地方在于，曾荫权以英语课程为主，曾荫培则偏爱文学课。当时的香港没有开国语，西方文学课是曾荫培小学和中学时代为之花费了不少心血的课程。

1958 年夏天，曾荫培考进了香港一家名叫"金文泰"的中学。他之所以不进哥哥就读的名牌学校"华仁书院"而坚持投考"金文泰"中学，其根本原因在于这所学校是中国人开办的，金文泰就是一位精通中国文学的老学究。而"华仁书院"则是英国人开设的，那所学校当然要以英语为主。在"金文泰"中学里，曾荫培的文学爱好得到了老师的支持，学校还以曾荫培为主成立过一个课外文学小组，当然，这个小组并不都以中国文学为课余学习的主要内容，还杂以外国文学。譬如当时很流行的福楼拜的《包法利夫人》、巴尔扎克的《人间喜剧》，特别是莎士比亚的剧作，在这所中学里十分走俏。老师在课堂上讲，学生们在课余也以这些优秀的作品作为自学的教材。而曾荫培则与众不同，他把全部精力都投入到自己的母语和以母语创作的中国现实主义文艺作品。当时茅盾、丁玲的小说，郭沫若的剧作和曹雪芹的名著，都让曾荫培百读不厌。他感到自己的灵魂与这些作品中的语言是相通的。

曾荫培在中学时代刻苦学习中国文学，一直到 1997 年香港回归祖国以后，他才真正体会到了当年学习中文的重要性。曾荫培真正成为受益者，是他就任香港警察的高层首脑以后，那时他给中央公安部的许多报告，一般都要他自己动手亲笔写就。因为普通警员的国语水平远远无法与青年时就酷爱国语的曾荫培相比。曾荫培为此曾经坦然自若地表示："有一些给内地的密函，必须由我亲自执笔才放心。绝不能假秘书之手，现在我才感到中学时建立的中文基础十分管用。"

曾荫培在 1966 年夏天毕业了。

当时的香港与近在咫尺的广州截然不同。内地正在掀起的"文革"旋风并没有影响到香港地区。然而在那时的曾荫培仍然面临着如何就业的问题，如果想继续投考大学，在他前面已经有了哥哥曾荫权的先例，并不是他的学业不足以投考大学，而是曾荫权本来凭他的优异成绩考上了当时门槛尚且很高的香港大学。然而曾云的一句话，就让哥哥改变了继续升学的初衷，最后不得不违心地就业，在辉瑞药品公司当了一个穿街越巷的"卖药仔"。

当时的曾荫培不得不面对严峻的生活窘境。他的家庭当时只能依靠父亲曾云当警察的微薄收入，一家八口人集聚在荷里活道警察宿舍 B 座 7 楼的一间狭窄的房子里，他和哥哥及几个弟妹，只能靠在房间里搭地铺栖身。这座宿舍楼的内部设施也极为落后，厕所不在房间之内，而是公用的性质。厨房则建在卧室外的骑楼中，在这种生活环境里生活的曾氏一家人，又如何会有一笔钱供他继续升学呢？

"荫培，没有办法，我看你也只能走你大哥的路吧？"曾云虽然感到有些遗憾，但是面对次子荫培那双渴望求学的眼睛，他只能硬下心来叹息着说："如果将来爸有了钱，一定会给你们补上大学这一课的，可是现在确实办不到。孩子，希望你体谅家里的难处。"

曾荫培还能再说什么呢？父亲的话已经说到了关键，想到曾荫权每天在香港和九龙的大街小巷里到处卖药，他一个身材魁梧，比哥哥还健壮的大小伙子，还有什么困难不能克服呢？

"爸爸，您别说了。我知道我必须就业。"曾荫培是一个通情达理的孩子，他早就对自己将来要步哥哥的后尘有一定思想准备，所以他在中学毕业以后，根本就不曾报考任何大学。面对那些时时为出国留学跃跃欲试的富家子弟，曾荫培的心里很不是滋味。现在他到了对父亲表明态度的时候了，他说："现在我感到困难的是，不知该到哪里去找职业，莫非也要我去当药品推销员吗？"

"不，不能再到药厂去了。有你哥哥一个在那里就让我心里不安了。"曾云面对身材魁梧、相貌堂堂的二儿子，心里有说不出的愧疚。他虽然当警察多年，却没有任何门路可让心爱的儿子进入上层社会。他忽然一拍额头，说："我有办法了，荫培，我有办法了！"

曾荫培望着眉宇间漾起兴奋神情的曾云，说："爸爸，您有什么办法了？"曾云却不明说，只对儿子笑了笑，说："你不要管了，不过要给我一点时间才行啊，因为我要和人说说情。"

当时曾荫培心里积郁的愁云都因父亲一句话，吹得无影无踪了。可是，此后一个月左右均无任何信息，他不知父亲究竟能给自己找一个什么职业，是否会有一个体面的工作等着他去做呢？每天望着父亲走进家门时那忧郁的神情，曾荫培的心也变得越加沉重起来。

2．初进警界深如海

"荫培，我本来是想让你进入警察署，接我的班的。可是……"一天，曾云终于不得不面对二儿子，说出了他一个月来到处奔波求助，却又无所获的结果。他不无愧疚地说："可是，你现在还进不了警察署当警察啊！"

"当警察？我为什么就不能当警察呢？"当曾荫培听说自己将来的职业原来是和父亲一样头戴警帽，腰佩刀枪，走在大街上让行人惧怕的警察时，他的心里一则以喜，一则以忧。他喜的是父亲原来为他物色一种让他得意的职业；他忧的是，父亲纵有如此美意，却又无法把他的理想变为现实。他的神情忽然变得紧张急切起来，好像他马上就想穿上警服一样。

曾云说："是这样，孩子，你莫急嘛。听我说。我已经把你的情况报告给了上司，他们也知道我在香港警界已经服务了多年，没有功劳也有苦劳嘛。所以让你接班，进入警察的行列，基本上没有异议。只是，你的年龄确实有点问题呀，这并不怪罪我的上司们不肯协助解决。"

"我今年18岁了，年龄还有什么问题呢？"

"问题恰恰就出在你的18岁上！"曾云正色地说："香港的警界有许许多多清规戒律，这都是任何人也无法改变的。因为这些戒律是英国人定的，他们说投考警察的人，首先一个条件必须是年满19岁，可是你偏偏就小了1岁啊！"

曾荫培当时非常沮丧。他感到在自己面前忽然人为地竖起一道屏障，让他对近在咫尺的就业岗位无法逾越。半晌，他问："爸爸，那么明年呢？明年我不就是19岁了吗？"

曾云说："明年当然是可以的，可是你今年也不能在家里待着啊！"

曾荫培非常理解父亲的心情，他知道家里的生活非常困难。他准备去寻找其他临时性职业，以求不虚度时光。可是，曾云的想法却让他大感意外，他说："我并不是让你也像荫权一样打工，我是说，你还应该另寻一种新的出路，譬如考学，考一些不用学费的学校，如果可能，岂不比当警察还好吗？至于家里的生活，你不必担心，我们会有办法的。"

曾荫培直到这时，才真正领会了父亲的一番苦心。于是他就在这一年夏天，报考了柏立基师范学校，他的意思是如果这所不需要学费的学校能够考上，那么很快就可以帮助家庭解决生活窘迫的困难。然而不知什么原因，曾荫培的考试成绩已经接近调档线，却由于种种原因让他与这所免费学校失之交臂。不过，命运总会对他发出微笑。也就是柏立基学校发榜不久，曾荫培就考进了香港仔官官立中学的小学部，不过他考进这里并不是为着求学，而是为着供职，因为这所小学当时正好缺少教师。曾荫培便在这里执起了教鞭，在整整一年的时间里，曾荫培为了在将来能实现他进入警界的目标，在这里他一边教书，一边又进了英语培训班。因为他的英语成绩从小学时就一直不佳，将来如果一旦进入香港警署，英语基础不好，又如何能够生存下去呢？

1967年夏天，曾荫培终于如愿以偿地进入了香港警察署。

他的职业是见习警察。在当见习警察的几年时间里，曾荫培发现警察署中论资排辈和等级观念根深蒂固，使得一无高学历，二无丰厚人脉关系的年轻警员，处处得不到重用。他在中学时所学到的知识，已经远远满足不了工作的需要了。

更让曾荫培自感晦气的是，他来到香港湾仔警察署就任见习警察的当年夏天，香港便发生了让港督震怒的六七暴动。曾荫培从来没有遇上这种民众示威运动，当时由于港民不满英国人的统治，反抗的浪潮不可阻挡。曾荫培由于同情那些示威者的反英情绪，所以参与镇压暴动心中并不情愿，因此很受警方首脑的反感。这让曾荫培刚刚走上警察岗位就面临困局。

1968 年曾荫培奉调进入了香港警署的刑事侦缉部。曾荫培刚来到侦缉部的第二天凌晨，忽然接手了一起特别复杂的凶案。这让初入侦缉部的曾荫培有些措手不及，因为他毕竟是一个刚刚走出校门的学生仔，别说平生没有侦破过杀人凶案，就是杀人的现场他也从没有见过。所以当他第一次在凌晨时分出现场，面对血淋淋的尸体之时，心中禁不住一阵颤抖。

此案发生在香港人人皆知的跑马地。有人在这一天的凌晨，发现跑马地的灶底流淌出一股恶臭的黑血！经人用手电探查，方才发现原来灶底下藏有一对被害多时的母子尸体！曾荫培来到现场看时，现场惨不忍睹，被人杀害的母子俩身中数刀，血肉模糊。而凶犯由于深谙警方规律，所以在现场几乎没有留下什么有价值的痕迹。别说像曾荫培这样初出茅庐的新警探，即便多年在香港警界服务的高级警探，对于发生在跑马地灶头里的两具无名尸体，也是束手无策。

负责此案的警长手下只有四名探员，其中就有刚来的曾荫培。而由于此案发生在跑马地，香港政府限令警察署必须一星期内破案，而探长手下的四名探员大多是新兵，根本没有破案的经验，所以面临着非常尴尬的局面。这样，曾荫培也就成了破案的主力。

在香港媒介的舆论压力之下，曾荫培才第一次感到吃警察这碗饭的艰难。所幸负责破案的探长是曾云早年一起进入警坛的朋友，所以对曾荫培特别关照，才没有遭到警方上司的严辞指责。这起凶案的侦破拖了很久。一直到半年以后，经过香港警方曲折离奇的侦破，不断增加警力，才最后查找到了凶手。经过这次侦破凶案的较量，让曾荫培亲身体查到了当警察的艰难。

"曾荫培，你还是改改行吧。"就在这起凶案侦结不久，警察署长给曾荫培突然下了一道调令。要把他调到香港警察署主办的电视节目《警组》中担任主持人。如果没有前次在侦缉部遇上凶案有些无所适从的尴尬经历，那么让曾荫培进入同属于警界却又没有任何风险的警察电视网工作，本来是一件幸事。然而曾荫培毕竟不希望这样调出侦缉部，他刚到这里就这样轻易离开，显然会遭人耻笑。

"我不想去主持节目。既然我选择了当警察，那我就一定要干出个样子来。"曾荫培完全不知调出侦缉部的内幕原由，所以他仍然不服气。他认为自己迟早有一天会成为侦破英雄，然后再调出这个既存有种种危险，同时也饱含挑战的部门。

"你不去主持节目是不行的，因为这是警察署重要人物决定的人事变动，任何人也休想改变。"警长对他的态度很不满意，口气里包含着不可更改的决然，他说："为什么要调你去当主持人，不仅是因为你人长得帅气，还因为你有文学的天赋在里边。你是我们香港警方为数不多的秀才，不调你去，还会调什么别人吗？"

　　曾荫培知道他如果拒绝调动，很可能会因此失去了他梦想多年的警察职业。他所不知道的是，这次之所以要调他去主持警察的电视节目，还有他父亲曾云暗中的力量。因为曾云担心刚刚出道的儿子，文雅有余而侦破的智能不足，长期下去，有害于他在警界的发展，所以特别拜求了几位旧友，从中做了许多疏通的工作。不然，像去电视台主持《警组》节目这样的美差，一般是轮不上名不见经传的新手的。

　　"既然调你去，我看还是快去吧。"说这话的是一位女警察，她生得浓眉大眼，一身蓝色的警装穿在她的身上，越发映衬出她的英姿。她就是曾荫培刚进警界不久结识的一位警花！

　　"荫培，这么好的机会，你为什么还要推掉呢？"曾荫权听说弟弟不愿遵从上司调动，拒不进入《警组》主持节目的消息时，当晚便找他做了一次彻夜长谈。他从兄弟俩多年所经历的苦难说起，直说到进入警察系统的艰难。最后说到如何在警界寻求发展，需要经历曲折的爬行，最后才可能到达胜利的彼岸。最后，曾荫权终于说通了这位固执己见的胞弟，让他真正走上了一条永不回头的从警之路。

　　然而，当曾荫培真正担当了《警组》主持以后，他才发现这档节目内部，也像他在湾仔的警局任职时一样，也是人员复杂，彼此钩心斗角，令他奋进的阻力远远大于催其上进的动力。曾荫培还意识到，他纵然才华在胸，然而如果他在警界没有坚实的基础，没有人脉和后台的支撑，那么他将一事无成。于是，曾荫培就在父兄的理解和支持下，做了到国外留学的思想准备。

3. 有才气的警花

　　这时候，在曾荫培的身边多了一位漂亮的女人。

　　她就是一年前曾荫培刚刚进入香港警界不久结识的张学书。她也是一位在警界服务多时的女警察，在警察多以男性为主的香港警界，偶尔出现像张学书这样身材窈窕、既有风韵又有气质的警花，无疑有如万绿丛中一点红。曾荫培和出生于书香世家的张学书原来是在一次军训中结识的。张学书出众的容貌及优异的学业，都让从小喜欢国语的曾荫培心中充满敬意。特别是在一次中秋联欢会上，当张学书被女警员们公推出来，当众朗读诗文的时候，她脆亮的嗓音很快就震撼了全场。她朗读的是英国著名诗人拜伦的名篇《失眠人的太阳》：

> 呵，失眠人的太阳，忧郁的星！
> 有如泪珠，你射来抖颤的光明，
> 只不过显现你逐不开的幽暗，
> 你多么像欢乐追忆在心坎！
> ……

　　张学书诵读的诗，带有女性特有的诗情律韵，让坐在人群里的曾荫培心中诗意激荡。这位从小就喜欢中国古体诗的警界秀才，做梦也没有想到在枯燥的香港警坛，竟然也有像张学书这样别具文采的女警官。两个人虽然从来不曾有过任何接触，然而正是因为张学书这次在晚会上朗诵的拜伦诗句，忽然间拉近了曾荫培与她的距离。而让曾荫培感到有些不可思议的是，就在这次晚会上，主持者也为他安排了一个小节目，都是事前定好的，他读的诗被确定是诗人雪莱的《云》。

　　当曾荫培上场时，在场的所有女警察都顿时止住了笑语，曾荫培魁梧的身材和英俊的相貌立刻吸引了警花们的目光，再加上他那一口流利的国语，更让人钦佩。张学书当时也被这位警界同行朗读的优美文字惊呆了。此前她绝对没有想到在这次集训班里，也会有自己的知音，因为曾阴培的诗恰好与她刚刚朗读的诗句形成鲜明的对照。只听他读到：

> 我为焦渴的鲜花，从河川，从海洋，
> 带来清新的甘霖；
> 我为绿叶披上淡淡的凉荫，当他们
> 歇息在午睡的梦境。
> 从我的翅膀上摇落下露珠，去唤醒
> 每一朵香甜的蓓蕾，
> 当她们的母亲绕太阳旋舞时摇晃着
> 使她们在怀里入睡。
> 我挥动冰雹的连枷，把绿色的原野
> 捶打得有如银装素裹。
> ……

　　曾荫培朗读的诗，让坐在台下的张学书心荡神驰。她透过曾荫培的朗读感受到他内心激荡着一团诗人般的感情烈火。也许就是从那天起，张学书看中了曾荫培；而曾荫培那时虽然也欣赏张学书的相貌才情，却并没有过多地想入非非。

　　不料美丽的张学书从此却不肯把他遗忘。当训练班快要结束的前夕，曾荫培忽然接到一封信。他拆阅一看，发现雪白的纸笺上是一行行娟秀的钢笔字，仔细看时，居然是一首抒情诗：

> 星星们动也不动，
> 高高地悬在天空。
> 千万年彼此相望，
> 怀着爱情的苦痛。

彼此说着一种语言，

这样丰富，这样美丽，

却没有一个语言学者，

能了解这种语言。

曾荫培读了这首诗，不觉大吃一惊。他不知这是什么人所作的名句华章，也不知是何人给他所写所寄，直到他看到诗章下方的签名，才知正是令他心仪的张学书！

他当夜就给她复了一封信。同样，曾荫培也赠诗一首。他把大诗人雨果的诗《明天，天一亮……》抄录给张学书，并在信的下方，约请她在训练班结束前面谈一次。张学书当然应约而至，也就是从那天开始，英俊的曾荫培和秀气的张学书相恋了，开始了他们秘而不宣的感情拍拖。他和张学书的通信，大多谈一些金文泰中学当时学生中的热门话题，如如何看待五四以来的文学作品；如对白居易《琵琶行》和《长恨歌》在中国文学史上的定位；譬如对苏轼和陆游两位官场诗人的学术和为官经历的品评；譬如对六朝小说或唐代传奇作品的理解和剖析；还有一些曾荫培和张学书都感兴趣的中国文学，他们之间在往来通信中也有一些探讨争鸣，例如张学书喜欢宋代散文，而曾荫培则热心于明代一些历史性的演义小说；张学书喜读清代蒲松龄的《聊斋志异》，曾荫培则倾心于吴敬梓的《儒林外史》。

在从警之外的业余交往中，喜欢做学问的张学书，感到她和曾荫培心灵中最能产生共鸣点的就是，她和他都在金文泰中学里体会到了中国文学的魅力。

第二章　铁警冷面有柔情

□　忽然有一天，曾云接到了二儿子的一个电话，曾荫培对老父亲说："爸爸，明天我准备把一位朋友带回家里来，是不是可以吃一餐饭？"

□　由于曾荫培的努力，到了1986年他便有了一个再赴英伦进修学习的难得机缘。这次曾荫培奉命前往英国接受的训练是涉及高级警察指挥系统的专门学问，同时也是世界上较为先进的警务管理与侦缉学方面的课程。

□　听了张学书的话，曾荫培的心境豁然开朗。他点了点头说："学书，你说得很对，我这些年虽然在主持《警组》节目，也算得心应手，做出了一些成绩；可是，我作为警察的儿子，毕竟不甘心永远游离于真正警察的边缘，只做别人的陪衬，我是不情愿的。我希望有一天也能像爸爸那样真正成为警察，做一些对香港警务有益的事情。这样我才不枉来警界一回啊！"

4. 充满浪漫诗情的警界情侣

"荫培，说真话，我其实很早就认识你了！"训练班结束不久，曾荫培有一天打电话约出张学书，请她傍晚到兰桂坊一家茶馆里吃宵夜。这里是中环附近一条僻静的小巷，几家专烧广东风味的店铺在入夜时飘出一阵阵诱人的香味。曾荫培是第一次和张学书这漂亮少女一起吃宵夜，所以难免有些拘谨和紧张。但是张学书却显得落落大方，已在警界服务了一段时间的她，显然比刚出校门的曾荫培成熟得多。她见他还没开口，国字形的脸膛上就泛起了羞怯的红晕，便调侃地说："你信不信？"

曾荫培一怔，愕然地打量面前这位脱去警服，换了一件女式西装的姑娘，一时有些困惑茫然，不知张学书究竟在什么地方见过他："你见过我？"

张学书嫣然一笑："何止是见过？而且我们还在一间大教室里听过课呢！"

"一起听过课？这么说，你也在金文泰中学读过书？"

"是啊，我们是学友。只是我们并不是同一年级，那时由于我上学较早，比你高了一个年级呢！"

"是吗？既然我们不是同一年级，为什么你会和我一起在大教室里听课呢？"

张学书莞尔一笑："那只是一个例外，你是否记得，有一年咱们两个年级的同学在一间大教室里举行一次国语知识比赛？那是金文泰中学每年都举办的一次活动啊。"

曾荫培恍然大悟地一拍额头，说："想起来了，我记得那次我在课堂上代表我的班级发言，好像是谈鲁迅的小说的《阿Q正传》吧？"

"不是《阿Q正传》，我清清楚楚地记得你是在谈《祝福》的读后感。"没有想到那次发言，竟然会在这位娇柔女子的心里留下了如此深刻的印象，她娓娓地说道："你当时从鲁迅这篇小说的写作手法，他的人物刻画，谈到了这位进步作家的艺术风格的形成，还谈了一些有关的时代背景。虽然你生在香港，从没有到过浙江，可是，你却能说出鲁迅这位伟大作家为什么会写出像祥林嫂这样的悲剧人物。我现在还记得，你当时是以满腔激愤来谈体会的，好像你亲身经历了祥林嫂那个吃人的社会一样。也许当年正是由于我听了你的发言，才让我也对鲁迅和茅盾这些五四以来的成功作家，产生了浓厚的兴趣。毕竟他们笔下的人物，和我们在香港见到的市井人物有着本质的不同啊！"

"哦，是吗？"曾荫培静静地坐在那里，听着姑娘的诉说，望着她那美丽真诚的大眼睛，他的心被深深地感动了。他没有想到张学书会对当时一个普通低年级学生的发言记得如此清晰，而自己当年在无意中竟然给她心里刻下了如此美好的印象，不然张学书绝对不会在训练班里与他一见钟情。他沉吟了半晌，终于动情地说道："谢谢你，学书，谢谢你过了这么久还记得那次合班的讲演。其实我讲得并不好，也许是因为我们都喜欢文学的缘故吧，让你记住了我，而且我没想到自己给你留的印象竟会这样好！"

张学书笑着说："你讲得确实很好，不然我不会在那么多演讲的同学中记住你的。因为我从你的发言中，可以观察到你对文学的研究程度。虽然当时在金文泰中学里，喜欢鲁迅作品的人不在少数，可是我发现他们对鲁迅作品的理解都过于肤浅。而你呢，有点不同了，你是从鲁迅作品的思想性去谈体会的，而不是人云亦云，空谈什么艺术价值。其实任何文学作品，如果没有深刻的思想性，就谈不上什么艺术性。因为没有思想的艺术品，往往是经不住时间考验的。你说是吗？"

"真没想到，你会说得这么透彻。"如果说从前在警察训练班里对张学书产生好感是因为她的美貌和口才，那么如今让曾荫培为之动情的则是张学书与众不同的女性睿智。她的谈吐表现出她是一位有才气的姑娘，而让曾荫培感到值得与她相依相伴的重要原因，则是张学书比普通女子高深的学识和见解。他说："学书，如果我们不是警察，如果我们不是每天这样紧张，我真想和你在一起经常谈论文学。因为和你在一起谈文学，会让我产生许多联想。文学是什么？说到底还不是形象思维是否活跃吗？警察这种死板板的职业，其实对文学是相当制约的。你和我都不适合在这种集体和环境里生活。能在警界与你相遇真是一大幸事啊！"

"我也一样，也颇有同感。可是没有办法，生活就是如此，注定我们这辈子都不会成为文学家。"张学书哑然失笑，明亮的眼睛在凝视着曾荫培那张因饮酒而有些涨红的脸腔。她欣赏他的英俊和坦荡，更敬重他的正直和无私，同时也同情曾荫培的处境，她说，"不过，我们还是可以保留对文学的爱好。我们虽然要当一辈子警察，可是文学是可以陶冶情操的。小说有时也像诗一样，读得多了，可以让我们的思想变得活跃起来。"

"你说得很对。"曾荫培默默地望着美丽的张学书在微笑。他没有想到自己会如此幸运地结识了她，也是从那天晚上开始，曾荫培对张学书的了解更深了。而张学书也像他一样，在彼此的接触中，她发现曾荫培不仅才华横溢，而且人品出众，她感到他们的心离的更近了。

5．男大当婚，结婚又谈何容易

大哥曾荫权那时虽然和澳门的鲍家三女儿产生了感情，可是，由于双方都在各自为事业奔忙，所以始终没有到谈婚论嫁的地步。在这时候，比曾荫权小两岁的弟弟荫培，与女警察张学书的感情居然发展迅速，很快就到了彼此一日不见，如隔三秋的热恋阶段。忽然有一天，曾云接到二儿子的一个电话，曾荫培对老父亲说："爸爸，明天我准备把一位朋友带回家里来，是不是可以吃一餐饭？"

"朋友，什么朋友要到家里来呢？"那时的曾云虽然已经退休，可是家境却大为改观。

曾荫权和曾荫培兄弟就业以后，其他三个孩子大都进入了中学和大学读书。尽管仍然有些压力，不过让朋友到家里吃一顿饭，毕竟不是什么大事。于是曾云不但爽快答允，同时还亲自去张罗翌日的饭菜酒席。

"当然是我最要好的朋友了。"曾荫培以欣喜的语气告诉爸爸，要求他一定要准备一餐饭，招待客人。

"这个姑娘很好啊。"次日上午，当曾荫培带进家来的朋友竟然是一位身穿蓝色警服的女警察时，多年在警界服务的曾云，心里有说不出的高兴。他没有想到二儿子刚进警队不久，居然就有同在警队供职的警花看上了他。想到将来二儿子身边有一位志同道合的警察妻子，老人的心里有说不出的高兴。一家人在一起吃了一顿饭，直到曾荫培把张学书送出家门以后，曾云才对守在身边的曾荫权和小女儿大发感慨，他说："老二很有眼力，他这么快就有了朋友，真是让人高兴啊。"

曾荫权理解父亲的心情。这么些年来，他始终希望自己快些结婚，快些生子。然而那时的曾荫权还不想马上结婚，因为他和鲍笑薇早有约定：两个人一定要在各自的事业都有一定成就以后，才能建立家庭。而目前鲍笑薇虽然毕业后在一家石油公司里供职，可是她始终认为如果现在就结婚，很可能会让她的事业受到影响；而曾荫权那时刚刚从药品推销员考进港府不久，虽然已是公务员身份，然而港府里仅有公务员的身份还是不够的，他同意了鲍笑薇的建议，一定要在结婚前至少考上二级行政主任，才能够操办他们的婚事。不然，依现在的家庭情况，曾荫权连租一幢房子的条件也不具备，又如何能够谈婚论嫁呢？

"荫培，你们应该结婚了。"又过了一年，有一天曾荫培又把张学书带到了荷里活道的家中。这一次曾荫权和鲍笑薇因事不在家，饭毕老父曾云在张学书走后，忽然向二儿子提出了他思考多时的想法。

曾荫培一怔："结婚？现在我们就结婚？"

曾云点了点头："是啊，男大当婚嘛，再说你和学书已经拍拖了一年多时间，彼此已经有了较多的了解。如果结了婚，肯定对你们的工作都有好处。为什么还要等呢？"曾荫培这才理解了老人的意思，他又何尝不想马上结婚呢？他和张学书通过一年多的交往，彼此感情已经到了心心相印的程度。张学书和她的家人也都对这桩婚事十分看好，老人也都希望他们能早结连理。可是，让曾荫培感到为难的是，他的大哥曾荫权到现在还没有任何结婚成家的迹象。而他毕竟是老二，又怎么可以抢在大哥的前面结婚呢？他想到这里，有些为难地叹了一口气，半晌讷讷地说："不急，我和学书都还年轻嘛。今后的日子还长呢。"

曾云似乎已经看透了他的心思，笑了笑说："其实我也知道你心里想什么。你一定是以为大哥还没有结婚，自己就忙着结婚有些不合规矩，是吧？"

曾荫培无言地低下头去，他感到心事已经被老父一眼看穿了。

曾云说："这些老规矩早就应该破了。荫培，你大哥他们暂时不结婚，自然有他们的道理。我的意思是，哪一个感情成熟了，哪一个便可以马上结婚。时间不饶人啊，我已经老了，你妈临去的时候，就是关心你和荫权的婚事。现在我就盼着你们早一天结婚呀！"

曾荫培感到老父的话已经拂去了他心中的顾虑，可是，尽管如此他仍然不愿意去破祖上传下来的规矩。特别是在哥哥呵护下成长起来的曾荫培，无论如何也不想在婚姻问题上抢在大哥的前面解决。见老父亲那么认真地等候他的回答，曾荫培想了许久，终于点头应道："好吧，爸爸，让我和学书再好好商量一下再说。只要工作允许，也许我们会早一些结婚的。"

6. 第一次赴英进修

在警界纷纭复杂的竞争中，曾荫培越来越看不惯英国警察对中国警察的鄙视。这也是他进入香港警圈以后最不如意的地方。英国人虽然因为统治的需要，不得不在香港华裔之中定期招收见习警察，可是港英当局所重用的仍然还是英裔的警察，这些警员尽管素质不高，有些从英国来港供职的警察，只是警察学校的劣等生，在英国本土一般是不会受重用的；可是这些人一旦来到港英统治的香港，就会身价百倍，一个个趾高气扬，根本不把中国警察放在眼里。至于去英国伦敦进修的机会，大部分都分配给英国警员，而华裔警察若想得到去进修的机会，简直就是凤毛麟角。

"荫培，听说今年去英国进修的指标又来了，不知你能不能争取一下？"老父亲虽然那时还在警界供职，可是由于年纪较大，英国警察处长已多次劝他退休了。曾云在警界多年的体会是，港英警界内部论资排辈的旧俗和英国人压制中国人的恶习，会让许多颇有才气的青年人失去晋升的机会。所以曾云听说有进修指标以后，心情十分焦急。

"我不会去找英国人说情的。"不料曾荫培却不理解老父的好意，"和英国人打交道，实在是没有意思。我是凭着自己的才能当警察，如果他们看中了我的能力，让我担当什么要职，我就好好去干；如果他们看不中我，我也绝对不会巴结他们。更不会求他们英国人的施舍。"

曾云有些恼怒："这不是巴结，孩子，人往高处走，水往低处流。这是咱中国人的古话，莫非你这喜欢文学之人，连这些浅显的道理也不懂吗？"

曾荫培却说："爸爸，这样的俗语我当然懂，可是，让我去做是做不到的。"事后曾荫培就把这件事忘掉了。让他感到意外的是，几天以后，上司竟然主动找上门来。

"学书，我就要到国外去进修了，不知你究竟能不能等我？"那是 1968 年秋天的夜晚，维多利亚海湾飘起了蒙蒙雨雾。在行人稀疏的海边小路上，梧桐树环绕的路边，雨中徜徉着一对情侣。他们就是即将离别的曾荫培和女警官张学书。只是他们都没有穿警服，两人合撑着一把雨伞，难舍难离的离情别绪，宛若雨空中正在飘洒的绵绵细雨。

"荫培，你就放心地去吧，我当然要等着你的。"经过长达两年的爱情拍拖，魁梧英俊、性格坦荡的曾荫培早已经在张学书的心里刻下了深深的烙印。她和他是因诗才结缘，然而真正缔结她们心灵纽带的则是天长日久所表现出来的真诚。在曾荫培供职《警组》的日子里，美丽的张学书无论每天的警务如何繁忙，都要准时给他拨一个电话；而曾荫培也时不时地约张学书见面。他把对职业的不惯和对同僚恶习气的不满，都开诚布公地向她袒露。聪明的张学书非常了解性格耿直的曾荫培。她知道他心中的正义感与那些困扰香港警界多年的黑暗恶习，是水火不相容的。她鼓励他一定要坚持始终。

虽然张学书通情达理，凡事总是为他着想，可是曾荫培仍然对没和她结婚以前就到英国去接受集训，感到有些为难。前去英国训练和进修的名额只有几个，而削尖了脑袋企图得到这些名额的人却是犹如过江之鲫。谁都知道如果能得到进修的机会，那么回到香港以后肯定会得到英国人的重用，甚至还可能提高官职。如此美差当然争先恐后，惟恐得不到机会。可是曾荫培做梦也没有想到，这种机会会落到他的头上，然而上司竟然当真看中了他，而且是力排众议，坚持要把曾荫培送到英国去学习。显而易见如果在这种时候他放弃去英国，肯定会遭到非议和讥笑的。想到这里，他对女友说："学书，我对你说真话，我确实没有找任何人疏通关系。我是想即便要去英国进修，也一定要等咱们结婚以后才行。哪会知道事情竟来的如此突然呢？"

"荫培，我理解你的心情，可是，机会难得，你千万不能放弃。你要知道这次派你到英国去接受初级指挥课程的训练，完全是警方上层人物反复精选，最后才看中了你的。所以说这是一种难得的殊荣啊，绝非普通警察都能得到的。"张学书见他仍然去意彷徨，索性进一步鼓励他说："这次参加英国 BTAMSHILL POLICE COLL 集训，回到香港以后，警署肯定会把更加重要的任务交给你的，再也不会继续让你去主持一个电视节目了。"

曾荫培点点头说："如果不是考虑到这一层，我会干脆推掉这一集训的机会的。因为我们已经议定了婚期，如果不是这个突如其来的临时任务，也许我们马上就要组成家庭了。可是，偏偏在这个时候，命令下来了……"

张学书是一位大度的女子，她泰然面对眼前发生的一切，对即将分手的曾荫培说："如果把事业和爱情作一比较，任何时候爱情都要给事业让步的。你没见到大哥他为了事业上的发展，已经多次推迟婚期了。论说他和鲍笑薇拍拖的时间比我们长得多，而且他们的年龄也比咱们大，我们都应该向他们学习才是呀！"

听了张学书的话，曾荫培的心境变得豁然开朗。他点了点头说："学书，你说得很对，我虽然在主持《警组》节目时也算得心应手，做出了一些成绩；可是，我做为警察的儿子，毕竟不甘心永远游离于真正警务的边缘。只做别人的陪衬，我是不情愿的。我希望有一天也能像爸爸那样真正成为警察，做一些对香港警务有益的事情。这样我才不枉来警界一回啊!"

　　那天晚上,张学书请曾荫培到湾仔的一条小街上,进了一间幽静的咖啡屋。这里是她们最近一段时间里经常光顾的地方。虽然张学书故意装出笑脸为他送行,可是她心里和曾荫培同样,都充满着难言的苦涩,人世间的分离有时是最难让人忍受的痛苦。可是,张学书尽量寻找让他高兴的话题,如谈她自己小时候如何喜欢游泳,如何因为英文课不及格受到老师批评的往事,借以引曾荫培开心;而曾荫培分明看出她的善意,她是全然为着让他高高兴兴离开香港,才故意把他请进湾仔的咖啡屋的。尽管他极不愿意在这时候离港,然而当他看到女友如此真诚的鼓励和支持,心中的离愁顿时化作了动力。没有什么比张学书的支持更让曾荫培感到信心十足的了。

第三章　三十七年从警路

　　□　这是曾荫培出任香港警署缉毒调查科主管以后的首战告捷。在接下来的三年时间里,曾荫培接连侦破了多起进入香港境内企图过境或者在港进行毒品交易的犯罪分子。那时候的曾荫培年轻而有魄力,为了侦破一起要案,他甚至可以几天几夜不合眼,虽然是科室主管,本应守在幕后指挥,既能完成任务,又可以不受任何伤害,然而曾荫培的性格决定他必须事事躬亲,身先士卒。

　　□　曾荫权对他的叮嘱:"你现在虽然已是成熟的香港警官,可是,如果成为杰出的警官,让人敬佩的警官,还需要你继续努力。因为在一些人的眼里,你只懂管理而不懂侦察技术,而在你们警界,是否能够具有侦察破案的水平,则是衡量一个警官的重要标准。所以我建议你千万不可小视这次学习机会。"

　　□　曾荫培在香港回归后,为了进一步提高自己的素质,也为了更让自己适应于新形势的要求,他曾经前往北京,以香港警察代表的身份在清华大学参加为期半年的补课学习。在清华大学,曾荫培才对国内的政治形势有了进一步的了解。他感到在北京的学习收获很大,是他从警以后数次进修过程中收获最大的一次。

7. 缉毒,高风险职业

　　第二天上午,曾荫培就踏上了飞往英伦三岛的客机,从此开始了为期一年的紧张学习。

　　曾荫培从英国返回香港以后,便就任了警署的总督察要职。这个职位在许多人眼里,始终是可望而不可及的,而像曾荫培这样由见习警察到《警组》节目主持人,再升任总督察的警官，在香港警界尚不多见。

也是在他返回香港不久，就和相恋多年的张学书举行了婚礼。新婚过后的曾荫培，更加全身心地把精力都投入到他所钟情的警务管理之上。正如一些传媒对曾荫培评价的那样："曾荫培虽然在警队里工作了三十四年，他给人的印象都是做管理，侦破大案的经验并不多。忠诚之外，曾荫培是警队高层文官化的代表人物，与那些典型的'红裤子'出身的警务人员，风格截然不同，但却极受港府高层的认同。"

曾荫培在总警督的位置上越做越好，多年在警界供职所积累的经验，当然还有乃父曾云传授给他的诸多人事方面的经验，让头脑聪明、才思敏捷的曾荫培在他的职权范畴内如鱼得水。他还把在英国学到的治警方略，有机地应用和引进到香港警察的管理机制中来，许多由他提出的合理建议，渐渐得到上司的首肯并在实施中得到了好评。如此一来，让更多的警界人士深深认识到，曾荫培的晋升与提高，并不是依赖其胞兄在港府中的影响，也不是靠他父亲曾云早年的人脉关系行事，更多的潜力体现在曾荫培自身对香港警务的理解和认知。而他在英国的学习助长了他本来就有的独特见解，其威望和信任度也正是从这一时期开如稳步地建立起来了。

由于曾荫培的努力，到了 1986 年他便有了一个再赴英伦进修学习的难得机缘。这次曾荫培奉命前往英国接受的训练是涉及高级警察指挥系统的专门学问，同时也是世界上较为先进的警务管理与侦缉学方面的课程。香港警署高层之所以又一次看中了曾荫培，就是因为他的学历虽然不高，然而勤奋自修所积累的知识水平，远远高于那些有着留学英国学历的警界高层警官。特别是曾荫培前次学习归来后对香港基层警务管理系统建立所起到的作用，时至今天仍然深得上层人士的好评。所以，曾荫培此行的重要意义，在于如何让他在未来的警务管理中多出成果。

曾荫培在为期一年的短训过程中，还像他前次集训一样，认真无二的治学态度，让他顺利地完成了集训学习的任务。当他于 1987 年 2 月从英国返回香港的时候，香港警界高层决定提升他为总警司。

曾荫培这次所负责的不再是从前轻车熟路的警察管理，而是具体负责更为艰险的缉毒工作。当时的金三角毒品泛滥成灾，大批从缅甸、泰国和马来西亚运往中国、日本和台湾地区的海洛因，必须要经过香港这一重要的枢纽。这就给香港警方平添了更大的缉毒压力。曾荫培所负责的毒品调查科，在香港警察署内属于最重要的科室之一。为了有力地打击毒品交易，有时曾荫培甚至几天几夜不能睡觉。有时如得到重要的毒贩进境线索，他要身先士卒，冒险进入预定的缉毒险区，随时都有被毒贩识破面目或当场遭受袭击的风险。

经过多年在警署的历练，曾荫培这位喜欢文学的警中秀才，已经磨练成胆大心细的缉毒指挥官。1988 年春天，曾荫培从境外获取一条重要的线索，一伙贩运海洛因和大麻的毒犯将于近日在香港过境，秘密进入台湾地区。曾荫培感到这是一个千载难逢的破案时机，可是，当时他掌握情报细节有限，不知入境者是男是女，人数是多少，贩运的毒品隐藏在什么地方。曾荫培亲自在香港的所有入境口布控。启德机场无疑是缉捕嫌犯的重要地点，而几个随时有商船出入的港口也不可忽视。可是让曾荫培感到棘手的是，他和化了装的警员们整整布控了两天两夜，却始终不见毒贩的踪影，莫非消息来源有误？

有些人甚至怀疑曾荫培获得的情报不确，主张半路撤兵。可是曾荫培是一个不做则已，一旦要做就必须要做到底的人。就这样一直布控了五天五夜，仍没见毒贩入境。到了第六天夜里，缉毒警察多已人困马乏，纷纷打起了瞌睡。就在这时候，曾荫培忽然发现在启德机场入境检查口，出现了一个女子的身影。

这个女人生得黄种人的面孔，但却是印度人打扮。她走出检查口后挺直腰杆高视阔步地向外走去，其举止与她高贵优雅的打扮本来并不引人注意。可是在稍远处负责监视的曾荫培却发现那女人的眼神中闪动一丝不易察觉的畏葸。同时，曾荫培发现那女人手里的皮箱似乎很轻，然而她却故意把拉着的皮箱左右换手，显得异常沉重的样子。这让他马上联想起境外内线传来的情报中，有一句："这次很可能是螳螂捕蝉，黄雀在后。老板也要亲自上阵了！"

曾荫培下令警员检查这位印度女子手中的皮箱，果然发现了一些大麻。不过，这一点大麻根本称不上是国际贩毒集团的大规模贩运。曾荫培连夜主持对她进行审讯。女人开始守口如瓶，坚不吐实。有的警员对继续审讯一个外籍妇女已经失去了信心，因为仅凭她箱中携带的些许大麻，充其量也不过是一个毒品吸食者，根本构不成毒贩的罪名。可是曾荫培却对这个说一口印度语的女人持深深的怀疑。他对负责审讯的警员说："一定要她开口！我敢断定她不是印度人！"

果然不出曾荫培所料，经过连夜突审，特别是请来一位印度人担任翻译后，这个神秘女人终于抵挡不住警察们的凌厉攻势，最后不得不招供：她原来是缅甸一国际毒品贩运团伙的女马仔，专门负责携带小量毒品预先到香港探路，然后再给境外的毒枭发去信号，大量毒品再进入香港，再从这里转入台湾和日本。

女马仔供出实情以后，曾荫培命她协助把境外毒枭引进香港。她不敢不从，经她发出可以入港的信号以后，先后有三伙携带大量大麻和海洛因的毒贩们依次进入香港海关，一一落进了曾荫培布下的天罗地网。最后，甚至还把在缅甸控制这伙贩运团伙的大毒枭差利横也引进了香港，使贩毒团伙全军覆灭。

这是曾荫培出任香港警署缉毒调查科主管以后的首战告捷。

在接下来的三年时间里，曾荫培接连侦破了多起进入香港境内企图过境或者在港进行贩卖毒品的案件。那时候的曾荫培年轻而有魄力，为了侦破一起要案，他甚至可以几天几夜不合眼，虽然是科室主管，本可守在幕后指挥，既能完成任务，然而曾荫培的性格决定他事事躬亲，身先士卒。缉毒斗争十分危险，特别是抓捕身藏武器的毒贩时，随时都有性命危险。一次，曾荫培在香港仔海鲜坊化装守候，准备在一吸毒者与毒贩进行交货时将罪犯们一举擒获。不料，就在毒犯进入海鲜坊时，由于事先进行过教育的吸毒人届时神色紧张，让刚刚进来接头的毒犯发现了在海鲜坊内室守候的曾荫培等缉毒警察，毒贩当即举枪向警察开火拒捕。曾荫培受到枪击，险些被击中要害。但是在他的指挥下，终于将前来接头送货的毒贩当场擒获。

还有一次，曾荫培率人在沙田赛马场蹲守。结果毒贩发现警察已经封锁所有可以退逃的路口时，拼死开枪，在密集的弹雨之中，几个警察当场身亡，曾荫培面对强敌，毫不畏惧，在枪战中一举击毙两名马仔，致使毒枭落入了法网。

从 1987 年春曾荫培受命主管香港警署的调查科，一直到 1989 年他卸任的三年时间里，经他指挥的缉毒专案多达几十件，大要案十余起，每一起案子他都要亲自督理，有些大案他还必须亲自上阵。有几次他险些遇难。所幸由于他的机智精勇，常能化险为夷，有时甚至兵不血刃，即能克敌制胜。

了解曾荫培的知情人、当年香港警署毒品调查科警员，现任香港督察协会主席的廖洁明，对《壹周刊》记者这样描述曾荫培早年在毒品调查科工作时的表现，廖说："80 年代曾荫培在毒品调查科时，他给我的印象是严于律己，讲得出也做得出。例如他要求我们必须每天内裤必须佩戴委任状，他一定会以身作则，自己都挂。但是并不是每个上司都挂，可是曾荫培说到做到了。"廖洁明还证实说："80 年代警察放工以后，往往大家都会去喝酒，有人甚至还喝得大醉，可是据我所知，从来就没有见到过曾荫培去酒店吃酒，那个年代，像他这样律己的警官是很少见的。他对自己的要求是好高的。"

当然，曾荫培也有他的行事风格，凡是忠于职守的警官，一般都会得到重用，曾荫培很少以自己的好恶来安排人马，他一般都以对缉毒工作是否有利来决定人事的安排，他在缉毒调查科的工作是有目共睹的。有人说："他不愧是曾氏家族的子弟，是靠自己的努力干起来的，并不是依靠其胞兄的势力。"

由于曾荫培在缉毒前战所取得的成绩，香港警署于 1990 年春天，决定再次调动他的工作。就在曾荫培晋升的前夕，香港警方再次派他前往英伦，保送其进入英国国防学院深造。

8. 成熟的华裔警官

美丽的泰晤士河波光潋滟。古老的伦敦塔在氤氲的晨雾中若隐若现，对于曾荫培来说，伦敦就是他第二个求学之地。如果说他早年由于家境贫寒而未能圆大学之梦的话，那么到了中年，特别是在香港警界崭露头角，因缉毒英勇而名声大噪之时，他才真正有机会进入国外的正式大学进行学习和深造。

虽然他每次来英国，都是短期的集训性质，但是曾荫培知道他对侦破和警务管理的系统知识，大多都是在这种情况下得以提高的。当时 44 岁的曾荫培已经是一个成熟的警务管理人员了，在这里他得以见识世界上许多先进的侦察技术。

"荫培，这次你能够再次去国外进修学习，一定要改变从前许多人认为你只能算个警署管理人才的印象。"曾荫培伫立在泰晤士河畔，眼前的碧波里倒映着圣保罗大教堂巍峨的影子，而他身后就是英国国防学院所在地的曼坡小山。曾荫培回想起他离开香港之前，大哥曾荫权对他的叮嘱："你现在虽然已是成熟的警官，可是，要想成为杰出的警官，让人敬佩的警官，还需要继续努力。因为在一些人的眼里，你只懂管理而不懂侦破技术。而在你们警界，是否具有侦察破案的水平，则是衡量一个警官的重要标准。你千万要珍惜这次学习机会。"

曾荫培理解大哥对他的提醒和警示，他也深知如若想继续在香港警界寻求发展，仅仅停留在管理的层面上是行不通又走不远的。他知道自己已过不惑之年，如果要在香港警界再进一步，首先要学到国际先进侦察技术，否则就无法适应未来的侦缉工作。

从小就喜欢文学的曾荫培，是从一些侦破小说开始接近各种奇异怪案的。对他影响较深的是中国小说《狄仁杰破案录》，还有外国小说《福尔摩斯探案记》。当然，让曾荫培进一步对侦察产生兴趣的，还是他步入警界后所接触到的一些古怪离奇的凶杀案件。例如 1980 年发生在香港弥敦道 23 号民宅里的女性碎尸案，当时香港警方为这桩作案者没有留下任何痕迹的无头案，陷入了无边的泥淖，历经十个多月没有任何头绪。曾荫培虽然不负责此案的侦破，可是他通过报上不断刊发的各种信息，暗暗为犯罪分子画了一张像。他从现场留下的半个血掌印做出了推断，认为凶手为女性，而且是一个 30 岁以上的女人。这与当时香港警方判定杀人者是男性，二十多岁的结果大相径庭。结果后来案情真相大白后，曾荫培的正确判断几乎成了警方最后认定凶手的关键。

曾荫培决心要全身心地投入到侦察技术的研修中去。曾荫培知道尽管自己熟悉香港警界的管理体制，深知如何才能提高警员的素质，也搞过三年的缉毒案件。可是，如果他到中年时期仍然不能掌握先进的侦察技术，那么他就永远不能成为一名让人信服的高级警官。

英伦三岛是美丽的。而曾荫培的学习是紧张的。两年的时间是漫长的，也是短暂的。曾荫培终于以优异的成绩在英国国防大学毕业了，当他从伦敦飞回香港的时候，香港警署对他的最新任命也下达了。

曾荫培被任命为香港警察处的助理处长。而且让曾荫培感到振奋的是，他是专门负责刑事的副处长。主管刑事对于在香港警界驰骋多年的曾荫培来说，无疑是再次进入了一个富于挑战的崭新的领域。

曾荫培所实施的警队改革，取得了警界上下的一致好评，特别是他在警察内部首先实现现代化管理体制的作法，深得人心。

曾荫培在主持警务处机制改革过程中，大胆地启用了一些中国知识分子，特别注意吸收大量知识人才和大学生进入香港警察的队伍，这一方面的改革，更新了香港皇家警察的旧根底。打击黑恶势力和缉毒查私的力度明显加强了。

1994 年曾荫培升任为高级助理处长，同时兼任海岛总区的指挥官一职。对于海岛总区的任职，曾荫培从前并无思想准备。因为这是近年来，特别是香港回归祖国在即的关键时刻，曾荫培担任这一职务，就意味着他的职权范围已经扩大到祖国内地。特别是广东和广西两省，从前香港警方始终视若禁区。而如今香港警方在祖国回归前夕，在许多重要的刑事案件方面，极需与内地警方加强联系。而曾荫培则是这一联系工作的主要角色。1995年夏天，曾荫培为了几起刑事要案，亲自陪同警务处长许淇安从香港前往广西。作为香港负责刑事要案的主要指挥官和保安处长，曾荫培认为他必须要与内地警方形成合力，这样才可以对香港逃往内地的犯罪分子形成强大的震慑。曾荫培多次前往广东和广西，与内地警方进行交流和合作，他这样频繁地出入内地，既为侦办当前的要案，同时也为香港回归以后香港与内地公安机关的合作铺平了道路。

9. 香港回归前后

1996 年曾荫培晋升为香港警务处的副处长，已经是仅逊于香港警察最高长官的重量级人物了。这时已经是香港回归祖国的前夕，多年来始终接受英国警察教育的曾荫培，非常可贵之处就在于他很快就适应了新的政治形势。其胞兄曾荫权两次组织的家族成员回内地寻根祭祖活动，曾荫培都是积极支持者和响应者。广东省南海县的新基村，是他的留恋之地，他不但自己去寻根，而且还带着妻子张学书、一子一女随行前往。向往祖国统一的心情溢于言表。

早在 1992 年曾荫培第一次随当时的香港警务处长许淇安前往北京，向公安部汇报工作的时候，曾荫培就受到了当时的公安部长的接见。1995 年曾荫培即开始着手香港回归后的一系列准备工作。由于他负责接手了港英多年控制的政治监控情报工作，所以他很快就把当年前往英国国防学院学习的知识派上了用场。从那时开始曾荫培治警的热情更高，因为他知道现在是在为自己的国家、自己的香港在尽忠尽诚。

曾荫培在香港回归后，为了更快适应新形势的要求，他前往北京以香港警察代表的身份在清华大学参加为期半年的补课学习。在清华大学，他对国内的政治形势有了进一步的了解，感到收获很大。

曾荫培从北京回到香港以后，强化了香港的治安管理力度，特别是对保安局长必选强硬派人士担任做出了努力。

2001 年 1 月，随着香港警务处长许淇安退休时间的临近，这一重要的警界人选引起了社会各界的注目。谁可以继任香港警察的"一哥"？当时与曾荫培竞争的人选当然还有几位，然而香港警界最终产生了以曾荫培为压倒多数的公推意向。香港媒体这样说："警队新一哥于本周千呼万唤始出来，曾荫培在全无对手情况下跑出，接替一月退休的许淇安。曾荫培是政府锐意栽培的'一哥'人选，他十年来过关斩将，将资历比他深的红裤子出身高层逐个击倒，当中得力于他紧随政府政策，得到政府高层器重，而且政治上亦得到北京信任，背后掌管敏感的保安工作。曾荫培的崛起，将显示警队内政治硬强路线抬头……"

曾荫培主持香港警务处期间，在强化警察的道德素质和侦察、缉毒、打私等方面，都做出了显著的成绩。2003 年 57 岁的曾荫培，依据香港警界的旧规矩，也走到了将要退休的边缘。如果他借助胞兄的势力，继续恋栈，维持警界的首脑地位不退下来也是可以做到的。但是，曾荫培绝对不搞特殊，他和哥哥一样都是非常讲究原则的人。于是在这一年秋天，曾荫培按时提出了退休申请。

退休以后的曾荫培，还不到 58 岁，正是一个人年富力强的时候。他不甘心守在家里无所事事。打发无边的寂寞，于是他渴求在香港寻找到适合自己的新工作。当然，现在的曾荫培再也不是当年读不起大学时的他了，他并不是为着金钱才另寻职业的。不过一个曾经在香港警界出任过"一哥"的人物，退休后更适合于做些什么呢？

经过香港公务员局的批准，曾荫培得以"冷过河"地快速就业，不久即出任香港新创业集团的执行董事。半辈子与凶犯、歹徒、恶棍、流氓和国际上形形色色的恶势力打交道的铁腕人物，如今要面对全新的职业格局。他主管的是交通业务，精通警界的曾荫培对交通管理产生了浓厚的兴趣。由于他很快就进入了角色，任职半年之后，曾荫培即出任了集团公司旗下的城巴、新巴和新渡轮等公共交通工具的管理委员会副主席一职。这是一个工作量极大，人事分布较广的庞大管理体系。特别是在香港这个占地面积有限，人口众多，车辆以千万计的国际都市里，解决好交通问题，绝非一件轻松的事。但是曾荫培乐此不疲，对这项新工作充满了热情。

退休后的曾荫培每年在这家集团公司可以拿到年薪 300 万港币，以前就任香港警察最高首脑的时候，年薪也不过是 200 万，而如今竟然拿到这样的高薪，这是曾荫培早年做梦也没有想到的事情。

早年生活在贫寒中的曾荫培，晚年的生活是幸福的。他和妻子张学书均已退休，他们生有一子一女，子女各自都有自己的事业。至于曾荫培退休后的家庭状况，香港一家杂志曾经有过这样的介绍："曾荫培一家四口，连同两名菲佣和两只小狗居住在碧瑶湾，曾荫培 1996 年 5 月以个人名义，用 800 万元购得现居单位。另外他与妻子以公司的名义在 1994 年 5 月，以 715 万购入了另一中层单位。而大儿子曾庆廉则在 1997 年 11 月楼市开始滑坡时，以 630 万买了二十一座一单位。可见曾氏一家十分钟情碧瑶湾。"

　　在香港碧瑶湾新居里过着无忧无虑生活的曾荫培，有时会产生一种深深的怀旧情结。这是一种无法用语言形容的思绪，早年贫寒的生活与现在让人满意的新生活，常常会让曾荫培产生某种联想。因此，有时他格外怀念青年和少年时期曾经居住过的老屋旧宅。正如香港记者所说的一样："曾荫培的家庭观念很强，父亲晚年时，他经常和大哥曾荫权在星期日返回老父亲在麦当劳道上的家。其中一名看更者忆述：'曾荫培差不多每个星期日都同他大哥一起来探望老父亲，有时半个钟头就走，有时就吃完饭再走。他有时还会推着他爸爸的轮椅到平台上去吸新鲜空气。他还会和我打招呼，一点官威都没有。'上个月某日下午，曾荫培还带着他的女儿若珩重游荷里活道待拆的旧居。两个人在闸外指指点点，看更阿伯说：'曾荫培说当年的宿舍就要拆了，想和女儿再看一看小时候居住的地方。怀念它，因此他还想亲自上楼去看看当年睡觉的小屋子。但是我不许他们上去。'阿伯当时拒绝了曾荫培的要求，曾荫培听后也没有说什么，就和女儿一同去了停车场，我听见她问：'爸爸当年就在这里踢皮球吗？'他们大概逗留了十几分钟，就走了。"

　　进入 60 岁的曾荫培，仍然还像从前那样显得充满活力。有时候他会和大哥一家聚在一起，还有他的小妹，一家人在香港有名的粤菜馆吃一餐便饭，意在叙叙感情。

E 卷：曾璟璇

●曾璟璇，1958年在香港出生，加拿大籍，高级白领，为曾荫权的胞妹。1979年以前分别在香港天主教会女校、加拿大 UNIVERSITY OF ALBERTA 读书，并获得商学士学位。1980年从国外回到香港以后，先考入香港政府任公务员，后进九龙铁路短期任职；1992年起进入渣打银行供职；1999年起担任渣打银行亚太地区人力资源部总监；2004年春起担任渣打集团组织学习部总监；2005年4月出任渣打银行中国区总裁迄今，未婚。

曾璟璇近照。

曾璟璇（右 2）与二哥及友人出游。

曾璟璇童年和少年时期，就随父兄生活在荷里活道的警察宿舍里，就是从那时开始，她幻想有一天成为同辈中的佼佼者，为曾家增光。

在加拿大留学时曾璟璇获得商学士学位。

有人说曾璟璇与演艺界明星周迅有些相像，不过这位美女却是金融界的明星。

外形娇小，行事干练高效的曾璟璇。

平时行事喜欢低调的曾璟璇，即便偶尔与大哥大嫂一起外出吃饭，也尽量避开记者，喜欢走在后面。

2006年曾璟璇受命接任渣打银行中国区总裁后，在上海发表施政演说。

看中并大胆启用曾璟璇的"渣打"集团总裁詹德森（左）。

曾璟璇从上海回香港时，尽量轻装简从，不喜欢惊动下属。

　　曾璟璇在"渣打"是女强人，可是她在私生活中却是一位颇有人情味的女性，图为她和友人带着贵夫犬参加"狗仔百万行"活动。

曾璟璇与好友黄书雅在香港街头逛街。

曾璟璇善于购买物产，这是她和女友共同在香港购买的红山半岛独立屋。

曾璟璇和黄书雅喜欢到超市购物。

曾荫权获得香港大学名誉博士学位时，曾璟璇与亲友前往祝贺。

工余闲暇时曾璟璇尤喜养狗为乐。二哥曾荫培受其妹影响，也对养狗情有独钟。

曾璟璇与二哥及女友们在海边溜狗。

曾璟璇与卸任的二哥在一起比较轻松，因为即便她们兄妹行走在大街上，也不会引人注目。

曾荫权夫妇、曾荫培和曾璟璇只有在假日里才有机会一聚。

2001年曾璟璇与二位在港哥嫂及家人的全家福。

第一章　渣打"掌门人"

□　电梯在她的眼前缓缓上升。曾璟璇有些困惑，她不知道作为渣打银行中国区最高负责人的桑德森为什么叮嘱她的秘书早早守候在楼下大厅里。在一般情况下，作为渣打银行学习部总监的曾璟璇，如果没有非常重要的大事是很少走进桑德森位于18层的办公室的。

□　由于曾璟璇出任渣打银行的要职，也因为她是新特首曾荫权的亲妹妹，所以，这一任命公布的当天，香港舆论界一片哗然。各大传媒纷纷报道，曾璟璇的名字也顿时传遍港岛和东南亚各国。

□　对经商十分陌生的曾璟璇，小时候受影响最多的就是父亲曾云的指点。他曾经告诉女儿说："在这个世界上凡是活着的人，都必须要有一个职业。也就是说，人有一技之长才可以很好地生活下去。所以，我劝你学好商业经营的本事。"

1.　白领丽人出任"总裁"

2005年早春，对于多年在英国渣打银行供职的曾璟璇来说，是一个非比寻常的季节。大学毕业后始终在渣打银行任白领的这位漂亮姑娘，已经习惯于低调生活。她并没有因为胞兄曾荫权出任香港特别行政区行政长官而有所改变。曾璟璇依然还像当初她迈进这家英资银行门槛时那样冷静执著，每天按时走进位于香港岛闹市区的渣打银行总部。尽管作为高级白领她的位置仅逊于渣打银行中国区执行总裁戴维思·桑德森，但她一直不希望她的身上沾有哥哥的光环。由于她勤勤恳恳的敬业态度，她早已在渣打银行中国区内树立起英裔白领和高官们无法相比的优势与威望。

"总监您早！"三月初的一个清晨，曾璟璇开着一辆在香港市区极为普通的白色跑车沿着中环那车流如织的马路，缓慢地驶往渣打银行中国区总部大楼。当她从车上走下来，进入楼下那座明亮大厅的时候，见有一位秘书早已恭迎在那里。他向梳着一头乌黑短发、双耳佩戴着精巧的铂金耳环的曾璟璇躬身报告说："桑德森先生现正在他的楼上办公室等候您的到来，他说有非常重要的事情要与您交代。他希望您上班后最好马上就到他的办公室去。"

电梯在她的眼前缓缓上升。曾璟璇有些困惑，她不知道作为渣打银行中国区最高负责人的桑德森为什么叮嘱她的秘书早早守候在楼下大厅里。在一般情况下，作为渣打银行学习部总监的曾璟璇，如果没有非常重要的大事是很少走进桑德森位于18层的办公室的。她不希望在员工们面前留下逢迎上司的印象。自从结束国外的学业，来渣打银行供职之后，曾璟璇一直兢兢业业、十分出色地完成各项本职工作。正是由于曾璟璇的敬业态度才赢得了包括桑德森、麦天辉等人在内众多渣打集团英籍要人们的好感。现在桑德森总监究竟有什么要事在春日的清晨与她面谈呢？莫非为了香港动荡不安的股市？还是由于目前渣打银行亚太地区尚不稳定的金融市场？还是桑德森忽然关心起她所负责的渣打集团学习部的工作进程？

总之，曾璟璇当时想的都是眼前的事务性工作，做梦也不会想到将有大任要她担作。

"曾小姐，请看，这是刚刚收到的渣打银行伦敦总部发来的任命文件！"桑德森作为渣打银行集团在亚太地区的最高长官，多年来在亚太地区享有很高的声誉。自从渣打银行中国区的负责人麦天辉辞去职务以后，他一直在渣打集团范畴内物色找寻一位可以继任渣打中国区执行总裁的人选。为此他已在香港坐镇几个月。现在当桑德森把刚收到的伦敦渣打总部正式任命文件摆在曾璟璇面前的时候，他几个月来始终悬着的心终于放下了。因为出现在他面前的这位中国姑娘，尽管身材不高，浑身上下没有那种女强人的泼辣霸气，但是曾璟璇那双睿智深沉的大眼睛，却足以让桑德森从心里产生一种信任感。他指了指英文文件上曾璟璇的名字说："从今天起，你将离开你的现职，接替麦天辉先生的渣打银行集团中国区行政总裁的职务！"

"……"听到这个任命，曾璟璇面对神情郑重的桑德森，心里虽然十分激动，可是她并没有在面色上显露出怎样的兴奋和冲动。她是一位外柔内刚、锋芒不露的女子。年已48岁的曾璟璇，时至今天仍然独身生活，多年的学习生涯及大学毕业后投身社会的经历，已经把她锻炼成遇变不惊的职业女性。也许这就是桑德森亲自来香港物色中国区总裁时为什么一眼看中曾璟璇的主要原因。

"曾小姐，你知道我为什么选中你吗？"桑德森主席示意她坐在自己对面的沙发上。曾璟璇在这里可以俯瞰碧蓝的维多利亚海湾全景，特别是海边会展中心的巨型大厦，几乎就在她的眼前。桑德森严肃地告诉曾璟璇："我们为什么要在人才济济的渣打银行中选中了你——一个中国女子呢？当然不是因为你的兄长在港府中身居要职，更不是简单地欣赏你在渣打几年从事人力资源和员工培训方面取得的成绩。简单地说，是因为我们欣赏你的敬业精神和几乎可以与任何男人媲美的管理才能！"

曾璟璇静静地坐在巨大的落地窗前，美丽的大眼睛越过侃侃而谈的桑德森，凝视着窗外一片碧蓝的大海。对于自己马上就要肩负的重任，她纵然意外和惊喜，但她并没有显现任何自负之色。她知道渣打伦敦总部的任命，全是为着未来渣打银行在亚太地区的利益大局考虑的。曾璟璇不安的是，她感到桑德森交给她的任务委实沉重，而她是否会取得让人满意的成绩呢？

"曾小姐，你不必产生任何畏怯，因为我们在发出这一任命之前，已经对你进行了几个月的考察。相信你的智慧和才能足以胜任中国区总裁的。"桑德森的声音再次响起，"在我们渣打银行的发展蓝图上，中国将是一个非常重要的领域。对于中国金融市场的潜力越加不可小视，特别是上海、天津和北京，我都先后作过考察，随着中国改革开放和银行业的发展，我们渣打银行将来要在上述地区经营人民币业务。因此，我们必须要选择一个精干而熟悉中国的管理人员负责这一地区的工作。而你——曾小姐就是最好的人选，我相信你肯定不辱使命，会把我们渣打银行的业务在这一地区越办越好，越办越大！现在，我很想听听你的表态。"

曾璟璇平静地说："主席阁下，我没有更多的豪言壮语，也不想在没上任之前发下一番洪论。我只想向您和集团领导层承诺：既然集团选择了我，那么我就绝对不会让您失望。至于我上任后如何实现渣打集团在中国区的蓝图，请看我几天后提交的报告好了！我相信我自己的能力，更相信我手下的全体员工，不会让主席阁下失望的。"

由于曾璟璇出任"渣打"的要职，也因为她是曾荫权的亲妹妹，所以，这一任命公布的当天，香港舆论界一片哗然。各大传媒纷纷报道，曾璟璇的名字也顿时传遍港岛和东南亚各国。其中香港一份报纸以《新闻人物曾璟璇》为题对此事作了如下报道："曾荫权的妹妹曾璟璇将'掌舵'渣打银行中国区业务。昨日，渣打银行宣布，曾璟璇将接替麦天辉担任渣打银行中国区总裁，后者将被派往中东地区的巴林担任总裁一职。

"渣打银行表示，曾璟璇赴任后将长驻上海，负责渣打在中国地区的所有业务，并向全权负责亚洲事务的渣打集团执行董事南凯英汇报。曾璟璇在渣打银行服务已逾12年，此前主要从事人力资源工作。在赴职中国区总裁之前，曾璟璇曾担任渣打集团组织学习部总监，该部门负责设计一系列银行学习课程并为不同级别的员工提供专业、持续的技能培训和个人发展指导。

"此外，曾璟璇还建立了附属于渣打银行的公司 SC Learning，专门进行银行培训。此外，她曾任渣打银行亚太区人力资源总监。渣打银行称，曾璟璇在人力资源方面的丰富经验将有助于银行吸引、保留优秀人才，使渣打在中国的业务更加迅速的发展。渣打集团执行总裁戴维思表示，在渣打未来发展的蓝图上，中国的地位举足轻重，相信曾璟璇的领导会使渣打对中国银行业的发展做出可观的贡献。但显然，曾璟璇最引人关注的并非她在人力资源方面的业绩，而是她的家族背景，她是目前代理香港行政长官的曾荫权的妹妹。在香港，曾氏一家可谓'人才辈出'，除了大哥曾荫权与五妹曾璟璇外，二哥曾荫培曾任香港警务处处长，其余两个弟弟曾荫藩与曾荫荃均移民加拿大。曾璟璇的此次调职被视为渣打加大力度拓展内地市场的又一举动。

"曾璟璇的前任麦天辉 2003 年起担任渣打中国区总裁，这两年正是内地金融市场向外资银行进一步开放的两年。在这两年中，渣打在内地的分行增加到 9 家，并着力拓展在内地的个人银行业务。虽然渣打成绩不俗,但比起主要竞争对手汇丰银行与花旗银行,其在内地的业务规模仍较小。特别是,渣打2004年11月宣布将购入仍未成立的渤海银行19.9%的股权,此次并购被业内认为离渣打最初的目标相差甚远。在此种情况下,曾璟璇的上任显得任重而道远。"

2. 小荷才露尖尖角

晚上,曾璟璇居住的香港红山半岛独立家屋亮起了灯火。

这是一幢建在半山间的淡黄色欧式小楼。椭圆形的窗口透出恬淡的幽光,不久便传来一阵钢琴的叮咚声。入夜时分曾璟璇一个人烧好了晚餐,好似在静静等候一个人的到来。这个人当然不是男友,而是一位与她同在渣打银行供职的高级女白领。这些年来,曾璟璇本来有许多选择男友组成家庭的机会,由于她美丽、聪明和与众不同的才干,曾璟璇身边不泛异性追求者。可是,不知什么原因,性格温和的曾璟璇却始终回避感情,更不允许那些异性白领或政府高官轻易走进她的感情世界。从小生活在香港中下层民众中的她,和五位胞兄一样都先后依靠各自的奋斗,挣脱出生活的窘境,成就了各自的一番事业。

她的青春年华是在加拿大这个美丽的枫叶之国度过的。当初她只身来到加拿大求学,在那一年之中至少有一半时间飞舞雪花的陌生国度里,曾璟璇锻炼了她坚韧的性格。在颇有名气的UNIVERSITY OF ALBERTA学院中,她刻苦学习,并确定了自己的职业方向。大哥荫权和二哥荫培从小就渴望从政从警,而她和三哥曾荫煊、四哥曾荫潘、五哥曾荫荃,则开始了另一条奋斗之路——从商!

对经商十分陌生的曾璟璇,小时候受影响最多的就是父亲曾云的指点。他告诉女儿说:"人有一技之长才可以很好地生活。我这辈子就因为没有长处,所以才当了警察。我希望你们个个都成为大学生,最好能出去留学。因为在香港这地方,如果没有学历肯定一事无成。"

在香港只读过女子中学的曾璟璇,毕业后不久就直接去了陌生的加拿大。她在渥太华的风雪中第一次领略了严寒的滋味,在这里不仅锻炼了她坚毅的性格,同时也让她饱尝了人世间的苦味和艰难。当上世纪70年代末曾璟璇在加拿大顺利拿到商学学士的学位回到维多利亚海湾的时候,当年离港时那个天真烂漫小姑娘,已经出落成一个身材窈窕的成熟女郎了。那时母亲邝懿珍已经去世了,而家境的贫寒也随着她和五位兄长的长大而彻底改变。本来曾璟璇回香港后希望学有所用,可她做梦也没有想到,自己却走上了另一条与学业无关的从政之路。

曾璟璇当初从国外求学归来所以一度进了港府,当然是受大哥曾荫权的影响。不过经过几年的奋斗,让她明白了一个道理。由于人的性格和素质各异,即便是兄妹两人在同一起跑线上起跑，即便两人的心理素质和才学水平都相差无几，然而却不一定都能创出相同的奇迹。曾璟璇在实践中体会到，从政之路并不适合于自己，于是她决定重打锣鼓另开张。

1992 年初冬的一个上午，曾璟璇第一次来到香港中环一家银行。这里是她开始金融工作的起点。由于曾璟璇有着留学生的学历，还有在政府和铁路工作的资历，其干练的工作态度和对金融业的专业知识，使她很快就成为渣打银行香港总部中引人注目的人物。第二年春天，她就任总部人力资源机构，直接负责训练金融管理人才。曾璟璇终于在这个岗位上找到了用武之地，从加拿大回到香港以后，她虽然在政府和铁路都做得很出色，然而真正做到学有所用，还是在渣打银行的人力管理机构。

1994 年，已经在这个岗位上工作两年的曾璟璇，被上司破格提拔为渣打银行集团人力资源及员工培训部的主管官员。也就是从那时开始，曾璟璇把她在加拿大商学院里学到的知识，都运用到为渣打培养金融人才的工作中。到了 2004 年曾璟璇在工作十个春秋后，终于成为可以独当一面的集团主要领导成员，开始担任渣打集团人力资源部的总监。

如今让曾璟璇做梦也没有想到的是，当英籍人士麦天辉离开集团中国区执行总裁要位不久，桑德森主席竟然在人才济济的渣打集团中选中了她，出任万众瞩目的渣打集团中国区的总裁要职。当然，只有曾璟璇自己心里明白，她如今走到这个位职，是经过了怎样的努力。其中她在渣打银行一度荣膺年度十大财智英才奖项一事，就是一例，也许后来她引起渣打上层要人们的注意，就与她这次崭露头角不无关系。

"璟璇，真是大喜呀，让我祝贺你高升要职吧！"虽然夜已深沉，可是，曾璟璇仍然毫无睡意。这时房门开启，一位身穿白色上衣的女子欢天喜地地冲门而入。她就是和曾璟璇多年要好的黄书雅。这个女子也是渣打银行的员工，比曾璟璇小 10 岁，此前她曾在国泰航空公司任职，来到渣打银行出任市场咨讯工作以后，和曾璟璇结成挚友。所以当黄书雅听说好友曾璟璇受命出任渣打集团中国区总裁的消息后，决计连夜为她举行一次舞会。

"不不，我不喜欢跳舞。"不料曾璟璇却回绝了她，在渣打银行供职的几年间，她和黄书雅之间有许多共鸣之处，特别是对购买房地产和经营私人企业方面，曾璟璇和黄书雅已经有过多次友好的合作。曾璟璇对她说："你不要把我当成什么公众人物，即便将来我真成了渣打的高级白领，我也希望做一个普通人。书雅，如果你同意，还是陪我到酒吧去喝酒吧，也好认真地谈一谈我去上海以后你在香港如何替我经营产业的事。"

黄书雅了解她的性格，情知对曾璟璇晋升最好的礼物，就是恭敬不如从命，于是她说："好吧，我们可以喝酒，不过一定要我做东才行。"那天晚上，她们在红山半岛的一家小酒吧里对酒畅谈，直至夜深方归。

第二章　留学生·打工妹·港府女官员

□　数十年后曾璟璇这样回首往事："那一年，母亲为了能够让我进一所比较好的天主教女校，专程去一家亲戚求助。那亲戚蛮有钱的，家里的房子很大。我当时年龄很小，但这一幕永远印在我的脑海里：母亲站着，主人坐着，我则好奇地四处张望，那家亲戚最终也没能帮上忙……"

□　渥太华虽然寒气逼人，可是曾璟璇对加拿大仍然感情深沉，处处感到这个国家有着与香港相同的温暖。其主要原因是，在这枫叶之国里，还有三个与她曾在一个屋檐下共度贫困生活的哥哥。他们就是曾璟璇舅舅的儿子：曾荫煊、曾荫潘和曾荫荃。

□　在港府中女公务员本来就凤毛麟角，人数有限，如果曾璟璇喜欢在官场攀缘，那么摆在她面前的道路肯定平坦而笔直，如果幸运她甚至还会取得不逊其兄的成就。然而，曾璟璇毕竟是曾璟璇，她与官场有着与生俱来的相悖相敌情结。她特别看不惯那些趾高气扬的英国高官，对她可以颐指气使地加以支配。

3.　想也不敢想的留学之梦

1958 年出生在香港的曾璟璇，也像她的两个兄长一样，从小就生活在贫困中，因此她对生计和经济有着与生俱来的本能智慧。

这是因为她从小受到母亲邝懿珍的影响较深，那时母亲为了解决父亲微薄薪水无法维系家计的困难，她同时给湾仔几家服饰店加工服装的初制品。那时候的香港服饰店里尚未实现机械化作业，所以有些服饰需要在店外找人加工。例如钉纽扣、锁扣眼儿、给服装加工成半成品等，为了满足用户的需要，服饰店不得不雇用外工，而心灵手巧的邝懿珍就是这些服饰店的常用帮工。

曾璟璇五六岁时，就记得过早白了头发的母亲，日夜不停围在缝纫机前劳顿不休。也许就从那时开始，她知道了每一分钱得来得不易。至于她长到 9 岁时亲眼所见，母亲和父亲把他们辛苦挣得的钱财，一分钱分成两半花的细节，使她懂得了，任何财富的获得与使用，都必须精打细算。否则辛苦挣得的财富就会在不经意间从手指缝中流逝。

曾璟璇读小学的时候，家里还相当贫困。母亲为了让她进一所教会女校，到处托人，到处借钱，最后才让她如愿以偿。数十年后曾璟璇这样回首往事："那一年，母亲为了能够让我进一所比较好的天主教女校，专程去一家亲戚求助。那亲戚蛮有钱的，家里的房子很大。我当时年龄很小，但这一幕永远印在我的脑海里：母亲站着，主人坐着，我则好奇地四处张望……那家亲戚最终也没能帮上忙。但母亲并没有放弃，转身又去求别人。到底还是把我送进了那所好学校……"

后来，曾璟璇在那所天主教女校成绩斐然，家里虽然贫寒，可她的功课绝对优秀，因此也像两位兄长一样，在家计非常艰难的情况下，还是升上了中学。她那时十分羡慕大哥曾荫权，所以她才不顾一切投考了那座英国人开办的天主教女校。曾璟璇的英文成绩非常出色，让她的学友和老师们大为惊佩。

1967年是曾璟璇终生难忘的一年，她相依为命的母亲邝懿珍因病故去了。老人患的是中风，久治不愈。她回忆说："母亲去世的时候，我还不到10岁。母亲的离去，对我们全家每一个人都是很大的打击。母亲的离去让我们的家境更为窘迫，父亲身上的压力更大了。而我的大哥和二哥就在那时候做出了一个非常了不起的决定。"

这个决定就是他们中学毕业后宁可打工就业，也要让曾璟璇继续读书，这个决定让她感动不已，也凝结成兄妹们一生的感情基础。曾璟璇回想起母亲去世后父亲对他们的"严管"，往事历历在目，她说："曾荫权身为大哥，小时候每星期至少要被父亲打一次，用的是光溜溜的大藤条。买错了东西要打，调皮捣蛋要打，弟妹受伤更要打。其实在我们家做女儿的也免不了挨打。有一次父亲责备我书法练得不好，顺手拿起妈妈做衣服的尺子就朝我打来，我一急就用手臂去挡，结果把我的手表都给打坏了！不过这种情况不多啦，其实父亲是非常疼爱我的，我可能是家里挨打最少的一个，毕竟我最小嘛！"

母亲病逝以后，曾璟璇终于不负所望，她以优秀成绩在教会书院拿到了毕业文凭。

可是，中学毕业的曾璟璇何去何从？她究竟是选择升学，还是像两位兄长一样考虑就业呢？这是摆在她面前的重要抉择。幸运的是，她毕业时曾氏家庭的生活景况已经发生了根本性的变化。尽管那时她相依为命的母亲邝懿珍已永远地离开了她，可是，由于曾荫权和曾荫培两个哥哥已经就业，他们不但再也不需要父亲用薪水给以补助，反而每月会按时给家中一些资助。这样一来，曾璟璇就有可能走一条与两个兄长截然不同的升学之路了。

"爸，小妹再也不能走我们的路了。"曾荫权作为兄长，他首先向父亲提出建议："不考大学现在成了我最大的遗憾，一个人如果在能读书的时候放弃读书，即便钱挣得再多，也终究无法弥补缺憾的。所以我想，小妹中学毕业以后，千万不要让她过早就业了。现在有我和荫培挣钱贴补家用，供小妹读书是不成问题的。"

曾荫培也在一旁进言，他说："小妹的前途应该有一个全新的设计，再也不能让她只有中学文凭了。您老人家已经看到，我和大哥正是因为没有大学文凭，现在即便拼死拼活地干，也不能和那些从国外留学回来的人相提并论。有大学文凭的人，他们的能力尽管不敢恭维，可是多数都会被上司加以重用。理由是他们有学识，而我们只读中学的人是没法和他们相比的。这种气我早已经受够了，莫非还让小妹也继续受气吗？"

曾云听了两个儿子的进言，半晌不肯说话。因为他是一家之长，他必须万事从全家人的生计出发，同时他也必须要考虑在两个亲生儿子都没有读大学的情况下，却让一个将来迟早嫁人的闺女去读大学，是否有违曾家祖规的问题。所以在曾璟璇中学将要毕业的那段时间里，曾云颇费心思，有时夜里睡不着觉，脑子里想的都是如何处理好曾璟璇升学和就业的事情。

"爸爸，我是否可以报考香港大学呢？"在曾璟璇将要毕业的前夕，她思考最多的就是如何选择自己的前途。报考哪一家大学，则成了这位智慧姑娘每天必想的头等大事。她选来选去，最后把目光投向了素有影响的香港大学，那里曾是她大哥曾荫权向往的最高学府。所以当她把自己的选择告诉给父亲的时候，心中充满着对新生活的无限向往。

"不，孩子，爸爸已经想好了，现在你去读香港大学并不合适呀。"出乎曾璟璇意料之外的是，尽管两个哥哥对她的前途说了许多好话，然而曾云的态度似乎不为所动。她惊呆了，凝望着老父那张多皱的面庞，带着哭声问："爸，我考香港大学有什么不合适呢？看来您还是要我和哥哥们一样去打工了？"

曾云摇了摇头："不，孩子，爸爸怎么能还让你再去打工呢？现在咱家的经济条件好多了，不需要你也去挣钱了呀。我是说，与其去考香港大学，不如到国外去读书！"

"您说什么？让我到国外去留学？"曾璟璇听了老父的话，好半天没有醒悟过来。她误以为自己的耳朵出了毛病，不错，在当时的香港"留学热"早已不是陌生的话题了，凡是有条件的家庭，甚至有些本不富裕的人家子弟，中学毕业以后，一般都采取了放弃进香港大学而选择远走英伦，或者前往美国求学的道路。然而到外国去留学对于家境仍然处于中下等的曾氏家庭而言，还是一个美丽的梦幻。特别是曾璟璇，她觉得报考香港大学，就已经是奢求奢望了，两个哥哥毕竟只是中学文凭，而她一个女孩子，怎么可以径直前往国外去留学呢？

曾云却正色地告诉她："璟璇，这不是说笑话，我说的都是真话。我在做出这个决定以前，是和你的哥哥们讨论许久的。他们也都认为咱们曾家这一代，不仅要有大学生，而且还应该到国外去留学。这主要是你的幸运，所以，你可以考虑到加拿大去了！"

"什么？让我到加拿大去留学？"这一次曾璟璇终于听清了父亲的话，她用手狠狠地拧了一下大腿，发觉不是梦境中的幻觉，而是实实在在的现实。她高兴得跳起来用双手牢牢抱住老父亲的脖子，在地板上打起了旋转，好似儿时与父亲在尽情地戏耍："这可是真的吗？"

"真的，当然是真的了！"曾云推开大喜过望的女儿，郑重地告诉她："璟璇，你先别这样高兴，我和你的两个哥哥可都是有要求的，让你到北美去当留学生，可不是让你拿家里的钱去旅游。我们是想让你为咱们曾家增光，你知道吗？咱们曾家几代人没有读大学的，更没有出国留学的。而现在你可以出境留学了，这不是咱曾家的荣耀吗？虽然你是一个女孩子，可是，儿女在我眼里都是一样的，都可以光宗耀祖。所以，我和你两个哥哥都希望，从你开始破破旧例。你听懂了吗？我们是要你去学真本事，回来以后给咱曾家争一口气呀！……"

"哦哦……"直到这时曾璟璇才冷静下来，突然感到一种从没有过的压力。她终于明白老父和兄长们如此不惜金钱，也要让她前往加拿大留学的原因，远比她在读中学时所想的更深更远。她知道一个华裔人家在香港处境的低下，而出国留学是改变这种状况的一种途径，这就是老父和兄长们所期许的。想到这一层，曾璟璇泪飞若雨，她哽咽地说："爸爸，我懂了。我不会让您和两个兄长失望的！……"

4. 难忘的渥太华

一个初秋的黎明，一架大型波音客机从香港启德机场飞上万里晴空。在这架飞往北美的飞机上就有正值花季的少女曾璟璇。面对着椭圆形窗口外在机翼下翻腾汹涌的滔滔云海，脑际中又浮现出刚才在启德机场与两个兄长话别时的情景。大哥曾荫权对她到海外求学的叮嘱，时至现在还温暖着姑娘的心；二哥曾荫培虽然没有多说话，可是他那关切的眼神足以让初出国门的曾璟璇感动不已。她知道两个兄长对自己此行投以何等希冀，而她到加拿大以后，会不会让给她以无限关爱的父兄们失望呢？这是曾璟璇在飞机上想得最多的问题。飞机飞越了大洋上空。在曾璟璇脚下出现了一个全然陌生的世界。

隔日，她终于来到了这个全然陌生的国度。

关于前往加拿大留学一事，2005 年曾璟璇在上海对记者曾经谈到此事，她自己是这样描述的："我是很惭愧，我的学业我可以念得更好的，但是我觉得我很珍惜了，真的，很珍惜这个机会，对父母也是很感激，这个是一定的，但是对学业我可以说我觉得我可以做得更好。我大哥和二哥学业成绩是非常好的，他们都可以念大学，念理工，我大哥已经是考了香港大学了，但是因为家境不好，我爸爸要他们出来做事，他们是二话不说的，就出来做事了。要不是他们出来做事，也不会有我三哥、四哥、五哥和我，可以出国念书。出国念书是很大的举动，我们到了那边是半工半读，但是要不是他们（大哥、二哥）牺牲他们自己的大学，我们不会有大学的履历。后来他们自己很用功的，尤其是我大哥也去了哈佛，政府派他去念书，他成绩是非常好，说明了他不是不想，而是选择了为了我们的前途，放弃了自己的机会。这是一件事，实在是还有很多，这些不是一些小事情，是一些大事情。"

渥太华在初到这里的曾璟璇眼中，显得清新而寒冷。

"这就是 UNIVERSITY OF ALBERTA。"曾璟璇终于如愿以偿地来到她渴望已久的学府。尽管渥太华已经过早地进入了冬季，暗红色的枫树叶片已在北风强劲的吹拂下飘落，天穹中的灰暗色彤云也如一群群汹涌而至的乌鸦一样不断向这座城市袭来，可是，曾璟璇心里对这座城市和这所学院仍然充满着无法言喻的神往。她在来此之前，经过无数次的选择，终于决定要选择攻读工商管理硕士。曾璟璇的这种选择全然是考虑到将来的就业之需，她同意了大哥曾荫权的意见："香港这方面是国际化的大都市，你将来毕业以后走经商之路比较好。我想你最好不要学政治而是学工商，因为我在港府供职，了解这方面的情况。学习工商管理应该很适合于你。"

曾璟璇对已经在港府做公务员的兄长曾荫权，是言听计从。不过她仍然有些怯懦："好，大哥，既然你让我读工商管理，我就读工商管理。只是我感到心中无底的是，我究竟是不是有商人的头脑？还有人讲无奸不商，而我这个人是善良如水的人，我担心将来学了工商的理论，回港后却又无所适从？"

"没关系的。小妹，别担心，奸与商之间没有必然的联系。世间之事，都是学来的。"曾荫培也对小妹加以指点："我从来喜欢的是文学，对当警官一窍不通。有些人对我当了警察，甚至还加以嘲讽，他们说我只能搞管理而不能侦察破案。可是后来怎么样呢？我不是也学会了破案吗？"

曾璟璇仍然有疑虑："可是，光有一张加拿大的留学生文凭，是不是就会让人服气呢？那也是不一定的事情。"在与两位兄长探讨将来回香港以后如何把学业应用到实际的问题上，她忽然提出一个问题："我听说，在香港就业，这里的人看重的还是有无社会学的经历和文凭，仅有专业知识恐怕还难以适从的。"

曾荫权鼓励妹妹说："那是以后的事，小妹，现在我们希望你做的就是，如何在有限的留学期限内，把国外的工商管理知识学到手。至于将来如何就业，是否有社会学的文凭，我想到时候是会解决的。"

在落叶飞舞的寒风中，美丽的渥太华很快就进入了大雪飘飘的冬天。从前看惯了阴雨雷霆的曾璟璇，惟独不曾见过纷纷扬扬的鹅毛大雪。特别是往往在一夜之间飞雪就将渥太华的千楼万厦变成一派银白色的世界，这种奇怪的大自然变化往往让在阴雨霏霏的香港住惯了的曾璟璇感到步入了新奇的世界。

渥太华虽然寒气逼人，可曾璟璇对加拿大仍然很有感情，感到这个国家有着与香港相同的温暖。其主要原因是，在这枫叶之国里，还有三个与她曾在一个屋檐下共度贫困生活的哥哥。他们就是曾璟璇舅舅的儿子：曾荫煊、曾荫潘和曾荫荃。这也是曾云、曾荫权为什么主张她到加拿大求学的原因之一。曾璟璇永远感念她的父亲和曾荫权、曾荫培两个胞兄，她认为自己和三个兄长当年能够去加拿大留学，完全是他们做出了最大的牺牲。特别是两位胞兄的就业，才成就了她和曾荫潘、曾荫荃、曾荫煊的留学成才。曾璟璇认为："他们（指曾荫权和曾荫培）做事以后，我和三哥、四哥、五哥可以出国留学。如果不是他们，我们不能够有大学的学历，我大哥后来也去了哈佛念书，他以前是为了我们放弃了自己学习的机会……"

三位兄长到加拿大求学已有几年，分别住在多伦多和魁北克。有时候她会与他们在渥太华相聚。曾璟璇曾经对采访她的记者这样说过自己和三位兄长的关系："当年，亲戚朋友只要开口求助，父亲和母亲总会全力相帮。那一年我舅妈去世了，表姐表哥没人照顾，于是就全部住到我家来了。我们家只有两居室，最多的时候竟然住了二十多个人，小孩只得全都睡地铺。这种照顾不是一年两年，而是很长的时间。所以我一直觉得，一个人能否成就大事业，关键还是要看他能否有所承担。只要具备这点，那无论是家庭还是事业，都不会遭遇失败！"

在加拿大生活的三年中，曾璟璇以刻苦和毅力终于拿到了一份内涵丰富的工商管理硕士的文凭。这三年中虽然她知道美丽的加拿大有许多美丽诱人的天然景观，有多伦多这样美好的城市，有魁北克这样在冬季里景观奇绝的雪原林海，然而把分分秒秒时间都花在功课上的曾璟璇，却吝啬到没有时间前往一饱眼福的地步。她知道香港的家中虽然条件在不断地改善，然而用父兄的血汗所得在国外留学的她，深知自己勤学苦读的必要性。她不能也没有时间去享受，她只有把功课做深做好的义务而没有丝毫懈怠的理由。终于熬到了1979 年秋天将临的季节，已经成为手握国外文凭的工商学士了。

"哥，我想我现在该回报这个家了。"回到香港的曾璟璇，每天都在浏览香港各人报纸的广告栏。那里面有林林总总的招聘广告，五花八门的跨国商行和私营企业，都把他们招收文员的目标限定在刚从国外回港的高级人才上面。曾璟璇暗自庆幸当年父亲和兄长们支持她出国留学所带来的顺境，她在报纸的广告上选了几家外国投资企业，前去进行了应聘面试。几家她看中的公司甚至都不约而同地相中了才华出众的曾璟璇。可是，让她没有想到的是，就在她准备到一家英国上市公司报到的前一天，大哥曾荫权忽然把她约到西摩道的新家吃便饭。那时的曾荫权与曾鲍笑薇已组成了家庭，这个新家给曾璟璇的印象既温馨又亲切。大哥对她说："小妹，自从你从加拿大回港，我就一直想请你过来，现在难得有一点时间，我和你的嫂嫂都想和你谈一谈，听说你明天就要上班吗？"

"是的，大哥。"曾璟璇品尝着嫂子亲自下厨烹饪的澳式风味，点头称是："家里供我到国外留学，对我来说是一件永生难忘的事情。现在爸爸的年纪越来越大了，我也到了应该回报家庭的时候了，所以我回来以后马上找工作，现在已经得到了一份工，我当然希望马上就上班呀。"

曾荫权却说："不急，小妹，为什么要说什么回报呢？家里供你去读书，是应该的。这是因为你赶上好时候了，我想，你想找工作并且早些挣钱是好的，关键是找什么样的工作，我想，你与其到一家公司当白领，不如也去投考公务员。"

曾璟璇一怔："您说什么？要我也去港府里当官吗？大哥，你要知道我这个人的性格，我只能做事，却是不会当官的。"曾荫权却说："我不是要你去当什么官，小妹，我是说，女孩子当公务员比较合适。特别是你有加拿大的文凭，如果回到香港还是去打工，就会让你的学识学无所用。而香港的公务员队伍，随着香港回归日程的逐步临近，我们中国人进入港府的公务员就会越来越多，所以，我非常希望你也参加到公务员的行列中来。"

　　曾璟璇做梦也没有想到今天到大哥家里来吃饭，竟会改变她马上就要到公司上班的现实。可是，她认真思考片刻，也感到曾荫权的意见不无道理。只是当年她出国时所想的问题，日后在加拿大的求学过程中被自己忽略了而已。现在当她听大哥和鲍笑薇对她讲了投考公务员的意见以后，她虽然觉得应该接受这个建议，但另一个问题又摆在了面前："大哥，大嫂，你们为我着想，让我投考公务员是求之不得的好事。可是，我要投考公务员，暂时就无法供职，这不是要父亲继续负有经济上的重担吗？那样我又如何坦然面对呢？"

　　"经济问题现在已经不是十分紧要了。"曾鲍笑薇一边为她布菜一边说："我和你大哥都可以负担一些费用。你二哥和我们的意见也是相同的。你就放心地准备功课好了，只要你能考得上，何必要考虑眼前的经济问题呢？"

　　曾璟璇对哥哥嫂嫂的真诚指点从心里感激。她又何尝不希望像大哥一样体面地工作和生活？只是最初她想得最多的还是如何回报家庭和老父罢了。如今既然大哥在关键时刻鼎力成全，她怎么能放弃这个机会呢？不过，她还必须要征得老父的认同。出乎曾璟璇意料之外的是，早在她返回香港不久，正在到处寻觅工作的时候，曾云就接受了曾荫权的建议，对女儿暂且不外出供职表示了理解和支持。所以当她把自己的想法告诉父亲时，曾云马上点头同意，说："磨刀不误砍柴工，既然你想考公务员，你考就是了。挣钱的事，将来的日子还长着呢！"

　　就这样，曾璟璇毅然放弃一份已经找到的工作，却又觅到一次难得的学习机会。她走进了香港大学，她要在这里做投考公务员前的准备。这家创建于1911年的著名综合性大学，设有包括文学院、建筑学院和理学院在内9个学院，当曾璟璇进入她向往多时的社会科学学院后，摆在她面前的是英国化教育，这里的外籍教授几乎占了全院三分之一。港大全日制式的教学与兼读制相配套的教学方式，让急于就业的曾璟璇寻觅到最适合自己的温课手段。她在这家学院最终选择了兼读制，一边在社会打工，一边准备读完半年的进修课程。她认为这样做既可得到投考公务员的必备知识，也可利用白天的时间上班打工。这种边打工边进修的兼读方式，对曾璟璇是最合适的。所以在这半年中，她不仅学到了知识，同时也没有间断打工挣钱。她感到在不需家庭资助的状况下进一步丰富学识，无疑是最佳的上进途径。1979年冬天，曾璟璇终于按照曾荫权的指点，准时报考了香港政府的公务员。

　　1980年，当盎然春色覆盖碧绿香江的时候，一个好消息传来了：曾璟璇投考的港府公务员已经放榜了。让曾云和家人大为惊喜的是：曾璟璇不但榜上有名，而且因为她成绩优异，而且还名列前茅！

5．女公务员厌恶官场

　　曾璟璇进入了香港政府。当时曾荫权已经一步一个脚印地在这里工作了13年，从最基层的公务员，晋升到高级政务官。

当然，曾璟璇也想像大哥曾荫权一样，有一天能在公务员队伍中成为出类拔萃的佼佼者，给曾氏家族平添光彩。早在去加拿大留学时她就在心中立下宏愿：将来如果回港就业，不论做什么，她都要不干则已，一旦干便要干出名堂来。如今她终于走上兄长曾经走过的路，然而，当曾璟璇进入了英国人的政治管理系统之后，她又感到一切似乎都没有想像的那么好。

"小妹，凡事都有个适应的过程。当年我刚当上公务员时，也像你现在一样，看不惯的事情较多。不过后来我明白了，关键还是要看个人如何自处。"曾荫权听说小妹初进港府万事不如意，就把他请到家里，以自己的经验来影响诱导妹妹。他认为虽然港府中存有种种消极的东西，但是只要公务员本身自强不息，有一天还是可以找到突破的契机。

曾璟璇仍然没有解开心结："也许是在国外留学的经历开阔了我的视野，也许正是这种理念的改变，让我不能不以审视的目光看待香港今天的一切。港府内部的陈旧陋习很难让人奋发向上，更不利于发挥人才的潜质。特别是我所学到的工商管理知识，如果在港府里当公务员，还不如在国泰公司当职员更为有利。"

曾荫权严肃地告诫小妹："凡事开头难，你绝不可以放弃这一得来不易的公务员职业。我的今天，就是你的明天。不论你看得惯看不惯，都要忍下来，努力地拼搏下去。我相信经过你的努力，不久的将来你就会考取二级行政主任的，就像我当年一样。"

曾璟璇不敢轻视兄长的经验之谈。她知道曾荫权是一个非同一般的人，他不仅在年龄上是兄长，而且人品、智慧和才能都让她敬佩。听了大哥的话，她那摇摆不定的心绪终于得到了暂时的平抚。在那一年中，曾璟璇勤勤恳恳、任劳任怨地按照上司的指示做好每一样工作。当年冬天，她果然如曾荫权所预见的一样，如愿考取了二级行政主任。

也是在大哥精神的鼓励之下，1985年曾璟璇再上一个台阶，以优异成绩考得港府一级行政主任职务！要知道一级主任在当时的港府中，已是具有相当资历的中级行政官员了。在香港政府里女公务员本来就是凤毛麟角，如果曾璟璇喜欢在官场攀缘，那么摆在她面前的道路自然顺畅。然而，曾璟璇毕竟是曾璟璇，她与官场有着与生俱来的相悖情结。她特别看不惯那些趾高气扬的英国高官，对她颐指气使的样子。曾璟璇那时青春美貌，周围不乏追求者，可是，她不知为什么竟然连眼皮也懒得眨一眨。更让她心烦的是，个别不怀善意的英裔上司，居然对她的姿色暗中垂涎。这让曾璟璇尤其反感。

当她把有人暗中希望得到她青睐而她无论如何也不肯接受的意思告诉鲍笑薇的时候，嫂子居然开心地笑了起来，嗔怪她说："男大当婚，女大当嫁呀。有人看中了你，是好事嘛，为什么还要这样对待人家呢？"

曾璟璇自有她的道理："我看不上英国佬。"

曾鲍笑薇说："看不上也没有关系，一家女，百家求。这是咱中国人的规矩。再说，如果外国人你看不上，那么身边总是有一些中国人吧。小妹，朋友总是要有的。结婚总是要结的呀。"

不料这位性格倔强的小妹居然这样说："不一定，嫂嫂，也许我这辈子当真就要一辈子独身呢。因为独身自有独身的好处，我在加拿大就亲眼见过许多女人，她们谁也不靠，就是靠自己的力量求得生存，从来就不依赖于异性。同时我也看到了，有些女人一辈子都没有独立性，一辈子都没有自由，为什么？归根结底就是因为结婚，就因为她们不选择自力更生。"曾鲍笑薇听了，不禁吓了一跳，急忙劝止她说："我的小妹，你去加拿大可没有白去，没想到学回来的竟有这种可怕的理念。我劝你可千万小心呢，这种思想千万要不得，一个女人如果一辈子都不结婚，那么她连起码的幸福也享受不到，女人嘛，就是要嫁人的，古今中外，千古一理啊！"

曾璟璇经过这次谈话以后，并没有接受大嫂的传统理念，继续在人生的长途中我行我素，不为外界所惑，也不为他人的观念所左右。这种情况一直延续到第二年夏天，终于有一天，她给当时已经出任香港政府贸易署署长的曾荫权打了一个电话，说有非常重要的事情要和大哥商量。那时的曾荫权再也不是从前的中级公务员了，他即便与家人见面，也一定要事先约定时间。曾荫权把妹妹约到新的官邸里来晤谈。当天晚上，曾鲍笑薇听说妹妹要来谈事情，特意为她准备一餐精美的粤菜，外加她精制的英国茶点。

"大哥，我想离开政府职位。"这是晚餐开始时曾璟璇对兄长说的开场白。她的话落地有声，惊得曾荫权和曾鲍笑薇脸上笑容顿失。

"小妹，你说什么？"曾荫权郑重面对突发惊人之语的妹妹，说："你现在已经是一级行政主任了，一般普通公务员进入港府，谋到这个职位至少也要十年时间，可你只用了两年时间。将来你可在这一平台上突飞猛进。可你为什么却这山看那山高呢？莫非还有什么职业比你在港府当高级公务员更理想的吗？"

"哥，我不想做官，我也不是做官的材料，这是我早就对您说过多次的话。"曾璟璇的神情也很郑重，看得出她是有备而来的。哥哥和嫂嫂的诧异神情是她早有所料的，现在她知道如果实现自己的理想，首先必须要说服大哥，不然她就无法说服老父亲和其他家庭成员。曾璟璇说："我为什么要离开港府呢？并不是这里不重用我，也不是我没有发展的空间，而是我的志向其实不在这里。哥，你是知道的，我当初为什么要到加拿大学工商管理呢？就在于我的志向是商界而不是官场呀。"

曾荫权一怔，直到这时他才恍然意识到，从前在荷里活道警察宿舍里欢蹦乱跳的天真小妹妹，如今早已经长大了。她分明是一位有着独立见解，不肯轻易为人所动的姑娘了。她的一番话虽然他初听起来有些不可思议，但是认真一想，却感到曾璟璇完全是经过缜密思考之后才做出的决断。他明明知道已经无法更改她的计划，但是出于胞兄的本能善意，还是在劝阻她："小妹，我知道人各有志，不可勉强的道理。不过我仍然无法相信，莫非你当年学的专业，就不可以因为客观环境的改变而发生一些变动吗？许多人当他们发现自己喜欢的学问和现实利益发生抵触的时候，一般都会选择更为有利的途径。可是你为什么就不肯学会放弃呢？"

曾璟璇固执地说："如果我的学问是无益的，我当然会选择放弃。可是我现在的问题是，我已经意识到如果继续留在政府里的结果，纵然能够不断晋升官职，但是我的潜质却会随着时光的流逝而失去了光彩。大哥您说，如果我生活的兴趣都失去了，空有一些官职又何益有之呢？"

"……"曾荫权沉默无语。他知道难以说服妹妹的并不是她的这一决定，而是她坚定不移的理想。而妹妹的理想又是和她的兴趣紧密联结在一起的。想到这里，他叹息一声，说："好吧，小妹，我理解你。你也可以辞职，可是我不知道你选定的新职务是什么？"

"我想到九龙铁路去工作。"曾璟璇终于道出了她的想法。

曾荫权大吃一惊："什么，九龙铁路？九龙铁路只是港府麾下的一个部门罢了，而且铁路也不适合你去工作呀。那里是男人的世界，可你是个姑娘，一个尚未结婚的姑娘，我不明白你为什么忽然喜欢上了九龙铁路？人都是一步比一步高，可是你为什么反其道而行之呢？"

"哥，也许您现在还不理解我的选择，也许您对铁路有偏见。"曾璟璇见大哥有些生气，索性嫣然而笑了。她说："我不想多说我选择的必要性，我只是对您说，九龙铁路可以让我在加拿大学到的知识派上用场。"

大哥对她的决定有些担心，说："你到铁路上可就是个打工妹了。铁路的工作是很艰苦的。"

曾璟璇却坚持她的意见："我就是愿意当打工妹，至于那里是不是艰苦，是不是适合于我，或者说我在那里究竟能工作多久，这所有一切现在我都没有做过多的考虑。我只是有一个想法，就是让我的专业学有所用。"

这次谈话过后不久，曾璟璇果然放弃了港府一级行政主任优厚的薪水，来到九龙铁路供职了。她所在的是九龙铁路一个新开设的后勤机构，她出任这一机构的副总经理。让曾璟璇感到满意的是这里有她从前所希望的管理系统，然而她真正工作起来才发现，九龙铁路的这个部门也并不像她来前所想的那么理想。许多英国式旧体制几乎与她在港府见到的如出一辙，特别是她所讨厌的英国官员过于横行的现实，在这个部门里也仍然存在。如果说当初曾璟璇是为着挣脱某一罗网才情愿牺牲一些既得利益，那么现在她才有些为这种牺牲的付出是否值得感到淡淡的悔意。

"小妹，你太年轻了。年轻有好处，就是敢于想别人不敢想的事；年轻的坏处是这种敢想敢做，往往会给自己带来不应有的损失。"曾荫权发现妹妹到九龙铁路供职后陷入了欲罢不能、欲进不得的窘境以后，并没有怪罪于她。而是把她再次约到家里。他希望让小妹在短暂的失意中吸取教训，曾荫权告诉她："九龙铁路看来并不适合于你的发展，如果你不想继续沿着这条路走下去，是不是考虑再回政府里供职呢？"

"谢谢你，大哥，好马是不能吃回头草的。"不料曾璟璇马上打断了曾荫权的话，她毅然表示："即便九龙铁路是我选择上的错误，我也不可能再回港府任职了。"

"那么你怎么办？莫非还要在这里浪费吗？"

曾璟璇说："我现在仍然要在这里观察一段时间，也许有时我过于感情用事。如果我在一段时间的观察后，确定九龙铁路真的不适合于我，那么我会再次跳槽的。"

曾荫权微微皱了一下眉，叹息一声："也许你是对的。不过，我劝你千万不要总是考虑跳槽。因为不断地变换工作，对你来说毕竟没有好处。稳定的工作局面才是你发展的土壤啊。"

时光到了1991年夏天，一个偶然的机会，曾荫权和胞妹曾璟璇、妻子曾鲍笑薇一起去泰国的清迈度假。清迈是一个山清水绿，景色宜人的地方，在这里曾璟璇和兄嫂每天游泳和爬山，玩得好不快乐。一天傍晚，曾荫权在清迈的海边与一位朋友相遇，这个人早年和曾荫权一起进入港府供职，后来去东南亚商业银行发展。现在他们在清迈邂逅，不禁对酒长谈，回忆往事难免感慨系之。席间那位友人听说曾荫权的妹妹不习惯九龙铁路的工作，忽然说："小妹既然是商学士学位，为什么要屈居在铁路呢？不如到我们的渣打银行去，我想，她做金融工作，肯定如鱼得水。"

曾荫权眼睛一亮，问身边的曾璟璇说："你喜欢做金融工作吗？"嫂子曾鲍笑薇见她不响，也在旁怂恿说："小妹，你为什么不说话？我看你到银行里工作肯定比在枯燥的铁路好得多。铁路是男人的事业，可你是个女孩儿呀！"许久不说话的曾璟璇终于笑眯眯地点一下头："只怕我进不去银行的门槛，只要我能进得去，肯定会做出个样子给你们看！"

曾璟璇经过一段时间的体察，最后认定九龙铁路确实不适合她。于是她在1992年夏天，结束了在九龙铁路的工作，开始进入她后来得以飞黄腾达的金融界！也就是曾璟璇早在加拿大求学期间就十分向往的英国渣打银行。从那天开始，曾璟璇终于找到了她自由驰骋的世界。在渣打银行她一干就是13年。正如后来曾璟璇在回首曾经走过的坎坷之路时所说的那样，在她从加拿大回到香港以后，供职过程并不像外人想的那样一帆风顺，她曾先后换过七个工作。各种历练，让她变得成熟了。曾璟璇记得她每在换一种工作的时候，给她最大支持的，就是她大哥曾荫权。曾璟璇曾这样说过：我有什么困难，首先想到和大哥商量，然后才能做出主张，"直到今天我也会和他商量，和他好好地谈，他对我有很多的支持，我对他非常感激。"

第三章　美女总裁的生活侧面

□　就这样，一个女人的传奇在中国上海书写下了最为出色的篇章。曾璟璇深知这次任职与以往的不同。以前她只是普通职员，可以干得成功，也可以做得失败。然而如今则大大不同了，她的肩膀上挑起的是渣打很行难以估量的重担。

□　曾璟璇对《财富人生》的女主持人说："我经过一个不同的阶段，我不告诉你我几岁，我已经经过很多不同的人生，也不止一次想过结婚的时间，不过有时候事情是不能够刻意的，……我喜欢装修，我喜欢听音乐，……我最喜欢跟我的狗一起。有的时候跟它说话，有时候跟它玩，那是我减压力的一个方式。另外就是我很喜欢吃。"

□　曾璟璇也像普通女人一样，她在上海所表露出的雷厉风行，仅仅只是她工作的侧面，也是她女银行家所特有的行事风格。然而一旦当她从上海飞回香港，回到自己的家中，公众人物曾璟璇就又恢复了她一个普通女人的本色。

6. 大上海的三把火

曾璟璇就任"渣打银行"中国区新总裁以后，很快就来到了上海。

尽管她生活在香港这国际大都市里，可谓阅尽了人间繁华，可是，上海滩毕竟是她非常向往的地方。特别是从事金融业以后的曾璟璇，更加深知上海这座都市对于渣打的战略意义及她拓展事业的重要性。

初看曾璟璇，许多接触过她的人或许会有些担心。这位身材娇小、性格温和、举止神态中看不出任何叱咤风云女强人姿态的她，莫非真会承担起渣打中国区的重任吗？渣打银行之所以选择了曾璟璇，会不会是因为她的胞兄曾荫权荣任了香港特别行政区的行政长官？抑或是有亲戚有着某种特殊的政治背景？可是，关心曾璟璇的人很快就会从她到上海以后的工作中，找到让人信服的答案。

这是因为，曾璟璇历来不靠裙带关系行事，曾荫权的晋升要职虽然给她带来荣耀，然而这种荣耀毕竟替代不了这位银行白领的工作。而渣打很行素有经验的首领们，也断然不会因为曾璟璇的胞兄是香港特首，就不计后果地把渣打中国区的重任草率地交给一个表面上看来不会成其大事的弱女子。这是起码的道理！

正如一位名叫"皮皮"的作者所描写的那样：如果和曾璟璇"稍一接触，就会发现她的举止和作风中充满了一种男性化的干练与严谨。自从曾璟璇履新以来，渣打银行明显加快了在内地'攻城略地'的节奏，半年内连续在广州、成都和苏州开出了三家分行，这是任何一家外资银行前所未有的效率。'今年是我们跑步扩张的大好时机，监管机构能够给多少额度，我们就开多少。'面对同行们的惊讶，曾璟璇的回答优雅而从容。对于渣打银行的此番重用，曾璟璇多少有点意外，但并没有太大的惊喜。曾璟璇的同事们都知道，这个娇小的女人从来就有着与众不同的一面。每一次新变化的来临，她不仅能迅速适应而且会非常享受。'每进入一个新的岗位，对自己的知识储备和工作能力都会构成了一种全新的挑战。如今这个职位是我在渣打14年来的第7份工作。要知道每一份新工作都有很多的新鲜元素出现，每一个新元素都值得我好好学习。我一直以这种开放的心态去对待工作的。在我的生命中有两样东西具有特别的吸引力：一是可以不断地学习，二是个人修养可以得到不断的提高。这些都是新的环境新的挑战才能够给予我的。'身为商界女人，曾璟璇有着属于自己的楷模与榜样：'女性比较感性，能够更好地体会到同事和客户的感受。我非常钦佩宝钢的女掌门人谢企华。一个女性驾驭着中国规模最大的钢铁集团，并让它成为世界著名的企业，实在是不简单。我还非常佩服惠普的前任CEO——卡莉菲奥里纳。在她的身上有一种坚毅的精神，这种坚毅很多男性都做不到！如果你要做大事，则很需要这点。很多人都认为女性往往容易感情用事。而我看到的恰恰是截然相反的状况：大部分女性高层管理者在职场上绝对能够做到就事论事，而不像一些大男子主义者那样喜欢感情用事……"

就这样，一个女人的传奇在中国上海书写了最为出色的篇章。她知道自己肩膀上挑起的是渣打很行难以估量的重担。她如今必须干好，否则她将无法向渣打交代，当然也无法向众目睽睽的香港民众、内地人民、还有她两位胞兄交代。于是，背水一战就成了这位娇小女子在上海的座右铭！曾璟璇内心的誓言是：三把火一定要烧好，如果我不烧好这三把火，就无法离开上海滩！

当曾璟璇来到上海三个月后，一位英国记者便向世界发出一条有关曾璟璇的电讯《曾荫权胞妹抵上海，高调推动"金融圈地运动"》。这则新闻称："据《外滩画报》最新一期报道，不断有新的香港精英来到上海，在这里寻找人生和事业的新起点，曾璟璇就是其中的一个。据上海渣打银行内部员工说，她在渣打银行工作超过了12年，可是很多人都还不知道她与曾荫权的兄妹关系。渣打中国在这位从香港北上上海的低调CEO的带领下，正以上海为中心，于大陆进行一场高调的'金融圈地运动'。在台风'麦莎'登陆上海之前，曾璟璇已经开始了她就任以来第一次休假。这是她2005年3月30日正式履新之后的第一次休假，也是她正式开始上海生活后的第一次休息。"

这位英国记者写道："自从接替麦天辉就任渣打银行中国区总裁之后，她和那幢位于上海陆家嘴的招商大厦一直处于沪港两地关注焦点范围中。她同时还可能是迄今生活在上海的背景最重量级的一个香港人。'我来了上海三个月，跑了很多地方，见了很多的客户。每一次会面都给我很大的鼓舞，看到的机会是无限的。'曾璟璇如此表达她对新工作的感受。而她经常要做的事就是要不停地重新规划渣打在内地未来的发展。对于曾璟璇的上任，渣打集团执行总裁戴维思这样评价：'在我行未来发展的蓝图上，中国的地位举足轻重。对中国市场，我们有着长久的承诺，并致力于更强有力的发展。我深信，在曾璟璇的领导下，渣打银行会对中国银行业的发展及其经济增长做出可观的贡献。'渣打集团执行董事南凯英也认为：'我相信未来曾璟璇也将带领渣打中国走向更大辉煌。'"

记者又说："在渣打工作多年，这是曾璟璇的第7份工作。她说这是一个很大的挑战，也一定有压力，但也是她追求的。'我喜欢学习，对于我来说，无论是做人也好，做工作也好，有两样东西对于我来说是最大的吸引力，第一个是可以不断地学习，第二个是个人修养的提高。一个人在新的环境不停地接受挑战，才能够得到提升。'渣打在中国的140多家外资金融机构只占有1.5%的市场份额，在曾璟璇面前，是一场竞争极其激烈的战场，但是看起来，她已经完全适应了新环境与新职位。在曾璟璇到达上海近150天后，渣打中国创下了一个纪录：半年时间内，在中国内地连续开了三家分行——广州、成都和苏州三家分行都将在年内相继开业，这个速度超过任何一家外资银行。渣打银行宣布，将在明年年底前把在中国大陆的分行及支行数量从11家增至20家。曾璟璇更表示，希望在自己的任期内，渣打银行的业务能够扩展至中国的中部及北部省份。开设三家分行、同渤海银行合作、再加上全面开展个人银行服务，渣打中国在2005年这三件大事有声有色。看起来，她在上海的新官三把火烧得不错……"

7. 女银行家的自白

2005年夏天，正是南方酷热多雨的季节，吐语温和、举止敏捷的曾璟璇，在上海扎下根以后，她便开始以自己独特的风格治理渣打银行中国区的工作。平时平易近人的曾璟璇，在上海安下家来不久，便开始在国内各地飞来飞去。她忽而北京，忽而大连。这次她刚刚从东北回到上海，就亲自驱车前往浦东一片居民区探访。谁也不会想到身负渣打银行要职的曾璟璇，居然能亲自到一位渣打银行老员工的家里造访。这位年已耄耋高龄，早年在渣打整整供职60年的老人，做梦也没有想到新上任的总裁竟能亲自到他家中探望。这是渣打银行历任总裁所从没有过的举动。老人听说曾璟璇要亲自来看他，一大早就穿好西装，还系上了领带，在家里恭候着这位女强人的光临。这次看来普通的走访，不料却被上海传媒炒得很热。因为读者会从这看来普通的小事上，看出渣打银行新总裁曾璟璇的行事风格。

就在曾璟璇到浦东看望她旗下的员工不久，上海一家电视台《财富人生》栏目组，终于把这位渣打银行中国区的女总裁请进了他们的演播大厅。坐在水银灯下的曾璟璇，显得泰然自若。尽管她作为著名女银行家经常在公众场合亮相，面对媒体已是寻常之事，然而在上海的电视演播大厅里接受采访，毕竟是第一次。即便她生活在香港多年，也很少进入电视传媒的视野，更是极少对公众畅谈与职业无关的家庭生活。下面就是《财富人生》女主持人叶蓉和曾璟璇女士在镜头前对话的节录，读者从这些看来家常话式的对白中，仍然可以透视曾氏家族重要成员曾璟璇的许多鲜为人知的生活侧面：

叶蓉：欢迎您曾璟璇小姐做客《财富人生》。

曾璟璇：很高兴来到这里跟你谈话。

叶蓉：我之前不止一次地听人说过周迅跟您长得极像，但是您要问我实际的感受，我觉得您似乎还多了很多女银行家的气度和干练，你之前有没有听人这么跟您说过？

曾璟璇：有啊，我刚来内地的时候就听说了，我觉得是抬举了，她是大明星，我是一个职业女性，而且我年纪比她大很多，所以不能够比较，但是听起来也蛮舒服。

叶蓉：她是我们大家非常喜欢的一位美女。

曾璟璇：美女，美女是挺好的。

叶蓉：你之前是多年从事人力资源方面的一个主管，现在是渣打中国区的 CEO，我想了解的是现在很多年轻人，特别是一些优秀的年轻人都非常希望能够进入这个领域来服务。如果是您在挑选您的企业的员工的时候，最重要的是什么？是学历吗？

曾璟璇：我希望我们找到的人员是具备很大的活力，有创意的，有团队精神的，这个是挺难的。因为有很多年轻人他们觉得自己的学历挺好的，很能干的，他们不一定是一些喜欢团队的人，喜欢跟人家合作的人，但是对渣打的文化来说，一个有团队精神的人是很重要的，沟通能力要很好，要独立思考，要是一个这样子的年轻人我看我们很想他做我们的员工。有很多年轻人是有很远大的目标的，他们也设定了很好的指标给自己去迈进，这是挺好的，但是他们要知道很重要的一环就是，有目标之余要掌握每一个工作的机会，因为每一个工作的机会你好好地发挥呢，一点一滴地积累下来，你才可以说这个人是不是成功，是一个长远的里程。一个人不可能没有出错的，但是你在出错中又会取得进步，那就是说这个人是不断地学习，而不断地学习好好地抓住每一个机会，好好地表现自己，才是成功的要诀。

曾璟璇：因为我有很多哥哥，我们的年纪相差得比较大。我大哥二哥在我很小的时候就已经出来做事了，也结婚了。我三哥四哥在我蛮小的时候也出国了，所以和我相处时间最多的就是我五哥。

叶蓉：那你感情最好的是五哥吗？

曾璟璇：不回答，不回答行不行，好麻烦的。……小时候可能爸爸妈妈特别关照我，就觉得哥哥们不够好，对我不够好。现在就觉得实在是挺好的，他们对我一直都是非常好的，我是很幸运有这样的哥哥。……那是有这个便利，对对对，有这个方便。他（曾荫权）自己说过自己小时候带小朋友去玩，有时候带小朋友去打架。但是我印象深的还是对我自己吧。他在我念书的时候，我跟他通信，他给我的鼓舞、他给我的提示。我出来做事，我每一次去换工作也好，换公司也好，我都跟他商量的，他都会不厌其烦地给我去研究分析，也会给我提示，从来没有说没时间，从来没有说敷衍了事，从来没有的。

叶蓉：直到今天也是这样吗？

曾璟璇：直到今天我换这个工作也跟他商量，我能不能够做到，应该怎样去做。我记得是去年底的事，当公司告诉我要做这份工作，我是好好地想了，也跟他好好地谈。所以他对我是有很多的支持，我对他是很感激。

叶蓉：有这样一个大哥，对您来说头顶着这样一个光环，是一种幸福呢，还是一种压力？

曾璟璇：是一个骄傲吧，马上的感觉是一个骄傲。你说压力，可能年轻的时候有一点，因为他一直实在都是太优秀了，很多地方都是做得挺好的。小时候常常怕，要是做得不好的话，尤其是我最初有六年多在政府，他也在政府，我是怕他刁难，不是自己的能力能够做得好不好，但是后来就没有这个压力了。

叶蓉：我知道实际上在你们小时候，当时父亲是警察。是住在一个大院里。

曾璟璇：什么大院啊！叶小姐，我们是住在一个小房子，很小的房子。我们六个兄弟姐妹，还有四个表兄弟、表姐，他们是我舅舅的儿女，他们的妈妈很早过世了，所以他们跟我们住，其中还有很多其他亲戚的孩子，来香港做事，暂时住在我家里。

叶蓉：当时家里几间房？

曾璟璇：没有房啊，就是两个大的空间，两个房间，就是我们自己间隔了一些小房间，但是没有几间房。我看啊，六百到七百平方尺。很多小孩子都是睡在地上的，或者是有几张双层的床。

叶蓉：当时有没有觉得还是蛮艰苦的条件？

曾璟璇：实在不觉得，觉得小时候还是很开心的。了解家里是清苦的，爸爸工作，我记得妈妈就要去拿一些那个时候很流行纱袋，那种尼龙面上有一层浆的，编织袋就是那种缝成一只袋，然后你要加一条手提的（把手）。我们小孩子就做手提的（把手），我的工作就是做手提的（把手），我爸爸跟妈妈就是缝那个袋。我记得很多时候晚上都是做这个的，但是总是觉得很高兴的，大家做一件事情，说说笑笑的就一个晚上，挺高兴的。

叶蓉：爸爸就是一个普通的警察。

曾璟璇：普通警察。但是我是很佩服我爸爸，他从不懂英语到懂英语，到通过考试，那时候不懂英语是黑的牌（肩章），你要懂英语通过考试才能变成红的牌（肩章）。而且做事很认真，大家都觉得他是做事很认真的一个人，而且很有毅力的一个人，对我们是一个很大的影响。我爸爸常常教我们，他说做人要勇敢要有信心，每一样事情当然要计划好也要做到最好，能够做到这样子就可以了，有承担这样子就可以了。我妈妈也不是一个多话的人，我觉得她年轻的时候，他们两位在那么辛苦的环境，他们都对很多亲戚朋友需要帮忙的时候，他们都帮。而且有时候不是一个短期的照顾，有一些是蛮长期的。这个是让我们看到，不是大事业、小事业的问题，而是一个人的承担，对事业、对家庭的一个承担，要是有这个承担，你放在什么地方，都可以了。

叶蓉：我知道好像父亲对你们兄弟姐妹管教之严，还是中国人传统的那种棍棒之下出"才子"吧。是不是，好像几个哥哥都被打。

曾璟璇：我也给他打啊，没有例外的。

叶蓉：按理说这个小女儿是最疼爱的啊。

曾璟璇：有啊，会打的。我记得有一次写那个大字，我的字是挺难看的，我的书法很难看，我常常埋怨我爸爸，一定是他给我改的名字笔划太多了，所以我的字是挺难看的。不过他教我写大字，写书法，毛笔。

叶蓉：父亲那么用力地打啊？

曾璟璇：他打的时候他是在意你做的好坏，不过不多了，偶然一两次，所以我会马上多说给他听不能够再打了。所以我现在很容易就说出来一两件事，我记得的都是好的地方多，爱的地方多，打的地方少。可能我是最小的那个，他那个时候可能已经没有脾气了。

叶蓉：如果你们小时候谁做了特别让父母开心的事，他们会怎么表达自己的感情？

曾璟璇：还好，他们挺能干的，有六个，很容易你就会偏心。因为我有那么多的哥哥，我看他们都不会说他们偏心的，非常对事的，就是你做得好，他们就会说你做得好，做得不好就打骂啦。

叶蓉：会不会讲大哥做得特别好？大家都向他学，会不会这样？

曾璟璇：也没有特别，也不会这样子特别。总而言之你做得好就有鸡腿吃，吃得好一点，要奖励了，我们全家都喜欢吃，所以做得好的话就有一顿好一点的吃，就是这样子。

叶蓉：你们兄妹，五个哥哥一个妹妹都接受了很好的教育，但我在想一个普通的警察跟自己的妻子，还要做一些手工补贴家用，怎么能够保证孩子接受很好的教育呢？

曾璟璇：他们花很多工夫，家里从来不喜欢求人，很穷的时候都不会求人，尽量不向人家借钱。但是爸爸妈妈惟一去求人的就是（子女们）的教育，晓得谁跟哪一个学校的人认识，就尽量去争取。有时候也是机遇，好像我大哥进华仁书院那也是一个机遇，我爸爸一个朋友说可以这样子，他就进去了，他进去以后其他的哥哥就比较容易。那我呢，就是我妈妈那边有朋友介绍，都是要求的。这是我最大的感受，就是家里尽量不求人，但是在教育那块是最重要了。

叶蓉：刚才谈到您父亲是香港的一个普通的警察，但我们刚才谈到您的二哥曾荫培先生，他是做到香港警务处的处长。这个我要说明一下，这是香港警察的最高官衔了。那么您的父亲作为一个普通的警察，儿子这么有出息，他是不是会觉得真的是一件很值得骄傲的事情。

曾璟璇：对啊。但是可惜他，我哥哥升级做警务局局长的时候他已经过世了。他1997年3月过世的，他看不到，没有看到，但是那个时候他看到的是我哥哥已经是一个副警务处处长，那个时候他已经是很开心了，他说他做梦都没有想到可以看到他的儿子可以做到副处长。所以我哥哥升了警务处处长的时候，全家都特别的激动，就是因为我爸爸的原因。

叶蓉：那您的大哥在做到政务司司长的时候，父亲也已经没有看到了。

曾璟璇：做政务司司长看不到，只看到他做财政司，已经是很大的司了，那个时候已经是很大很大的司，对我爸爸来说。

叶蓉：作为你们几个做子女的，在事业上都如此的优秀成功，应该说都各自攀上了自己事业的一个巅峰，那你觉得如果父母没有看到，多多少少对子女来说是不是有一些遗憾呢？

曾璟璇：对，但是可以这样说。有时候我也自己觉得人生就是这样子，能够做到最好就好了，有时候回头看也是挺难的。

叶蓉：有没有碰到过觉得很艰难的时候，有没有大家觉得要齐心协力过一个难关的时候？

曾璟璇：有，有，我妈妈生病，跟后来我爸爸生病，都是非常艰苦的一个时间，心理上非常艰苦的时间。因为两位都是要长期卧床，都是因为中风，然后那段时间是家庭的同心合力去应付那个情况。那个感受很深，也是我们家庭关系紧密很大的一个原因。我来了我也常回去，周末的时候常回去跟他们吃饭，我三个哥哥在加拿大，我也是尽量地每年都去跟他们聚会，他们也常回来，我其中的两位哥哥他们要常常出国的，差不多每年总会见一两次的。

叶蓉：那侄子侄女跟姑姑亲吗？

曾璟璇：挺好挺好，我有十一个，挺好的。

叶蓉：刚才您在谈的时候说自己不够女性化，有些很爽朗的一些像男孩子的个性。所以我在想，是不是受五个哥哥的影响，你觉得你们兄妹几个个性像吗？

曾璟璇：有一些地方是挺像的，我们都是硬性子的，可能是受我们父母的影响，决定做一件事就要好好地做好，不能够中间放弃，这个都是我们很大的特点。

叶蓉：我们知道在银行业，女性想要获得成功一定是要付出比男性更多的努力。那您认为您在您的事业发展过程当中也是遵循着这样一个规律吗？

曾璟璇：银行业看起来好像是男的比女的多，世界来说也是，不过可能在个人银行那块女性比较多一点，比例上。不过今天都已经越来越多女性了，越来越多，这是一个非常好的趋势。有时候也很难讲说男女的比较，不过就可以看到男女的优点和缺点是挺不一样的，那个不一样实在是也不能够说怎么是好一点，怎么是不好一点。金融业我觉得从未来看，我们不要往后看了，我们要往前看，我自己觉得是真的是没有，作为女性你不会吃亏的。真的，我不会觉得是会吃亏的，我们要当管理层，了解多一些我们的优点，我们能够发挥的优点。

叶蓉：但是您认为您最大的优点在什么地方？

曾璟璇：我啊，我看我喜欢思考吧，我喜欢看一件事情往后看一下。有时候事情是越复杂的时候，所需要的马上的反应是要冷静，这个事容易错，是挺不容易做，这个我看我是比较能够做得到的。很多时候好奇怪，很多人以为女性很冲动，太感情用事，实在是我看到的是很相反的那个情况。

叶蓉：之前我们谈了很多您的工作，也谈到了您的家人。但我觉得好多人还是对您个人非常好奇，而且很多人都在想是不是因为我们曾璟璇小姐工作太忙压力太大，反而把个人生活给忽略了，因为您到现在还是一个单身贵族，您渴望结束这种状况吗？

曾璟璇：结束啊？我生活得挺开心的。这个可能是一个人家说是可怕的情况，有人说把工作当成娱乐，这个可能有很大的程度是我的状况，我是很享受我现在的工作，很喜欢我现在自己做的事情，所以我是挺满意的。而且这个不是原因，而是真的情况就是你，每个礼拜我都到处跑的，现在做这份工作一个礼拜跑一两个地方，最少是一个地方，很多时候是三个地方，以前过去六七年都是50%以上的时间在世界各地地跑，我看很难有一个满意的家庭生活吧。我自己有很多不同的兴趣，我觉得太多了，生活很充实，我觉得很充实，我就是不够时间去做我喜欢做的事，对对。

叶蓉：但是我当然知道有五个兄长那么成功优秀的兄长的呵护，对于女生来说真的是很满足了，但是有时候如果有一个体贴自己的先生又何尝不是一件很美的人生的美事呢？您有时候会不会或多或少会有一些失落呢，会不会？

曾璟璇：我经过一个不同的阶段，我不告诉你我几岁，我已经经过很多不同的人生，也不止一次经过想结婚的时间，不过有时候事情是不能够刻意的，我觉得每个时间能够做到最好，能够做到自己认为自己舒适的情况就好了。

叶蓉：我知道这两天您虽然到处在出差，可上海这边家里也正在装修呢。

曾璟璇：我上海这边，对。

叶蓉：烦吗，装修？

曾璟璇：我喜欢的，喜欢，我喜欢装修。我有一个朋友说我有很多份工作，一份工作是大的工作，另外一份工作是玩的，包括装修啊，我喜欢听音乐，那些都是好像工作那么辛苦。有时候是烦的，就好像工作一样，但是很多时候我是挺享受的。

叶蓉：如果碰到压力很大的时候，压力工作也好，或者说局面打不开，或者在承受最大压力的时候，您一般选择什么样的方式来舒缓自己？

曾璟璇：我最喜欢跟我的狗一起。有的时候跟它说话，有时候跟它玩，那是我减压力的一个方式。另外就是我很喜欢吃。

叶蓉：吃？爱吃什么菜？

曾璟璇：什么都喜欢吃，这个是我最大的毛病，我什么都喜欢吃，上海菜挺喜欢吃。

叶蓉：那您为什么不胖呢？

曾璟璇：我胖你看不到，广东菜、上海菜、日本菜我什么都喜欢吃。

叶蓉：自己还会做吗？下厨房？

曾璟璇：我说得比我做得好。

叶蓉：指导人家做，这也是一种本事。

曾璟璇：这个也是我减压的一个很好的方式。另外就是，我挺喜欢看音响的书，关于音响的东西。

叶蓉：这我觉得女性爱的很少，我们就只会听，你让我们去看那种书我是觉得头大。

曾璟璇：可能我看了很多都不大明了，都说不定，但是对我来说看一大堆这种名词牌子，机器的运作，对我来说好像是一个挺好的带我到别的地方的一个方式，所以看这种书，而且有时候去看去买去听都是一个很大的享受。

叶蓉：我们知道渣打中国区总裁的年薪是高达数百万，那么作为一个女银行家，非常想知道您的一个个人理财的方式。

曾璟璇：我的薪水啊，这个问题好难回答。

叶蓉：不不，是讲你怎么安排财务，没有谈薪水，怎么理财。

曾璟璇：我不大会理财的，因为时间不多，我交给专家去做，我是渣打的理财客户。……我也有买房子，我也有买股票，我都是一般了，也没有特殊。但是自己时间不多，对于这方面我是信任专家。

叶蓉：那比如说您去买楼买股票，都是听专家的建议吗。

曾璟璇：对啊，真的。

叶蓉：有没有什么买楼方面的心得，因为老百姓很关心这个话题。

曾璟璇：我对上海现在还不够熟悉。

叶蓉：香港呢？

曾璟璇：香港我有十几年的买楼经验了，但是也不可以说是一个专家，有时候就是买了，你不要很快卖，这样子就比较稳健一点，但是你说我是不是一个专家我也不敢说，投资总是有风险的，我觉得……

叶蓉：要谢谢您接受我们的采访，您不仅向我们讲述了一位优秀的职业女性成功背后的故事，也告诉我们在香港有一个普通的警察和他平凡的妻子养育了六个非常出色的子女，应该说你们是成就了我们这个时代的一个传奇，同时不仅是曾家的一个骄傲，也是香港的一个骄傲，谢谢你接受我们节目的采访。

曾璟璇：谢谢。我觉得非常享受这一个小时，当然也是叶小姐的专业，她很能够带动一个很有趣味很深入的一个交谈，我今天非常高兴，我觉得非常荣幸能够来到《财富人生》这个节目。尤其是因为我有机会跟国内的观众有这个接触，分享我自己对事业、对国家的金融业发展，对渣打的发展，也对我自己个人的一些感受。

……

8. 不想结婚，却喜欢养狗

2005 年对于曾璟璇来说，是她人生中最有纪念意义的一年。

正如外电所说的那样，她到上海仅用了半年时间，就为渣打银行在中国创下一个纪录：曾璟璇一鼓作气在广州、成都和苏州三地，分别开张了三家分行。这是她几位前任连想也不敢想的事情，更不说去做了。然而一个 48 岁的女性做到了，而且她做得又快又好，这不是奇迹是什么？人员都是她上任后临时整合的，曾璟璇雷厉风行的运作能力，没有辜负渣打银行决策层当初的冒险拍板。曾璟璇还表示，她将在一年时间内，把中国境内的渣打分行以同样速度发展到 10 至 20 家。媒体认为："曾璟璇接连开设三家分行、同渤海银行合作、再加上全面开展个人银行服务，渣打银行在中国 2005 年这三件大事办得有声有色。看起来，曾璟璇在上海的三把火烧得不错。"

曾璟璇也像普通女人一样，她在上海所表露出的雷厉风行，仅仅只是她工作的侧面，也是她女银行家所特有的行事风格。然而一旦当她从上海飞回香港，回到自己的家中，公众人物曾璟璇就又恢复了她一个普通女人的本色。她在香港街头仍然是普通得不能再普通的"小市民"，她如果行走在人流如织的街上，一般不熟悉她的人，很难在人群里发现这位在烈日下穿着黑色短袖 T 恤衫，身材不高，娇小玲珑，一头乌黑短发的中年女子，就是在上海或成都叱咤风云的渣打银行女总裁。

不过，还是有人在 7 月 1 日这天中午，在蔚蓝色的维多利亚海边湾仔会展中心附近一条小街上，意外地发现了曾璟璇。她是从一家名叫金紫荆的粤菜馆里走出来的，当时她之所以引起在附近徘徊的香港某期刊记者的注意，原来是在这家餐馆门前，最先发现了一位身穿绿底红花短衫的中年男子，他就是香港特区行政长官曾荫权！

记者做梦也不会想到上午刚刚以行政长官身份出席在会展中心举行的香港回归八周年纪念活动的曾荫权，此时竟然会出现在这条不引人注目的僻街上。而且在他身后不远，就紧跟着身穿粉红色上衣、雪白裙子的曾夫人。她的身后则是刚从上海回港休假的曾璟璇！这究竟是怎么样回事呢？

记者马上举起了随身携带的相机，将这家餐馆门前鱼贯走出的三个人摄入他的镜头。

不料还没等记者醒悟过来，他发现在自己的镜头里又出现了几个熟悉的身影，其中之一是曾任香港警察处长的曾荫培，还有一位是远在加拿大供职的曾家三弟曾荫煊。还有一位身穿白色短袖汗衫的中年女子，是记者从来不曾见过的。这么多地位显赫，身份特殊的香港名人，居然在人们谁也不曾注意的时间里，齐聚在一家普通的粤菜馆里，不能不让媒体记者惊喜。这简直就是意外的新闻，他本想追撵曾荫权和夫人曾鲍笑薇，可是，当记者追上去时才发现，原来街口处早有便衣警务人员作了封锁，而几辆防弹轿车在发现曾氏夫妇的身影不久，竟然不知从什么地方沙沙地开了过来。还不等记者拍照，侍卫们早已经保护着曾荫权和夫人进了轿车，飞驰而去。

记者知道他无法继续拍到曾荫权的新闻照片，于是回身去找刚才和曾荫权伉俪一齐从餐馆里走出来的曾荫培和曾璟璇等人，这才发现曾璟璇已经拉着那位白衣女子匆忙地上了一辆白色平治跑车。接下来是曾荫权儿子曾庆衍跳上了他驾驶的黑色轿车，再后面则就是曾荫培亲自驾驶的宝马高级轿车。原来曾家人之所以在 7 月 1 日前来湾仔餐馆就餐，是为小妹曾璟璇从上海回港休假的一次庆祝活动。不然像曾荫权这样日理万机的特区首长，是不可能在出席香港重要庆祝活动之后亲临餐馆的。

记者不敢怠慢，也跟着跳上自己的汽车，一路尾追而去。因为在香港曾璟璇一度是个无踪可觅的人物，特别是她前往上海履新上任以来，在香港就更难见到她的影子。于是记者的汽车尾随曾璟璇的白色平治车从香港东区走廊，一直向石澳方向驶去。

记者发现曾璟璇等人的车子是向红山半岛方向驶去的。途中，当车子行驶到红山半岛山下超市前时，记者又见曾璟璇和曾荫培、曾庆衍的车子都停了下来。几个人都走下车来，好像是要到超市里去逛一逛的样子。在这条小街上，一般人不会认出这几位身份特殊的人。特别是此时在上海任渣打银行总裁的曾璟璇，现在她俨然一位很普通的休闲市民，手里还提着因热汗淋漓而脱下的外衣；而从前在香港警界堪称"一哥"的曾荫培，如今也是平民打扮，丝毫看不出他身上有什么凌人的盛气。至于那位媒体传说中的曾璟璇的女友黄书雅，则和曾璟璇等人走进那家大型超市，抢先到货架上去"扫货"。她们取的大多都是食品、雪糕和零食之类，完全符合她们单身女性购物的性格。

不多久，曾璟璇与二哥曾荫培和曾庆衍告别了，她和黄书雅再次开车上路，直向红山半岛而来。一路上曲曲折折，终于来到红山半岛半山腰一处褐红色的小楼房前。记者知道这就是曾璟璇在香港新购的一幢住宅。记者清楚这所房产就是曾璟璇和她的女友黄书雅合资购买的，很可能刚才与她一同吃饭并一同驱车归来的那位白衣女子，也许就是外界传说的渣打银行供职期间的女友黄书雅了。本来名不见经传的黄书雅，此前不过是国泰航空公司客户部的职员，后来她也跳槽到渣打银行市场传讯部就职。外界猜测黄书雅与曾璟璇的友谊就是从那时候开始的。

记者出于对曾璟璇这一新闻人物的兴趣，很快就查到了位于红山半岛上那座小楼的来历。原来它确是曾璟璇和黄书雅各自出资一半股权的私人公司——恒振有限公司所有。曾璟璇在长期的独身生活中，虽然一直没有谈婚论嫁，可是她在经营商业方面所取得的成就却是一个男性也望尘莫及的。特别是她对房地产项目的经营方面，显然有着特殊的长处。据香港《壹周刊》杂志披露，曾璟璇女士这几年在香港持有（或与他人联名持有）产权的房地产就有如下几项：一，大潭浪琴园1座高层单位及其车位，价值1080万港元；二，薄扶林宝翠园1座中层单位，价值485万港元；三，浅水湾蔚峰园低层单位和车位，价值1050万港元；四，大潭红山半岛棕榈径103独立屋，价值3000万港元。

此外，该周刊还说："翻查曾璟璇投资的物业，原来她的手风亦非常顺利，过去十五年她买入的物业令她大赚了七百多万，而她也喜欢和女性好友联名，1990年起她就与一位名叫吴韦萍的女士买过半山慧景台、宝翠园和浪琴园。1990年她与另一女子黄美燕买入半山乐信台。而她现时持有的浅水湾蔚峰园及红山半岛独立屋，皆与黄书雅联名持有……"

曾璟璇美丽、大方、豁达、开朗。她在香港作短暂逗留以后，再次飞回到她所喜欢的黄浦江畔。这里有她新的事业驰骋空间，渣打银行中国区还有一个特殊庞大的发展计划，等待着这位外柔内刚的女强人去拓展和实现。

可是，曾璟璇又是孤独而优雅的。她就像一朵淡淡的幽兰一样，在万花丛中默默地开放着。最让世人感到不可思议的是，曾璟璇不但有才华和智慧，有地位也有人气，同时她更有着普通女性所不具有的财富；然而她时至今天也不曾结婚，甚至连异性朋友也没有。这究竟是为什么？莫非她的感情世界里容不得一个可与她相依相伴的男人吗？还是她工作太忙，几乎没有时间去考虑自己的终身大事？

对此，曾璟璇来到上海后，有记者曾经当面向她询问过此事。当一位女记者以谈心的方式进入这一敏感话题的时候，曾经问她："你到底准备何时步入婚姻殿堂？"不料曾璟璇竟不慌不忙，坦然地微笑作答："为什么这么问呀？要知道我生活得挺开心的啊！我是一个会把工作当成娱乐的人。也许像我这样的快节奏生活对其他人来说是可怕的，而我却很享受现在的工作。"

为了让询问此事的人更了解她的心境，曾璟璇又补充说："我喜欢我做的每一件事情。再说了，我差不多有一半的时间在世界各地跑，很难有时间去顾及婚姻大事。人生的不同阶段会有不同的想法，我也有过非常期待结婚的时候，也不止一次地有过结婚的机会。不过有些事情是不能刻意的。我觉得，在当下，你能够做到最好，做到自己认为最舒适的，就好了！"

见记者有些不可思议，曾璟璇又调侃说："我养了一条非常可爱的大白狗，我非常喜欢它。不开心的时候，我就跟它说话，跟它玩。对我而言是一种很好的减压方式。我活得很充实，我永远不够时间去做我喜欢做的事。比如装修房子呀，买菜下厨呀……我还是一个音响发烧友。稍有空闲我就喜欢看这方面的书。对于我来说，了解一大堆的专业名词、了解各类器材的性能对比，了解其中的运作原理……就好像是把我带到了另一个遥远的地方，这是一种极好的休闲方式，真的很享受！……我每年都会去加拿大，和我另外三个哥哥聚会，他们也会常常来看我。虽然我没有自己的孩子，可我有 11 个侄子侄女，这对我来说，已经是足够好的了！"

诚如曾璟璇所言，她现在的每一天，甚至每一个小时，几乎把她所有的精力都花费在如何为渣打银行在中国地区的发展上了。她的精神世界非常充实，非常愉快，根本不像有些人所担心的那样。不结婚对于有事业的女性来说，其实并不是一件什么坏事。正如《第一财经日报》在评价这位渣打"女掌门人"时所说的那样：曾璟璇认为渣打银行当务之急还是要搞"四化建设"，即分支机构广化、客户服务深化、渣打内地品牌强化和员工素质优化。渤海银行正在如火如荼地筹备着。曾璟璇说："渤海银行是我们的长期投资。这不是一个短期就看回报的项目。另外，我们也在寻找其他适合的商业银行进行投资。""'四化建设'是一个长期的系统工程，绝对不只是宣传口号"。曾璟璇举了个例子，"就说客户服务吧。1997 年亚洲金融危机后，很多企业从银行的风险管理角度来看已经变成高风险等级，但因为它们是由于客观原因遭到损失的，我们还是扶持它，让那些企业重新振作起来。"

中国市场很大，加入中国棋局的外资银行也越来越多。花旗、汇丰、德意志等银行都在厉兵秣马，有的甚至比渣打更富攻击性、更有实力。

但是，曾璟璇依然十分自信："竞争是永恒的。外资银行在中国的投资是一场马拉松式的长跑，但我们会以短跑的速度发展。我们力争 5 年后渣打银行在中国处于领导地位，无论是产品、服务、客户还是员工。"

F

卷：百代曾氏，余荫繁衍

●曾荫煊、曾荫藩和曾荫荃再回香港的时候，他们都已经成家多年，不但自己归来，而且还带来了各自的妻子。曾荫煊的妻子林淑贞、曾荫荃的妻子罗影薇，都是中国移民的后裔，也都是学业有成的华裔佼佼者，让曾荫权见了心中欣慰。

●如今，让曾荫权最为牵挂的就是次子曾庆淳了。曾荫权曾为此向记者们表示：我希望年已27岁的儿子早日成家立业，以了却他的心愿。所幸的是，长子曾庆衍就在他的身边，虽然彼此不在一处居住，可是，曾庆衍和妻子莫蔚淇，多年来始终坚持每周必回父亲的官邸中来，与曾荫权夫妇共进晚餐。

●尽管香港各界对曾荫权继续连任特首的呼声甚高，可是，曾荫权始终没有公开表示他是否竞选连任的意向。他每天仍然不声不响地工作，他希望的是香港稳定繁荣的局面能够持久。直到元月21日，中新社才发出一条有关曾荫权参选连任的新闻：当时正率团在江西参观访问的曾荫权，已向新闻界透露参选连任的意向。

曾荫权长子结婚时虽依低调处理，但仍然气派隆重。

曾荫培的女儿曾若珩（右二）是著名律师，她经常出入香港高等法院。

曾荫权伉俪与他们的两个儿子。

曾鲍笑薇和长子曾庆衍一同出席活动。

1976 年，曾荫权夫妇与长子庆衍的合影。

曾荫权在政务司官邸。

喜欢养鱼成了曾氏多年的习惯。

无论公务多忙，曾荫权每天都必到教堂祈祷。

曾荫权夫妇和长子曾庆衍前往澳门为鲍老太送葬。

曾荫权和夫人在鲍老太墓葬前撒土。

鲍笑薇兄长手捧亡母遗像走在送葬队伍的前面。

鲍老夫人在澳门的灵堂。

曾荫权陪同曾庆红在香港市民家作客。

国民党前主席连战到港访问期间，曾荫权以香港中大校监的名义，为连战颁发荣誉博士学位。

素以体育为公余爱好的曾荫权，高举起东亚运动会的会旗。

曾荫权在香港中文大学讲演的主题就是两字：务实！

曾荫权勤政为民，他竞选第三届特首具有广泛的群众基础。

曾荫权亲自下社区参与民间活动，其竞选的实力就在于此。

曾荫权参加2007年香港特首的连任大选，有深厚的民众基础。

曾荫权在官邸幽园中徘徊，思考香港明天的发展大计。

1. 曾氏六兄妹如日中天

关于曾荫权和曾荫培众兄妹之间的亲情，一度是香港媒体关注的热点。

在这个家族里，这两位后来升任香港政警两界要人的兄弟俩，他们的私生活，香港媒体曾有一段非常生动的描述："40 年前，曾氏小兄弟足迹踏遍上环荷里活道每个角落。他们不只在陡斜的鸭巴甸街踏单车、到青年会泳池畅泳，更斗胆地跑进中区警署看电影，又在百年古庙文武庙打乒乓球。曾爸爸任职警察，街坊称为'大馆'的中区警署，亦是两兄弟的乐园，每逢周末，警署外的停车场会播放电影，招待警察子弟。曾荫权回忆说：'当时没有其他娱乐，觉得很有趣。'弟弟曾荫培却描述了一幕'恐怖'情景：'早年有人在新界打老虎，虎皮剥了下来，会挂在'大馆'外。哥哥十一二岁时已经很厉害，带着我转几次巴士，由港岛到粉岭探望在警署当值的爸爸。那时爸爸见我们从港岛来到偏僻的粉岭，既惊且喜。'由于相聚时间不多，曾荫培特别珍惜每次见面的时间。这位'一哥'加入警队，实际是基于对父亲的仰慕……"从这段话里不难看出，曾氏昆仲数十年后一如既往地保持着相互尊敬、相互爱护的友好关系，与他们从小形成的良好感情基础是密不可分的。

曾荫权除胞弟曾荫培和胞妹曾璟璇之外，当年在荷里活道警察宿舍生活时期，身边还有三弟曾荫煊、四弟曾荫藩和五弟曾荫荃。他们三兄弟小时候都生活在与香港一水之隔的澳门。由于曾荫权从小就与舅舅有着十分深厚的感情，所以他与曾荫煊等三人的关系，甚至比他母亲邝懿珍和父亲曾云来往还要多一些。曾荫权在读小学时，就曾经多次利用礼拜天乘轮渡过海，到澳门去走亲家。舅舅一家人对他的感情甚深，每次他去澳门，都要和曾荫煊等三人到海边和小城南的山巅上去玩耍。曾荫权到华仁书院读书以后，去澳门的机会更多，所以，当他的舅妈在澳门因病猝然故去的消息传来时，曾荫权便和母亲邝懿珍当天赶到了澳门奔丧。对舅舅舅妈及一家人的至深感情，决定了曾荫权对三个突然失去母亲的小弟弟命运的担忧。当时母亲邝懿珍在家庭极端艰难的状况下，坚决主张把曾荫煊、曾荫藩和尚未懂事的曾荫荃都带回香港来一起生活，曾荫权就是最积极的支持者。

澳门丧事方休，曾荫权就和母亲把三个小弟弟带回了香港。

当时曾云对家中忽然增加了三张嘴，确实有些吃不消。然而他最终还是接受了与三个孩子一同居住的现实。而曾荫权从那时起也忽然感受到自己肩上的担子增加了，因为他是老大，所以在华仁书院一面读书，他还一面兼职家庭教师。他要用自己赚的钱来贴补家里，养活三个苦命的小弟。

曾荫权的舅妈病逝不久，其舅舅就移民北美。他在加拿大终于熬过了最难熬的时日，到了上世纪 50 年代末，在香港中学毕业的三弟曾荫煊第一个告别了荷里活道上的警察宿舍，飞往了陌生的北美。与此同时，曾荫权还要协助父亲抚养尚未成才的四弟和五弟。好在后来的家境越来越好，特别是曾荫权毕业到辉瑞药品公司当推销员后，他可以把更多的薪金投入到家中来。不多时，曾荫潘也去了加拿大读书。听说荫煊和荫潘都在加拿大顺利地考进大学的消息后，曾荫权比任何人都兴奋。因为他毕竟亲眼看到了两位弟弟发生的鱼龙之变。

后来五弟曾荫荃也在香港中学毕业了。当曾荫权和妹妹曾璟璇亲自把他从启德机场送上飞往加拿大的客机时，他们的心情既高兴又依恋。毕竟是在一家屋檐下生活了几度春秋的兄弟，尽管他们并不是一奶同胞，然而由于是患难中结下的亲情，因此曾荫权始终感到他和先后前往加拿大定居的三个弟弟，有着血浓于水的特殊情谊。

再过若干年后，当曾荫煊、曾荫潘和曾荫荃等三人飞回维多利亚海滨的时候，不但人人都大学毕业，而且他们都在加拿大的知识界或商界，分别找到了适合于他们的位置。又过了几年，当三兄弟在曾荫权的号召之下，一同飞回香港，然后再去广东省的新基村寻根祭祖的时候，他们都已经成家多年，不但自己归来，而且还带来了各自的妻子。曾荫煊的妻子林淑贞、曾荫荃的妻子罗影薇，都是中国移民的后裔，也都是学业有成的华裔佼佼者，让曾荫权见了心中欣慰。他感到当年和母亲一起从澳门接到香港的弟弟们，在历经苦难以后并没有让他失望，终于都凭自己的力量在异国创造了奇迹，不仅为曾氏家族，更为中华民族争了光彩。至于二弟曾荫藩，他的妻子则是北美姑娘，英文名叫 LISA MCKE-RACHER。当曾荫权终于组成如此浩荡的阵容，列队乘车前往他曾祖父曾经发誓一定要让曾家子孙振兴向上的新基村时，他的心里在说："我们曾氏的子孙终究没有给祖宗丢脸啊！⋯⋯"

现在，曾荫煊、曾荫潘和曾荫荃，他们三位弟兄在加拿大的知识界和商界，均享有声望。恰如媒体所说的那样："曾荫权在海外的三个弟弟，也像他和曾荫培、曾璟璇一样，以他们各自事业上的成就，彻底改变了整个家族的命运。致使曾氏家族越来越兴旺，越来越余荫浓厚。"

2. 曾家后代行事低调

曾荫权的两个儿子：曾庆衍和曾庆淳，分别在香港读完了小学。曾荫权和曾鲍笑薇都是在两个儿子13岁的时候，把他们先后送往泰晤士河畔的伦敦留学深造。用曾鲍笑薇的话说："这是家庭的希望，出国留学是必然的。"而用曾荫权的话说，在儿子13岁时已送他们到英国读书，是好事还是坏事，至今他仍未弄清。曾荫权认为："那段时间是儿子成长时最重要的时间，作为父亲的都不能陪伴他们，对我和儿子而言可能都是不好。"

2005年当曾荫权成为香港新特首以后，一次他坦诚地对记者们谈到他对两个儿子的负疚，他认为无论曾庆衍还是曾庆淳，他们因为有他这样的父亲并不是好事，而是一种"辛苦"。他说："做我的孩子其实都好辛苦，到哪间公司都好，大公司、小公司总给人揶揄。我现在有个好大的烦恼，无论我多想也好，只要一朝一夕我还做特首，他（小儿子）都未必肯返香港打工。"

曾庆淳是曾荫权和曾鲍笑薇都十分喜爱的孩子。13 岁那年到英国留学以后，由于他和哥哥都是刚读完小学就离开了家庭，只身一人在国外求学和生活，因此几十年来养成了与众不同的独立性。曾庆淳接受了哥哥回港后供职的教训——只要曾庆淳在哪里找到合适的职业，都会有人误认为他肯定借助了父亲的权力，虽然曾庆淳有英国名牌大学文凭，又有着比普通人优秀的学识和修养。但是，当曾庆淳在英国牛津大学毕业后，他宁可只身一人留在英国，也不想回到香港来沾父亲的"光"。这也就是曾荫权感到苦恼的问题。

曾荫权虽然贵为香港特首，但是他却对解决自己儿子的就业问题插不上手。因为他的长子曾庆衍，回港供职时就给他心里留下了不快的阴影。

那一年曾荫权还没有升任特首，只是港府中的一个司长。在英国布里斯托尔大学求学的长子曾庆衍本来可以在伦敦供职，但他仍然认为还是回到自己出生的香港就业更好，因为这里毕竟有他的父母双亲。曾荫权考虑到儿子将要毕业归港就业，出于对儿子的关心，由于曾庆衍在伦敦学的是医科专业，便提笔给当时香港医务委员会主席杨紫芝写了一封信，询问一下曾庆衍回港以后如何就业等相关事宜。这本来是一件很普通的事情，因为任何家长都会关心子女的就业问题。

可是，曾荫权做梦也没有想到，有一些英国官员居然借他给杨主席写信时使用的是一张财政司办公笺而大做文章。甚至有人还认为曾荫权是有意利用职权在牟取私利。理由是香港政府早已经公布了卫生法规，即《一九九五年医生注册、修订条例》。其中有一条规定说，凡是在英联邦学医的学生归港就业时都要进行医生资格的统一考试方可就业。有人就是抓住了曾荫权的这封信，认定他是以职权压迫主管当局改变他儿子的归港考试，甚至还有人认为曾荫权这样做就是以权谋私。在香港报纸炒得十分热闹的时候，曾荫权不得不发表声明，他说自己在用那种信笺写信的时候，已经在信上注明这是私人信件，他只是询问一下而已。不料曾荫权此举却招致一阵狂轰滥炸。他知道当时正是香港即将回归前夕，港英政府中的某些人仍然在以有色眼镜看待他，有人甚至想把他一棍子打下政坛才感到高兴。正因为有这一场始料不及的风波，所以二儿子曾庆淳纵然在英国毕了业，他也不想回港就业给家人添麻烦，而曾荫权对此也无可奈何。他明白只要曾庆淳回香港就业，无论他是否过问，都会引起外界不必要的怀疑。因此，只要他思念起只身留在国外的儿子，他的心里就有一丝愧疚。

让曾荫权还有一事挂牵于心的，就是曾庆淳的婚事。

当年长子曾庆衍回到香港后在一家医院里供职当了医生。曾庆衍也就是在从医之后，与莫蔚琪女士走进了婚姻的殿堂。当时的婚礼是较为低调的，曾荫权出于种种考虑，对长子的婚事不想大操大办，尽管他事前根本不想通知更多的人参与其事，送出的请柬也仅限于曾家的近亲和友朋。可是，由于那时的曾荫权已就任政务司长，仍然难免惊动一些商政高层的到来。这也是曾荫权不希望见到的。

如今，让曾荫权最为牵挂的就是他的次子曾庆淳了。这个当年在英国伦敦投考牛津大学，并于 2003 年在这所世界名牌大学电机工程系毕业的才子，居然放弃了回香港就业的初衷。曾庆淳之所以如此，并不是他不渴望回到父母的身边工作，也不是他眷恋古老泰晤士河的风光，而是他过多接受了哥哥回港就业时让父亲受新闻界抨击的消极教训。曾庆淳纵然在伦敦生活形只影单，但他感到在此就业肯定不会惹来他人不必要的猜忌。曾庆淳完全是以普通人的身份，在伦敦四处求职的，最后他以优异的成绩，被英国 OTACLE（甲骨文公司）录用。几年来曾庆淳虽远离父母的恩惠，可他在这家公司里生活得无忧无虑。这期间曾鲍笑薇多次前往伦敦探望，并且每次都敦促这懂事的儿子早一天返回香港谋职，然而，曾庆淳感到一个人在国外生活得很好。他不想回港给父母增添麻烦。

曾荫权对他心爱的二儿子只身飘泊海外，始终感到不安。他认为如果自己不是香港特首，也许儿子早就会回到香港了。他为此曾向记者们表示：我希望年已 27 岁的儿子早日成家立业，以了却我的心愿。所幸的是，长子曾庆衍就在他的身边，虽然彼此并不在一处居住，可是，曾庆衍和妻子莫蔚淇，多年来始终坚持每周六必须回到父亲的官邸中来，与曾荫权夫妇共进晚餐。因为这是难得的家庭聚会，渴望亲情和重视亲情的曾荫权，常常以此作为自慰的谈资。而当记者询问他教子良方时，曾荫权认为他并没有一套教子的"理论"。不过他认为做成功父亲的心得应该是：对孩子切忌打骂！

曾荫权的二弟曾荫培，膝下有一子一女。

他和张学书婚后不久即产下一子，取名为曾庆廉。曾荫培为爱子取一"廉"字，也许与当时香港廉政公署极力主张的公务员必须"廉洁"有点关系。曾庆廉在香港读了小学以后，在十几岁时就被父母送到英国伦敦读中学。20 岁时曾庆廉感到在英国读书，虽然环境优越，可是，异国的求学生涯让他感到处处陌生。于是他请求父亲准许他返回香港，继续求学。曾荫培尊重儿子的请求，回到香港以后，经张学书提议，曾庆廉投考港大医学院。她认为所有职业中只有医生适合于自己的儿子。就这样，曾庆廉在港大求学毕业后，来到了香港伊莉莎白医院当主治医师。由于曾庆廉在校时苦研内科学，所以对医治心脏病颇有研究，几年后便成为伊利莎白医院心脏科专家。曾庆廉也如他的名字一样，行医认真，处事廉洁，医德甚佳，所以医名远播，备受好评。曾庆廉在行医救人的同时，还到医疗辅助队兼任义务导师，给那些香港义务医务人士无偿提供医学知识辅导。香港许多传媒都想透过他采访到曾荫权和曾荫培的情况，可是曾庆廉每每谢绝。后来《明报》记者只能用电话与他作了简短的交流，这才感到曾庆廉其实对政界并不感兴趣，他只热心于自己的行医事业。谈到曾荫权的时候，曾庆廉只说曾荫权是一个幽默的人，平时他们之间只讲亲情而从不谈任何公事。同时这位心脏科医生对记者表示："我们家族习惯低调，伯父一直不肯证实是否做政务司司长，问他只笑不答，传媒报道他说曾三次推辞不做政务司司长，我还以为不是他。……上一代有这么高的成就，鞭策着下一代更要庄敬自强，努力奋发，要以上一代为榜样，就算不能超越他们，也要建立一些成就，向长辈交代。"

曾荫培的次女名叫曾若珩，1973 年出生在香港，小学和中学成绩都很优秀，在大学时她攻读法律专业。毕业以后投考港府公务员，以所学法律从业，并在港府律政司刑事检控科充任政府律师。曾若珩经常出入香港高等法院，25 岁起开始以见习律师身份接手诉讼案，主要充当大律师的助手，27 岁便以律师身份直接办理大要案，以政府职业律师的身份出庭。别看曾若珩表面上秀气纤弱，但她一旦在法庭上为当事人申辩往往出口成章，据理据典，对应如流，因此在香港法律界很快有了名气。曾若珩所秉承的是曾氏家族一脉相承的正直、无私、公允的行事原则，在她办理案件过程中不偏不倚，依法行事，同时她也不忘律师职责，敢于为弱者鸣冤辩诬，故而赢得香港市民名誉。曾若珩行事为人也一如其父兄一样，喜欢低调，从不自恃曾氏家族在港威望和影响，她到港府律政司从业多年，许多同仁甚至不知她与时任香港警界要人的曾荫培是什么关系，更不了解曾荫权原来就是她的大伯。2000 年当她的父亲曾荫培就任香港警察"一哥"的消息传来时，记者询问曾若珩有何感想时，没有想到这位律师姑娘竟然怔在那里，好久才说了一句英语："NO COMMENT（不予置评）！"看得出这位曾家的姑娘，对于父兄们的势力是从无任何依恃之念的，我行我素的优良品质与她凭靠自身能力驰骋司法界的自立精神由此可见一斑。

2006 年 10 月底，曾荫权和他的夫人曾鲍笑薇双双飞到了濠河之滨的澳门。

原来，曾鲍笑薇的老母亲鲍罗瑞珍以百岁高龄谢世了。曾荫权亲赴澳门为岳母送上最后一程。鲍老太太的葬礼，在澳门是以佛教的仪式举行的，场面也十分隆重。曾荫权从香港来澳门前，特别叮嘱特区高官，绝不要因此而专程前往澳门，一切都以特区的工作为重，任何人都不能前去澳门为鲍老太太致祭。而澳门的鲍家掌门人，曾鲍笑薇的胞兄鲍马壮，更是极力主张保持低调行事，只接待亲友的吊唁，不希望由于鲍老太的过世而惊扰他人。不过，由于鲍家在澳门多年的良善为人，也因为鲍马壮早年在澳门执掌体育团体，所以闻讯前来为鲍老太送行的友人仍然很多。

由于曾荫权的到来，澳门特区行政长官何厚铧在鲍家举丧的当天下午，拨冗亲往鲍家的灵堂吊唁。众多港澳知名人士也纷至沓来，李嘉诚虽然不能渡海而来，但他派人给鲍老太送来了花篮和花牌，以表敬意。鲍老太的灵堂上花环重重，挽幛如林。曾荫培听说鲍老太去世的消息后，当天即带着张学书，以及一子一女从香港赶到澳门，亲往鲍老太太的灵前致哀。

鲍老太的灵堂布置得庄严肃穆。一簇簇雪白的玫瑰花丛中，高悬一幅"懿范长存"的挽联。在两天的举丧中，香港和澳门各界人士纷纷发来唁电或送来花牌花环，仪式在简朴中透出非同一般的隆重。10 月 28 日上午 12 时在澳门镜湖殡仪馆为鲍老太举行丧礼，曾荫权身穿白衣，在送葬的一路上他神色凝重，看得出他对故世的老岳母感情真诚。曾鲍笑薇对母亲的病逝更是万分悲伤，在送葬的路上她紧咬着嘴唇，一言不发。当灵车的队伍到达将要安葬的鲍氏灵柩的澳门旧西洋坟场的时候，送葬的人群中爆发出一阵哭声。虽然鲍老太是以百岁高龄无疾而终，属于喜丧，然而子女和亲友们仍然对这位生前信佛教，为人低调的老人西去表示了由衷的怀念。

曾荫权的岳母鲍罗瑞珍去世后，与葬在旧西洋坟场的鲍元义灵骨合葬于一处。据其子鲍马壮说，这是母亲生前的遗愿，她渴望身后与丈夫在冥界相见。当鲍老太的灵木下葬以后，曾荫权和妻子曾鲍笑薇流着泪向鲍老太的墓穴上撒了一捧净土。身为香港特首的曾荫权，虽然身居高位，但从这一细微的神情中仍可一窥其心灵深处的常人之情。

曾荫权站在初冬的冷风里，他自己虽然从来不相信所谓的风水，然而却从心里深信天地间正义终将战胜邪恶的千古至理。沧海桑田，世事巨变，此时历史就在他眼前缓缓拉开了崭新的帷幕……

3. 参选第三届行政长官

2007 年旧历春节前夕，香江之畔云淡风轻。

矗立在蔚蓝色维多利亚海滨的香港会展中心巨型大厦前，2 月 1 日清早，簇拥着熙熙攘攘的新闻记者。显然特区政府又有重要新闻将在这里发布，敏感的记者群中不时发出一阵阵私议之声，因为他们都清楚自去年秋天以来，香港特区第三届行政长官的选举，就已悄悄拉开了序幕。香港诸多团体和党派，已在紧锣密鼓地运作这一事关香港民众政治生活的大事了。早在去年 11 月，香港媒体就曾经报道过曾荫权是否会连任香港特首的民间调查。一篇题为《七成港人愿曾荫权连任特首》的通稿中这样说："香港岭南大学一项民意调查显示，六成市民支持曾荫权连任行政长官，而接受他自动当选的市民多达七成四。岭大表示，虽然与 9 月份相比曾荫权的支持度略有下跌，但数字显示，曾荫权仍受市民支持。据香港传媒报道，由岭南大学公共管治研究部进行的调查发现，当被问及'友不支持曾荫权连任'，多达六成四的市民选择'十分支持'或'支持'，'十分不支持'的仅有 2．6％；而选择'未决定'及'不知道'的，分别有 7％和 14％。被问及是否接受曾荫权明年自动当选，有七成四市民表示'十分接受'及'接受'，不接受的只有一成二。数字与 9 月份相比，并无太大变化。"由此可见，曾荫权在香港特区两年多的施政方针和政绩，已经遍得市民好评。这两年中曾荫权不仅稳定了香港政局，尽快让香港经济从亚洲金融风暴的冲击下得到复苏，而且还成功地建成了广受亚洲瞩目的"吉尼斯乐园"等项目。

尽管香港各界对曾荫权继续连任特首的呼声甚高，可是，曾荫权始终没有公开表示他是否竞选连任的意向。他每天仍然不声不响地工作，他所希望的是香港稳定繁荣的局面得到持久。直到元月 21 日，中新社才发出一条有关曾荫权参选连任的新闻：当时正率团在江西参观访问的现任香港特区行政长官曾荫权，已经向新闻界透露参选连任的意向。他在江西重申，现时的工作仍以特首责任为先，但个人亦已就作为负责任候选人做好准备，待适当时候会向香港市民说出参选的决定。

　　香港《文汇报》同日也有相关报道，称："曾荫权在江西总结 3 天访赣行程，期间被记者多番追问有关参选的问题。他言谈间强调，特首的工作和责任是不能推卸，不过其他准备也不能忽视。曾荫权表示：'你们不要揣测哪一天。我也不清楚到底哪一天，我相信你们不用等很久，选举日子是 3 月 25 日，希望大家给我空间先做好特首工作，这是很重要。'曾荫权重申现时的工作是把特首工作做好，而往后无论任何人当特首，都必须带领香港以自身优势争取与内地合作，'这个商机不可丧失。'香港不能丧失时机、商机，所以他会带头把与内地合作的工作继续下去，'不是因为一两个竞选而办事。'

　　曾荫权在江西的谈话，显然与他此前在香港立法会上曾经重申的意见一致，都是以稳定香港大局为重。特别是曾荫权针对自己提出的未来五年施政纲领，深得港民的支持。曾荫权认为"不是只谈愿景，不讲执行；只谈开支，不理收入；只讲理想，不顾现实。"

　　早在曾荫权公开表示争取继续连任的意向之前，全球十大富豪之一的长实主席李嘉诚就曾公开表示支持曾荫权出任特首一职。李嘉诚在记者会上被问到会否继续支持曾荫权连任特首时称："绝对支持曾荫权连任，我认为他全心全力，亦做得很好，如果一个人公正、全心，及有能力去做，我认为他的表现相当好。"李嘉诚以身家 188 亿美元，被《福布斯》评为 2006 年全球第 10 名富豪。李嘉诚仍像 2005 年春天支持曾荫权出任香港特首时一样，他的支持显然代表和影响着香港整个企业界。至于香港的许多中下层人士，也对曾荫权颇有好感。两年多来，曾荫权执政期间经常深入民众，调查普通市民的疾苦，及时解决香港市政中存在的问题，一直受到来自民间的好评。这所有一切都构成了曾荫权再次竞选连任的社会基础。

　　2 月 1 日，新华社向世界发出一条来自香港的电讯《曾荫权参选香港第三任行政长官》，文称："曾荫权 1 日宣布参与香港特别行政区第三任行政长官选举。……当天上午 10 时，曾荫权正式宣布参选，同时他还发表了题为《协造新香港，共创好环境》的竞选宣言。根据基本法及有关选举法律的规定，下一届行政长官人选将由选举委员会以无记名投票方式于今年 3 月 25 日在香港选举产生，并报中央人民政府任命。此前，该选举委员会 796 名委员已于 2006 年 12 月 10 日产生。按照有关规定，获得不少于一百名选举委员会委员提名的人士将成为行政长官候选人，提名期限于 2 月 14 日开始，3 月 1 日结束。截至目前，已有曾荫权、梁家杰、李永健等三人公开宣布参选或参选意向。"

　　香江，在早春的阳光下正闪耀着炫目的波光。在蔚蓝色的维多利亚海边，在会展中心的巨厦门前，鲜艳的五星红旗与带有紫荆花标志的特区旗帜在和煦的春风中猎猎飘舞，它们向世人昭示着一派勃勃生机的香港，恰如一颗永不褪色的明珠正在这明媚的春光里变得更加璀璨夺目！

2007 年 2 月春节前夕定稿于北京